사주 명리학과 인연법

진여비결 해설
眞 如 秘 訣

편저 설 진 관

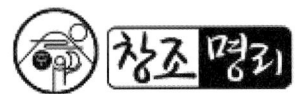

☞ 로고의 의미

하늘(年)로부터 業(月)을 짊어지고 세상에 나온 人間(日)의 업연과 숙명을 命이라 하고, 命은 人間이 살아가면서 주어진 소명(時)을 알면서 결국은 깨달음의 영역인 空으로 향하는 것이 바로 道인 것이다.

☞ 종합

命 + 時日月年

☞ 기본구성

* 테두리 ○ : **道**
* 원 안의 전체 문안 : **命**
* 우측 상단의 태양으로 年을 상징 : ○
* 지게에 짊어진 업장으로 月을 상징 : ☽
* 人間의 모습을 한글 '일'(日)을 형상화한 모습 : **일**
* 先天의 業을 지고 일어설 때 의지하는 지팡이를 시(時)로 표현 : |
* 내부에 空이 새겨진 검정색 ●과 태양 ○ : **陰陽**

☞ 로고 도안 : 설진관

■ 인연법 「진여비결(眞如祕訣)」은 무엇인가?

'진여비결'은 세간에 '인연법'으로 알려진 사주 명리학의 백미(白眉)로서 사주 명리학을 통하여 배우자 즉 부부의 인연이 누구인지를 찾아내고 그 인연들과의 오묘한 조화를 풀어내는 명리학의 비결 중에 비결입니다. 단순히 인연(因緣)되는 띠를 찾아내기에 국한된 용도가 아닙니다.

가령, 명리학자가 내방객의 사주를 펼친 후,

「당신의 사주에는 쥐띠와 개띠가 인연이다. 그중 쥐띠와 인연 되면 직장을 오래 다니지 못하고, 자식은 가출을 일삼는 등 고난이 많을 것이다. 그러나 개띠와 인연 되면 당신은 많은 재물을 모으면서 직장에서 승승장구할 수 있을 것이다. 그러므로 개띠와 인연하여 보다 나은 삶을 살기를 바란다.」

이러한 상담과 조언을 할 수 있는 비결이 바로 인연법 『진여비결』인 것입니다.

■ 증보판을 내면서

『인연법 진여비결 해설』이 출간된 지 꼭 1년 만에 220쪽이 더 늘어난 증보판을 내게 된 것이 무엇보다 영광이 아닐 수 없습니다.

淺學菲才인 필자가 스승이신 玄正 신수훈 선생님의 진여비결을 감히 해설하면서 그 眞意를 자칫 잘못 전달하는 것은 아닌지 노심초사하면서 독자들의 반응을 기다렸습니다.

다행스럽게도 사계의 많은 독자들로부터 인연법 진여비결 해설서에 대한 과분한 사랑을 받았습니다.

이제는 사주 명리학을 공부하는데 『인연법 진여비결』의 학습은 필수 과정으로 여긴다고 합니다.

그렇지만 지면의 한계로 독자 여러분 한 분 한 분 찾아가서 가려운 곳을 모두 긁어 드리고 싶지만 그러지 못함이 못내 아쉬워하던 중 출판사와 여러 차례 의논한 결과 인연법 진여비결의 증보판을 출판하기로 결정했습니다.

초판에서 선보였던 『인연법 진여비결 해설』의 책명을 『사주 명리학과 인연법 진여비결 해설』으로 책명을 변경하면서 다음과 같이 증보하였습니다.

제1편 기존 「인연법 진여비결 해설」의 비망록을 전반부로 옮겨 그 내용을 대폭 손질하면서 그 자체만으로도 웬만한 명리학 통변 교과서로서 손색이 없도록 구성하면서 그 제목도 '사주 명리학 기본'으로 변경하였습니다.

제2편 인연법 「진여비결」의 해설을 보다 역동적이면서 구체적으로 표현하는 데 중점을 두었습니다.

제3편 연구 자료편을 신설하여 필자는 물론이거니와 명리학 대가 김분재 선생님과 역학연구가이며 출판사 창조명리 대표이신 김초희 대표님의 글을 제2장, 제3장에 각각 배치하여 易理 연구에 도움이 되도록 했습니다.

'사주명리학과 인연법 진여비결 해설'이 현장에서 활동하시는 역술인과 역학을 연구하는 학자들에게는 훌륭한 반려자가 될 것이라고 감히 자평해 봅니다.

끝으로 편집을 맡아 주신 역학자 윤경선 선생님, 교정을 맡아 주신 문태식 前 교장 선생님 그리고 김예슬 양께 지면으로나마 감사의 인사를 드립니다.

丁酉年 霜降之節
부산 대신동에서
密陽人 설 진 관

■ 추 천 사

역(易)의 명리학(命理學)은 이음양 순사시 인의예지신(理陰陽 順四時 仁義禮智信)을 밝히는 음양(陰陽) 오행학(五行學)으로서 천지자연의 운동 변화를 좇아 사람의 도리와 분수를 읽는 학문입니다. 사람은 누구나 자신이 의도한 소망을 이루면서 의미 있고 즐거운 행복을 누리려고 열심히 살아가고 있습니다.

오늘날까지 역의 명리학은 타고난 운명 요소를 분석하고 추리하여 사람들의 길흉화복·흥망성쇠·진퇴운세를 예측함으로써 피흉취길(避凶取吉), 안심입명(安心立命)을 하도록 도와주었습니다.

그런데 아울러 운명 소관이라고 모든 인생사의 한계를 인식하고 수용하였습니다. 안분지족하면서 운명에 순응하고 사는 것이 최선책이라고 명운을 한계 지었습니다.

현정(玄正)은 선천 명운의 한계성을 의심하고 〈운명의 한계성〉을 뛰어넘어 후천 명운의 〈개운법〉이 꼭 있을 것이라고 신념하고 궁리하며 치열하게 탐구하다가 〈진여비결(眞如秘訣)〉을 창안하게 되었습니다.

〈진여비결(眞如秘訣)〉은 인연법으로써 자신이 타고난 선천 명운의 장점을 강화하고 단점을 보완하며 보다 더 나은 운명을 개운하고 행복을 창조할 수 있는 인연 비결입니다.

배우자 인연법을 통하여 운명 전환을 도모할 수 있고, 더 나아가 천시(天時)를 읽고 출사하면 허물이 없고, 지리(地利)를 살펴 생활하면 행운이 오고, 인화(人和)를 예지하고 도모하면 근심이 없도록 운명을 자기 의지로 바꿀 수 있게 하는 인연법(因緣法)이 진여비결(眞如秘訣)입니다. 자신이 의도한 인연법으로 운명을 재창조할 수 있습니다.

진여비결(眞如秘訣)의 진여(眞如)란 본래 불가의 말이지만, 玄正이 45년 간 진여명리행운교실을 운영하다 보니 저절로 진여비결(眞如秘訣)이란 이름이 붙여졌습니다. 진여(眞如)의 〈진(眞)〉은 모든 존재하는 불변의 본성이나 지선을 이르는 말이고, 〈여(如)〉는 가변의 인연이나 따름을 이르는 말입니다.

25년 전에 玄正에게서 전수받은 학인 김완규 선생님께서 부산의 몇몇 한의사와 역술인에게 진여비결을 단편적으로 전수한 후 설왕설래 말이 많았습니다.

그 후 10여 년 전에 진실한 사람 설진관 선생과 인연이 닿아 진여비결(眞如秘訣)을 전체적으로 전수하게 되었습니다. 이미 많은 공부가 되어 있어 진여비결(眞如秘訣)을 쉽게 이해하고 터득하였습니다.

오늘날 〈진여비결 해설집〉을 저술하게 된 것은 큰 감동이며 기대한 바이었습니다. 상세하고 친절하게 진여비결(眞如秘訣)을 해설하여 누구나 읽으면 쉽게 터득하고 활용할 수 있는 〈진여비결 해설집〉은 앞으로 역학계에 획기적인 공부 자료가 될 것입니다.

찬사와 경외를 보내며 역의 명리학을 연구하고 사랑하는 여러분들에게 운명 전환의 개운법인 〈진여비결 해설집〉을 일독하여 주실 것을 진심으로 추천합니다.
감사합니다.

丙申年 立秋之節에
玄正 申修勳 근서

■ 인연법 「진여비결(眞如祕訣)」을 해설하면서…

인연법 진여비결을 만나게 된 사연

1993년(癸酉年) 즈음 어느 날, 부산 금정구 청룡동에 있는 서예학원에서 만난 이인섭[1]선생님으로부터 '부산 모 선생께서 사주를 풀면서 부부의 인연 되는 띠를 잘 맞춘다' 하는 소문을 전해 들었습니다. 그리고 그 자리에서 '일간의 祿이 없으면 祿을 인연으로 한다'[2] 등 2~3개 공식을 필자에게 알려 주었습니다. 그 당시 필자는 '2~3개 공식으로 어떻게 인연을 다 찾느냐' 하는 생각에 회의적 반응을 보였지만 내심 '참으로 신기하구나.' 하는 생각이 내내 떠나지 않았습니다.

그러던 어느 날, 부산 금정구 서동에서 수십 년째 철학원을 운영하고 계시던 老 선생님의 사무실에서 한참을 사주 명리학과 관련된 좌담을 하던 중, 그 어른은 당시 20대 중반인 필자가 기특해 보였는지 당신의 책장을 직접 열어 주시면서 "구경하고 필요한 자료가 있으면 가져가서 복사해서 연구하라"고 하셨습니다. 너무 뜻밖의 호의에 감사하다는 인사도 잊은 채 필자는 그 책장을 뒤적거렸습니다.

---
[1] 1990년대 및 2000년 초반에 부산에서 활동하던 역술가로서 현재는 충북 제천에서 활동 중.
[2] 진여비결 (1)일주무근(日主無根)이면 정록정배(正祿定配)한다.

한참을 구경하다가 「명리특강」이라고 되어 있는 작가 미상의 필사본 노트 한 권을 발견하여 그 자리에서 쭉 읽어 내려가니 얼마 전 이인섭 선생님으로부터 전해 들은 바로 그 인연법 이론의 완전체인 필사본[3]이었던 것입니다. 이것이 필자와 인연법이 처음 만나는 역사적인 순간이었습니다.

그 후 어떤 인연인지, 추가로 4종류의 인연법 자료가 필자의 손에 들어오게 되어 총 5권의 인연법 자료를 소장하게 되었습니다.

그런데 모두가 필체만 상이할 뿐 그 내용은 동일한 것이었을 뿐만 아니라 수록된 사례의 명조조차도 같은 것으로써 한 사람의 강의를 여러 명이 동시 내지 순차적으로 필사한 것으로 보였습니다.

필자는 그 자료가 당시 부산에서 배우자의 띠를 잘 맞춘다며 유명세를 떨치던 어느 모(某) 선생님의 명리 자료인 것으로 오해한 채 그 길로 여러 해 동안 이리저리 궁리를 해보았지만, 아직은 경험이 부족한 20대의 필자로서는 그것을 100% 이해하기에는 힘든 부분이 많았습니다.

그러던 중 1998년인가? 당시 젊은층을 중심으로 유행했

---

[3] 당시 인연법이 26개의 공식으로 기록되어 있었으나, 2016년 현재 46개 항목으로 20개가 추가되었음.
 [진여명리강론 제3권, 신수훈 著]

던 PC통신 하이텔과 나우누리의 각 역학 관련 동호회에 가입하면서 그간 혼자 끙끙거리며 궁리했던 위 노트에 있는 인연법 자료를 토씨 하나 틀리지 않고 그대로 연재하면서 많은 도반들과 함께 연구할 수 있도록 했던 적이 있습니다. 그 당시 PC통신을 통해서 인연법을 만난 많은 이들의 반응은 "엄청난 내용이다."에서부터 "말도 안 되는 내용이다." 등 그 반응이 제각각이었습니다.

그 당시 연재했던 인연법이 지금도 인터넷 곳곳에 돌아다니는 것을 보고 있습니다. 그런 덕분에 「설진관=인연법」이런 공식으로 필자를 기억하시는 분들이 많았던 시절이 있었습니다.

그로부터 몇년 후 아마도 2005년 즈음에 우연히 현정 신수훈 선생님을 만나면서 과거 PC통신에 연재했던 인연법 자료의 정확한 명칭이 진여비결(眞如秘訣)이며, 그 이론을 창안하신 분이 신수훈[4] 선생님이라는 놀라운 사실을 알게 되었고 더불어 그간 인연법에 실려 있는 실례들이 신수훈 선생님께서 실제로 감정한 것이며 때로는 당신의 명조가 실려 있음을 확인할 수 있었습니다.

그 후 현정 신수훈 선생님으로부터 인연법 진여비결

---

4) 전남 고흥 출신, 인연법 '진여비결'의 창안자로서 필자에게 진여비결 등을 전수해 준 스승님. 현재 경기도 성남시에서 진여원을 운영하면서 고객 상담과 후학 양성 중.

(眞如秘訣)의 명리학적 정수를 직접 전수받을 수 있는 기회가 생겼으며 선생님은 부산에서 상경한 필자를 배려하여 1박2일이라는 짧은 시간에 진여비결(眞如秘訣)의 정수를 전부 전수해 주셨습니다. 그 깊은 은혜 다 헤아릴 수 없습니다.

진여비결(眞如秘訣)은 어떤 원리를 가지고 있는가

자연과 세상을 살피는 도구가 십간과 십이지지입니다. 그리고 십간과 십이지지 간의 운행을 살펴본다면 생로병사는 절로 알게 되겠지요. 그런 연유로 각 개인의 사주 명조 자체에는 인간의 눈에는 보이지 않는 생명력이 있다는 사실이 간접적으로 추인(推認)되는 것이며 그 명조는 위기의 연속인 세상에서 어떻게 하든지 살아남기 위하여 본능적으로 반응하면서 동시에 나름 필요한 기운의 글자를 찾아 움직이게 됩니다.

이렇듯 인연이라는 것은 타고난 명조가 본능에 따른 자연스러운 1차 반응으로써 찾게 되는 처음 단계인 것입니다. 그것을 예측하려는 것이 진여비결의 시원인 것입니다.

비록 위기를 극복하면서 살아남으려는 본능에 의한 명조의 반응으로써 인연은 필연이라고 여겨지지만, 인간은 모든 주어진 인연을 그대로 받아들이지 않고 보다 더 행복한 삶을 영위하기 위해 좋은 인연을 선택하려고 합니다. 그래서 선연과 악연으로 인연을 구분한 후 선택을 하게 되는 것입니다. 이것은 진여비결(眞如秘訣)에서 빠뜨릴 수 없는 개운의 영역으로써 참으로 홍익인간이 할 수 있는 길이 여기에 숨어 있습니다.

홍익인간의 수단으로써 진여비결(眞如秘訣)

다시 말씀 드려서 '진여비결(眞如秘訣)에 의하여 도출되는 인연 글자 전부가 선연인가?' 하는 문제입니다. 사실은 모두가 선연인 것은 아닙니다. 명조 자체가 살아남기 위한 1차적 본능으로 선천의 인연을 찾게 되고, 그 찾은 인연으로 자기 명조에 대조하여 후천적으로 어떤 영향을 미치는지까지 분석하고 판단해야 완전한 판단이 되는 것입니다.

진여비결(眞如秘訣)은 1차적 본능에 의한 선천의 인연은 무엇이고, 2차적으로는 그 인연을 통하여 개운의 길을 개척하는 것이 바로 인연 선택의 목표가 되는 것입니다.

필자는 인연법 진여비결(眞如秘訣)을 전수받은 후 많은 주변 사람들에게 보다 양질의 행복한 삶을 살 수 있도록 진여비결(眞如秘訣)을 활용하고 있습니다.

　진여비결(眞如秘訣)의 공식 46개를 종횡으로 완전히 숙달하여 명조를 감정할 경우에 세상 사람들의 인연 관계가 확연하게 보이며 선연과 악연의 분별이 명확하여 1차원에서 4차원의 인식이 아닌 5차원적 사고에 기인한 개운의 길까지 열어 주어 참으로 홍익인간을 실천할 수 있는 방법을 깨달아 갈 수 있다고 생각합니다.

저와 因緣 되어 주심에 감사드립니다

　먼저, 淺學菲才인 필자에게 인연법 진여비결(眞如秘訣)의 정수를 전해 주시고 필자의 진여비결 해설을 승낙하시면서 필자의 원고를 세세히 점검해 주시는 등 적극적인 조언을 아끼지 않으신 현정 신수훈 스승님께 감사의 말씀을 올립니다.
　역학 세계에 흠뻑 빠져 있는 필자를 묵묵히 지켜봐 준 妻 성은주 님 그리고 영원한 보물인 윤서에게 감사하고, 淺學인 필자를 믿고 오랜 세월 동안 命理學을 비롯한 東洋學 전반에 정진하시는 鎭觀易學會(진관역학회) 박상호[5] 회장님을 비롯한 진정한 명리학자 心安 김분재[6] 선생님, 하미경 선생님, 이정희 선생님, 이상윤[7] 선생님, 황경 선생님, 이병창[8] 선생님, 이지선 선생님, 그리고 故 석성길 전 회장님, 故 최호경

---
5) 의학박사, 도원정형외과 원장(부산 사하구 다대동)
6) 심안철학원장(경남 진해시 여좌동 진해역 옆), 前 글로벌 사이버대학교 동양학과 명리학 외래교수
7) 학국역술인협회 부산시지부 고등반 교수, 우성철학원장(부산진구 양정역 양정성당 방향)
8) 역학연구가, 혜연철학원장(부산 연산동 홈플러스 맞은편)

바이소호 대표께도 감사의 말씀을 드립니다.

이곳저곳에 흩어진 필자의 강의 내용을 한곳에 모아 정리해 주시고 세상을 떠나신 한의사 故 정문 원장님을 비롯하여 항상 저의 건강을 챙겨 주시는 김유석[9] 원장님 그리고 묵묵히 자료를 정리해 주신 권준한 님께도 감사의 말씀을 드립니다.

저의 삶을 마무리하는 그날까지 가슴속 깊이 그 은혜를 잊지 않을 손춘자 여사님, 마산 이동영[10] 선생님, 밀양 손명숙[11] 선생님, 부산 이남연, 김재근[12], 최성원, 윤경선[13] 선생님, 서울 홍성민[14] 선생님, 제천 이인섭 선생님께 감사드립니다.

마지막으로 이 책이 나올 수 있도록 적극 출판을 도와주신 김초희[15]「창조명리」대표님께도 진심으로 감사의 말씀을 드립니다.

丙申年 立秋之節
부산 대신동에서
密陽人 설 진 관

---

9) 한의사, 김유석한의원장(부산 좌천동 경남여고 앞), 역학연구가
10) 이동영 역학연구원 대표, '메신저 타로' 대표(마산 합성동 CGV 내)
11) 역학 및 풍수연구가(경남 밀양시), 前 동양학연구회장
12) 김재근철학연구원장(부산진구 전포역 8번 출구 앞), 역학서 '설진관 명리학 야학신결' 공동 편저자
13) 현보철학원장(부산진구 당감동 삼익 아파트), 역학서 '설진관 명리학 야학신결' 공동 편저자
14) 서울 이화여대, 연세대 등지에서 사주, 관상 강의, 이코노믹 리뷰 및 이영돈 PD가 간다에 소개된 역학인
15) 역학연구가, 출판사 창조명리 대표, 역학서 '설진관 명리학 야학신결' 공동 편저자

목차

제1편 사주 명리학 기본 ... 25

1. 음양과 오행 ... 26
2. 육신의 기본 개념과 통변의 확장 ... 32
3. 간합, 형충회합 ... 44
4. 공협 ... 46
5. 三合의 활용 ... 46
6. 좌표(座標) ... 48
7. 인연과 궁합 ... 49
8. 간합의 활용 ... 49
9. 12신살과 12운성의 도출 ... 53
10. 12신살의 용어와 활용법 ... 61
11. 기타 활용도 높은 신살 등 ... 70
12. 형, 충, 파, 원진, 합의 인연 ... 83
13. 천시(天時) ... 85
14. 천간과 지지의 움직임 ... 87
15. 선천의 인연 ... 92
16. 신수 ... 100
17. 육신과 合 ... 102
18. 刑冲의 워밍업 - 1 ... 103
19. 刑冲의 워밍업 - 2 ... 104

20. 육신이 動할 때	105
21. 육신의 활용	106
22. 用神(喜神) 定法	122
23. 조후론을 이해하는 Key!	124

제 2 편   진여비결(眞如秘訣)   125

■일러두기   126
■四柱에서 年柱가 중요한 이유   128
■진여비결(眞如秘訣)의 원리   130

제1장 진여비결(眞如秘訣) 해설   133

1. 통근론(通根論)과 진여비결(眞如秘訣)   133
　(1) 일주무근(日主無根)이면 정록정배(正祿定配)한다   133
　(2) 배성무근(配星無根)이면 기록정배(其祿定配)한다   144

2. 투출론(透出論)과 진여비결(眞如秘訣)   151
　(3) 좌하배성(坐下配星)이면 투출정배(透出定配)한다   151
　(4) 좌하식상(座下食傷)이면 투출정부(透出定夫)한다   159
　(5) 사화길성(巳火吉星)이면 투병정배(透丙定配)한다   169
　(6) 좌하길신(座下吉神)이면 투출정배(透出定配)한다   172
　(7) 지장길신(地藏吉神)이면 투출정배(透出定配)한다   177

3. 개고론(開庫論)과 진여비결(眞如秘訣)   183
　(8) 일주입고(日主入庫)하면 개고정배(開庫定配)한다   183

(9) 배성입고(配星入庫)하면 파고정배(破庫定配)한다 192

4. 입고론(入庫論)과 진여비결(眞如秘訣) 196

(10) 신약명운(身弱命運)이면 자고정배(自庫定配)한다 196

(11) 배약명운(配弱命運)이면 배고정배(配庫定配)한다 201

5. 권인론(權刃論)과 진여비결(眞如秘訣) 207

(12) 칠살득세(七殺得勢)하면 합거정배(合去定配)한다 207

(13) 칠살득세(七殺得勢)하면 통관정배(通關定配)한다 215

(14) 칠살득세(七殺得勢)하면 제살정배(制殺定配)한다 223

(15) 양인득세(羊刃得勢)하면 합거정배(合去定配)한다 226

(16) 양인득세(羊刃得勢)하면 퇴신정배(退神定配)한다 228

(17) 양인득세(羊刃得勢)하면 투출정배(透出定配)한다 232

6. 일주론(日主論)과 진여비결(眞如秘訣) 237

(18) 갑목활용(甲木活用)시는 경금정배(庚金定配)한다 237

(19) 갑일화치(甲日火熾)시는 승룡정배(乘龍定配)한다 241

(20) 갑일수탕(甲日水湯)시는 기호정배(騎虎定配)한다 243

(21) 을일등라(乙日藤蘿)이면 계갑정배(繫甲定配)한다 245

(22) 을목동결(乙木凍結)이면 병화정배(丙火定配)한다 249

(23) 일주원진(日柱怨嗔)이면 불의정배(不宜定配)한다 251

7. 길신론(吉神論)과 진여비결(眞如秘訣) 256

(24) 귀인독행(貴人獨行)이면 동반정배(同伴定配)한다 256

(25) 도세주옥(淘洗珠玉)이면 임생정배(壬生定配)한다 262

  (26) 신경흔접(辛庚欣接)이면 경생정배(庚生定配)한다 266
  (27) 무기희구(戊己希求)이면 갑을정배(甲乙定配)한다 269
  (28) 화련진금(火煉眞金)으로 정생정배(丁生定配)한다 273
  (29) 법권념원(法權念願)하면 편관정배(偏官定配)한다 275

8. 성격론(成格論)과 진여비결(眞如秘訣) 278
  (30) 주중이자(柱中二字)이면 합충정배(合冲定配)한다 278
  (31) 삼합일허(三合一虛)이면 허일정배(虛一定配)한다 283
  (32) 삼형일허(三刑一虛)라도 허일정배(虛一定配)한다 290
  (33) 용신합덕(用神合德)이면 합자정배(合字定配)한다 294
  (34) 용신부실(用神不實)이면 진신정배(進神定配)한다 297
  (35) 성격유병(成格有病)이면 제병정배(制病定配)한다 298
  (36) 거류서배(去留舒配)하면 성격정배(成格定配)한다 300

9. 통기론(通氣論)과 진여비결(眞如秘訣) 303
  (37) 급신이지(及身而止)하면 식신정배(食神定配)한다 303
  (38) 기운정체(氣運停滯)하면 통기정배(通氣定配)한다 306

10. 배성론(配星論)과 진여비결(眞如秘訣) 310
  (39) 시주배세(時柱配歲)이면 근즉정배(近側定配)한다 310
  (40) 배성합덕(配星合德)이면 합자정배(合者定配)한다 313
  (41) 배성다봉(配星多逢)이면 조화정배(調和定配)한다 316
  (42) 배성득병(配星得病)이면 구병정배(救病定配)한다 319
  (43) 배성불견(配星不見)이면 정인정배(正引定配)한다 323

(44) 배성공협(配星拱挾)이면 인출정배(引出定配)한다 325
  (45) 초운배성(初運配星)이면 당해정배(當該定配)한다 327
  (46) 배성공망(配星空亡)이면 전실정배(塡實定配)한다 329

제2장 진여비결(眞如秘訣)의 활용(活用) 335
 1. 진여비결(眞如秘訣)의 의도(意圖) 335
 2. 진여비결(眞如秘訣)과 천시(天時) 340
 3. 진여비결(眞如秘訣)의 지리(地利) 348
 4. 진여비결(眞如秘訣)과 인화(人和) 356

부 록   因緣法 庫論 業緣(火土同宮) 367

제3편   연 구 자 료   369

제1장 연구 자료 - 1   370
 1. 인연법 진여비결(眞如秘訣)과 야학신결을 활용한 통변 371
 2. 인연법 진여비결(眞如秘訣) 공부 연습 374
 3. 인연법 진여비결 이론으로 배우자 인연을 찾은 사례 376
 4. 인연법 이론과 통변(인연법 사례) 378
 5. 배우자 인연법(진여비결 적용) 379
 6. 배우자 인연법 활용 사례 木日燥熱 癸子定配 381
 7. 인연법 진여비결을 적용한 사례 382
 8. 사주 명리학 완전 정복을 위한 명리학 통변 강좌 383
 9. 사주 명리 실관 자료 385

10. 고급 사주 명리학 완전 정복을 위한 명리학 통변	386
11. 인연법 진여비결 관련 내용으로 감정한 사례	389
12. 인연법 진여비결은 사주 명조를 통해서 확인할 수 있는 선천의 인연을 발견하며	390
13. 배우자, 자녀 인연법 그리고…	392
14. 배우자 인연법, 처자 인연법 등으로 알려진 진여비결	394
15. 인연법 진여비결 감정 사례	395
16. 인연법 진여비결 사례	398
17. 배우자 인연이 선연인가, 악연인가.	401

제2장 통변 연구 자료 - 2 (김분재 선생님)   402

18. 사주 풀이란	403
19. 부부, 배우자 인연 감정 사례 1	404
20. 부부, 배우자 인연 감정 사례 2	406
21. 부부, 배우자 인연 감정 사례 3	408
22. 부부, 배우자 인연 감정 사례 4	410
23. 인연법 진여비결로 본 형제의 인연	413
24. 인연법은 배우자 띠를 맞추기 위한 이론이 아닙니다	414
25. 김분재 선생님의 강의 요약	415
26. 인연법상 중복 인연 관계는 어떻게 볼 것인가?	417

27. 부부 인연법 적용 사례   419

제3장 통변 연구 자료 - 3 (김초희 선생님)   422

28. 인연법 진여비결 해설   423
29. 인연법 진여비결 활용 - 1   424
30. 인연법 진여비결 활용 - 2   425
31. 부부 인연법을 적용한 사례   426
32. 부부 인연법 / 배우자 인연   427
33. 부부 인연법   428
34. 고급 통변을 할 수 있는 인연법/고급 명리학 이론인 고수의 고급 명리 통변 진여비결입니다   429
35. 상론 사주학(회화 사주학) 개괄편   430
36. 사주 명리학 통변에 필요한 진여비결, 야학신결 활용편   435
37. 태어난 時를 찾는 방법 - 인연법 활용 - 3   439
38. 인연으로 삶이 달라진다   441

제4장 설진관 小考 엮음   442

39. 명운을 안다는 것과 인연을 안다는 것은…   443
40. 배우자 인연법의 고급 명리학   446
41. 자연의 소리에서 논하는 사주 명리학은 여타의 역술에서 논하는 運의 吉, 凶을 말하는 것이 아닙니다   448
42. 사주 명리학의 공부의 장점   450

43. 명리학의 구조적 사유(思惟) 451
44. 제가 경험한 역학을 연구하는 이들이 지켜야 할 덕목을 공개합니다 453
45. 사주 명리학의 유용 가치 469
46. 사주 명리학의 이론은 논리적이어야 합니다 471
47. 지지는 음양으로서 오행의 존재 이유, 존재 방식이 될 뿐 결코 오행인 것은 아니다 473
48. 제가 사주 명리학을 연구했던 경과를 들려 드리겠습니다 474
49. 아는 만큼 보입니다 495
50. 이론 학습과 실전 통변, 여러분은 어떻게 상담하시나요? 496

■ 설진관 명리학 야학신결(野學神訣) 502
  1. 설진관 명리학 야학신결(野學神訣) 소개 502
  2. 설진관 명리학 야학신결(野學神訣) 목차 소개 503
  3. 설진관 명리학 야학신결(野學神訣) 주요 내용 소개 515

■ 권말 후기 527
■ 증보판 권말 후기 529
■ 참고 문헌 530
■ 편저자 프로필 531

지금부터 저와 함께 역학(易學)여행을 하시겠습니까?

고정 관념을 버리세요.
그리고 감은 눈을 뜨시기 바랍니다.
누가 대신해 주지 않습니다.

눈을 뜨셨나요?
이제는 人間의 生老病死가 파노라마처럼 보이기 시작할 것입니다.
무궁무진한 역학(易學)의 세계가 펼쳐질 것입니다.

자!
지금부터 출발합니다.

구별 개념

日主 = 日干 = 元身 = 本身 = 나(我)

日柱 = 日干 + 日支

제 1 편

사주 명리학 기본

1. 음양과 오행

■ 易이라는 글자는 日과 月에 의해 만들어졌다.

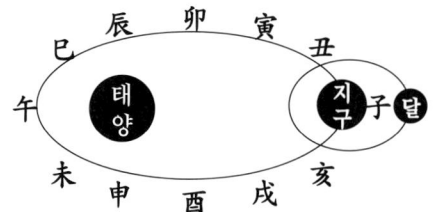

■ 세상의 출발은 어디에서 출발할까?
- 수(數)의 출발은 1이다. 즉 시작은 1이다.
- 1은 • 이다.
- 한국인은 태어나면 1살부터 시작한다.

■ 天地人

   • = 天 = ○

   一 = 地 = □

   丨 = 人 = △

■ (•)점이라는 것은 이미 만물이 존재하고 있음을 의미한다. 만물은 존재에서 시작하는 것으로써 없음에서 시작한다고 생각하지 않는다.
이것이 고대로부터 내려온 동양의 사고이다.

그러므로 시작이란 즉 존재하는 의미가 부여되는 것이다. 처음부터 음양이라는 말이다.

■음양이 없는 것은 처음부터 존재라는 개념이 없는 것이다.

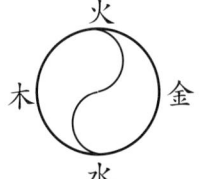

存在라는 말은 처음부터 太極이다.
太極에서 부조화가 되면 음양이 소멸되어 비로소 없음으로 귀결한다.

■水의 氣運이 火의 기운으로 변화되어 가는 것을 火의 기운이 발생하기 시작한다고 하며, 이것을 木이라고 한다. 그리고 火의 기운으로 크게 성장한 후 수렴하는 과정을 거치는데, 우리는 그것을 金으로 표현하면서 때로는 열매라고도 한다.

　이 수렴의 과정이 정점에 이를 때 이를 水라고 표현하면서 그것을 씨앗이라 일컫기도 한다. 즉, 저장고에 저장한다.

　水라는 정점에 이르렀을 때는 다시 처음 • (점)으로 돌아간다. 이것은 소멸이 아니고 하나 됨을 의미한다.

■冬至에서 春分으로 가면서 상승하는 陽의 기운이 시작한다.
春分 : 낮과 밤의 길이가 같다.
冬至에서 夏至에 이르는 구간을 양둔(陽遁)이라고 한다.
夏至에서 秋分으로 가면서 하강하는 陰의 기운이 시작한다.

夏至에서 冬至에 이르는 구간을 음둔(陰遁)이라고 한다. 이것이 陰陽과 四季의 관계라고 흔히 말한다.

■ 대부분 易書에서 한 해의 시작을 立春으로 기준하고 있다. 그렇지만 陽의 기운이 시작하는 冬至를 한 해의 시작으로 보는 설도 있음을 주지하시라.

■ 太極이 완성으로 갈 때 비로소 三太極으로 형상화된다.

■ 道 = 自然 = 極 = 空

세상 사람들은 无에서 太極으로 분화한다고 설명하고 있지만 사실은 그렇지 않다는 것을 명심하라.
인간의 눈에서 无와 太極이 달리 보이겠으나 사실은 自然界에서 无와 太極은 같은 것이다.
太極은 空과 无로 표현되기도 한다.
나의 존재는 아버지(올)와 어머니(얼)에 의하며 태어난 것이다.

■ 三太極은 陽(天 : 아버지) 陰(地 : 어머니), 그리고 완성품인 土(人 : 나)로 이루어진다.

■ 사람은 고귀한 존재로서 하늘님이 만드신 창조물이다.
그러므로 天은 •으로, 地는 ―로 표현되면서 하늘을 섬기는 것을 선현들은 당연한 것으로 받아들인다.
사람은 곧 하늘(天)이다.

■ 東洋에서는 세상의 근원을 五行 즉 木, 火, 土, 金, 水라고 생각하고, 그것이 집결된 곳이 土이며, 그것에 대한 生老病死는 四季에 있다고 한 것이다.

■ 佛敎에서 만물은 地水 火風 으로 이루어져 있다고 한다.

陰　　陽

■ 陰陽은 팽창과 수렴을 대표한다.
- 陰陽은 木火金水로 표현되며,
  五行의 木火土金水와는 그 시작점을 달리한다.
- 陰陽과 五行은 출발선부터 달리한다.
  결코 陰陽에서 五行으로 분화된 것이 아님을 분명히 한다.
- 陰陽은 五行의 원동력이다.

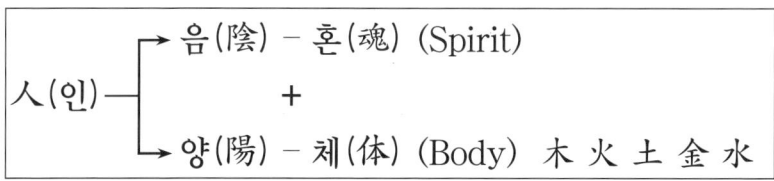

■五行은 陰陽의 기류에 편승하여 生老病死로 순환되고 그것을 우리는 포태법 혹은 12운성이라 말한다.

■五行은 陰陽을 통해서 因緣의 법칙이 드러나고, 業을 유추할 수 있으며, 점차 변화하는 五行의 모습도 유추할 수 있는 것이다.

■인식의 세계
- 五行: 木 火 土 金 水
- 陰陽: 음 - 金水 / 양 - 火木
- 陰과 陽의 완성체는 土로 표현된다.
  또한 생명체는 土로써 인식된다.

■五行은 生과 剋의 관계이다.
- 生관계: 木生火, 火生土, 土生金, 金生水, 水生木
- 剋관계: 金剋木, 水剋火, 木剋土, 火剋金, 土剋水

■陰陽의 모습이 四象이다.
그러나 陰陽과 四象은 엄밀히 말해서 四季와는 다르다.

■陰陽에서 水火는 조화의 관계로 풀이되고,
  五行에서 水火는 剋의 관계로 풀이된다.

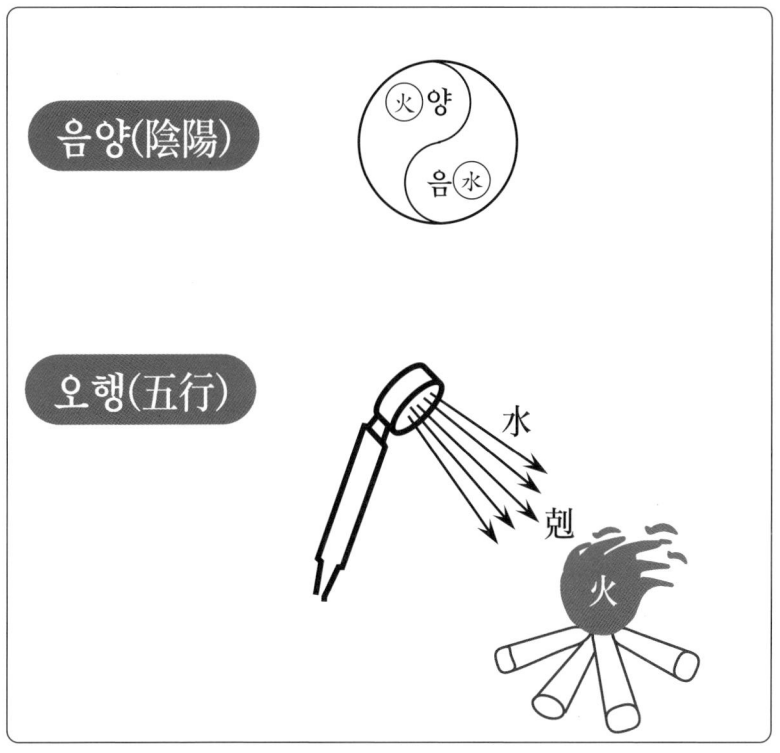

■陰陽의 水, 火와 五行의 水, 火는 문자는 같아 보이나
  실제 그 의미는 근본부터 다르다.

2. 육신의 기본 개념과 통변의 확장

(1) 生과 剋

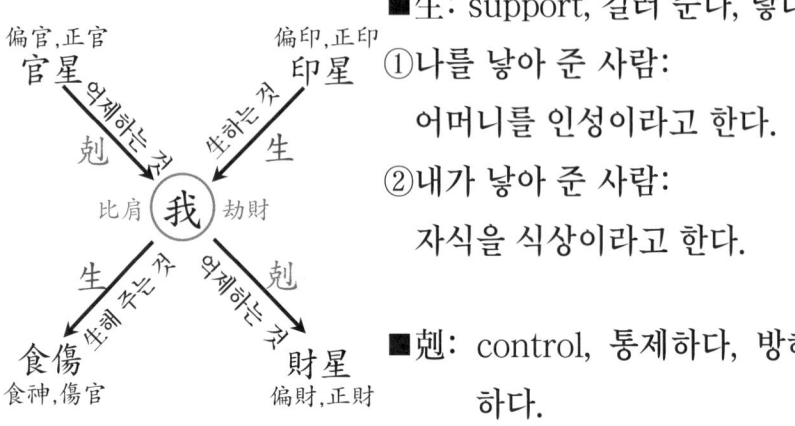

■生: support, 길러 준다, 낳다.
①나를 낳아 준 사람:
   어머니를 인성이라고 한다.
②내가 낳아 준 사람:
   자식을 식상이라고 한다.

■剋: control, 통제하다, 방해하다.

①나를 통제하는 사람: 관청을 관성이라고 한다.
   즉, 군대 가라, 세금 내라 등 의무를 이행하라고 시키고 부과하는 사람.
②내가 통제하는 대상: 재물, 돈 그리고 처첩이다.

(2) 食神, 傷官

■식신: 음양이 편중된 것으로 좋게 말하면 정직, 근면, 성실하지만 미련하게 인식되기도 한다.

■상관: 음양이 섞여 있어 사고의 유연성이 있으므로 자유, 꾀돌이, 잔머리(지략이 뛰어남), 불평, 불만, 욕설 등을 말한다.

(3) 官星
■관성은 통제를 하는데, 편관은 강하게 통제하는 한편, 정관은 조금은 온화하게 대한다.
※직업을 논할 때 官星과 食傷은 어떻게 다른가.
官星은 조직(회사)을 말하고,
食傷은 업무 그 자체를 말한다.

(4) 比劫
■친구와 함께하다가 나를 배신할 경우 우리는 비겁하다고 말한다. 그래서 친구를 비겁이라고 연상한다.
- 比肩: 나의 일간과 五行이 같고 陰陽도 같은 것.
- 劫財: 나의 일간과 五行이 같지만 陰陽은 다른 것.

■比肩은 재물을 침탈하지 않지만, 劫財는 재물을 침탈한다.

■比肩이 정적이라면 劫財는 동적인 양태이다.
-그래서 比肩運에는 생각이 많아지고, 劫財運에는 변화運이 생기는 것이다.
이런 것들은 육신론의 기본 중에 기본임을 명심하라.

(5) 財星

■ 偏財는 기대, 희망이 부여된 것이므로 위험을 감수하는 것이다.
그러므로 투기, 모험 등의 의미가 포함되어 있다.
■ 正財는 범위가 정해진 것으로 偏財에 비하여 위험 부담은 적다.

(6) 印星

■ 偏印은 梟殺이라고 불리기도 하며 편협한 사고를 나타내기도 하면서 다소 4차원적인 사고를 하기도 한다.
종교 혹은 철학적 성향이 강하다.
■ 正印(印綬)은 정해진 그대로 습득하는 것으로써 정직의 표상이다.

(7) 기타

■ 官星, 印星: 외부적 요인(타율적 요소, 수동적 요소)
■ 食傷, 財星: 내부적 요인(자율적 요소, 능동적 요소)
■ 12地支: 時(시간), 方(방향), 所(장소)를 나타낸다.
■ 12地支에는 六神을 붙이지 않는다.
六神은 天干과 地藏干에만 붙인다.
■ 六神은 地支에 부기하지 않고 그 地藏干에 부기하는 것이 타당하다.

■六神은 天干에서 다른 天干에 대한 추상적 관계성을 규율한 체계이다.
天干에서 地支에 대한 관계성을 고찰한 것이 12운성이다.

■天干과 地支는 태생적으로 다른 체계를 가지고 있는 것으로써 상호 조율은 가능할지라도 일치되는 개념이 아님에도 불구하고 대부분 국내의 易學書에는 天干과 地支를 동일시하는 경향이 두드러지고 있다.

■육신의 Story를 통해 고수로 가 보자!
(육신 개념을 잡기 위한 해설)

比肩 ↓	무엇을 해 볼까? 망설임 (이렇게 할까 저렇게 할까 - 생각, 망상). 어머니 배 속에서 잉태가 되었다. 이렇게 해 볼까 저렇게 해 볼까? 배 속에서 나가면 무엇을 할 것인가 궁리하는 것이다.
劫財 ↓	행동(실천). 이제 나름의 생각이 섰다. 궁리하다가 드디어 밖으로 나간다. 그러므로 겁재를 이동이라 한다.
食神 ↓	지나친 활동(육체노동). 이제 나가서 일을 한다. 활동을 한다. 시키는 대로 지나치게 일을 하는 것이다. 따라서 칭찬을 받고 보수를 더 받는다.
傷官 ↓	적절한 활동, 잔머리, 창의적, 발명, 아이디어, 반항적 (정신노동). 피곤하니 잔머리를 굴린다. 매일 똑같은 일을 하면 재미가 없고 시간이 걸린다. 어떻게 하면 빨리 할까? 잘해 볼까? 잔머리를 굴린다. 창의적이다.

傷官 ↓	하라는 대로 하지 않는다. 그래서 욕을 듣는다. 시비, 구설이 동반된다. 머리를 써서 새로운 기계를 만들어 돈벌이해 보려는 시도.
偏財 ↓	투기의 돈, 불안정한 돈, 큰돈, 천천히 갚아야 할 빚. 일도 하고 잔머리도 쓰니까, 이제 특허, 좋은 잔머리도 썼으니 기술을 활용하여 돈을 좀 벌어 볼까? 모험, 투기를 시작한다.
正財 ↓	안정적인 돈, 이제 돈도 좀 벌었다. 돈도 적당히 벌었으니 너무 위험성 있는 건 하지 말아야 되겠다. 편재성은 모험을 말한다. 이제 모험적인 것 말고 안정적인 것을 해야겠다는 생각이 들기 시작한다.
偏官 ↓	명예, 당장에 갚아야 할 빚. 이제 안정을 좀 찾고 했으니 나도 명예를 갖고 싶다. 어떻게 할까? 당장은 명예를 못 갖는다. 그래서 돈 있는 사람이 官에 붙는다. 官은 옛날 같으면 사또이다. 사또 옆에 알랑거리는 사람들이 왜 붙는가? 붙어서 벼슬 한자리하려고 하는 자이다. 그래서 편관은 불안한 자리이다.

正官 ↓	안정적인 지위. 편관의 안정된 모습이 정관이다. 이제 벼슬자리까지는 했다.
偏印 ↓	벼슬까지 하고 나니 별 재미도 없다. 하늘의 심판을 기다린다. 또는 이제 세상살이의 의미를 깨닫는다.
正印 ↓	그런 가운데 이제 착하게 살아야겠다고 생각한다. 하늘로 올라가는 것이다. 이때 뭘 할까? 저승사자한테 심판을 받는 것이다. 얼마나 잘했는지 확인을 받는 것이다.
比肩 ↓	다시 태어난다(윤회의 시작). 어머니 배 속에서 잉태된다. 무엇을 할까 말까 망설인다. 이런 과정이 다시 반복된다.

六神 변화론 즉 比肩이 比肩을 만나고 比肩이 食神을 만나고 제일 마지막에 偏印이 比肩을 만나고 그리고 偏印이 偏印을 만났을 때까지 설명이 되어야 한다. 六神의 변화 과정 100가지(十神 10가지 × 十神 10가지)의 좌표론을 궁리하여야 통변이 확장된다.

이것이 고수로 가는 첩경이다.

■실전을 위해서 반드시 암기해야 할 분류

명칭	내 용	별칭
偏官	무관(군인, 경찰, 무도인), 강권, 강제적으로 통제, 당장 갚아야 할 빚	귀살
正官	문관, 행정 관리, 훈육	정관
偏財	첩이나 애인, 투기, 요행, 지출, 갚아야 할 빚	편재
正財	마누라, 월급, 노력, 성실의 대가	정재
偏印	계모, 종교, 계몽, 사상(지나치게 깊은 생각:1+1=2 왜?), 임기응변, 재치, 민첩, 직감 발달	효살 (효신)
正印	어머니, 학업, 계약, 문서, 시험, 공부	록원
食神	성실과 노력, 만족, 육체노동(시키는 대로 한다). 고운 말, 신품, 온후독실	식신
傷官	C8C8하는 기질, 불평불만, 연구 및 발명가, 정신노동, 험한 말, 중고품, 고물, 교만, 방자	도살
比肩	자아, 공동체 의미(with), 생각, 망상, 도와주되 대가를 바라지 않는다 - 천사 같은 마음, 행동	분록, 록신,정록
劫財	동조자 및 협조자, 도와주되 대가를 바란다. 악마 같은 마음, 행동	모살

※육신의 별칭

혹여 기타 명리학과 관련된 책을 보다 보면 위의 우측에 있는 표현들을 볼 수 있는데 전혀 새로운 것이 아닌 같은 표현이라는 것이다.

사례-1

```
시  일   월  년
        生
○  戊①  ○  辛②
    土       金
巳  子   午  酉
```

■ 戊①은 土이므로 나의 자리에 土를 놓는다.
■ 辛②는 金이므로 내가 生하는 것이 것이다.
그런데 나와 陰陽이 다르므로 상관이다.

사례-2

시	일	월	년
○	戊①土	○	辛②金
巳	子	午	酉
丙(火)편인	癸(水)정재	丁(火)정인	辛(金)상관
庚(金)식신		己(土)겁재	
戊(土)비견			

■ 戊日主가 子를 보았을 때 정기는 癸水이고, 癸水는 정재이므로 편의상 子를 정재라고 칭하는 것이다.
■ 그리고,
子를 癸水가 대표하는 것이 아니다.
巳를 丙火가 대표하는 것이 아니다.
단지, 정기가 가장 넓은 영역에 분포하기 때문에 정기가 대표한다고 착안할 뿐이다.
이 생각을 깨지 못하면 폭넓은 통변으로 확장이 곤란하다.

읽고 또 읽고 고민하라.

실무에서 신수 속간법으로 활용하는 팁

■ 戊日主의 입장에서 봤을 때 地支에 있는 巳의 丙火가 偏印이라고 해서 巳가 戊日主의 偏印이라고 하나, 신수를 빠르게 간파하는 팁으로 그 中氣인 庚(金)에 六神星을 부여하면 食神이므로, 食神 통변을 우선시하는 경우 신효하게 적중됨을 많이 경험한다.

정리하면, 巳가 正氣인 丙火(편인)로 작용하는 것이 아니라 中氣인 庚(식신)으로 작용한다는 것이다.

水火의 관계 = 이것이 陰陽의 원시 모습이다.

■ 水, 火(亥, 子 / 巳, 午) ⇒ 體와 用을 달리한다.
體가 陽이면, 用은 陰이고 / 體가 陰이면, 用은 陽이다.
예)亥에서 體:陰, 用:陽 / 子에서 體:陽, 用:陰
　(亥와 子는 반대 작용을 하므로)

■ 하나가 상승하면 하나는 하강하는 것이 당연한 이치다.

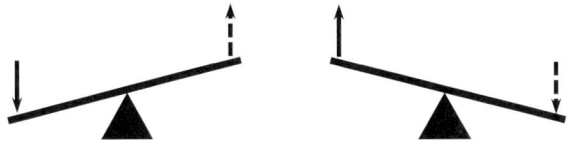

■ 水와 火가 陰陽의 조화를 이루듯이,
水는 그 속에서 陰水와 陽水를 이루고,
火는 그 속에서 陽火와 陰火를 이룬다.

자연에서 상징되는 지지의 모습

- 12地支: 장소, 방향, 시간을 의미하고 象意(상의)로서 의미가 부여된다.
* 12地支 자체가 六神적 의미를 가지고 있는 것이 아니고, 地支 속에 들어 있는 地藏干들이 각 기능을 할 뿐이다.

* 가령, 戊日主에서 巳가 편인이 되는 것이 아니고, 단지 巳中丙火가 편인이 되는 것이다.
* 많은 역학 도서 및 역학인들이 이 영역에서 많은 오해를 하는 것 같다.

본서를 읽고 독자들은 오해가 없기를 바란다.

자연에서 상징되는 천간의 모습

- 甲나무 乙화초 / 丙용광로 丁촛불 / 戊산 己밭 / 庚무쇠 辛보석 / 壬대양 癸시냇물
* 五行이 十干으로 분류된 것이다.
* 그러나 요즘 사람들은 甲은 陽木, 乙은 陰木 등 이렇게만 생각할 뿐 더 이상 사고의 확장을 하지 못하고 있으니 결국은 고인들이 남긴 유산을 보고도 모르는 것이다.
* 위와 같은 분류에 대하여 어떤 학인이 '족보도 없는 내용이다' 하며 폄하하는 것을 본 적이 있다.
  그러나 그 학인이 몰라서 그렇지 잘못 알고 있다.

사실은 고전에 그 이론적 바탕을 충분히 하고 있는 것으로 근거 없는 이론이 아님을 명심하기 바란다.

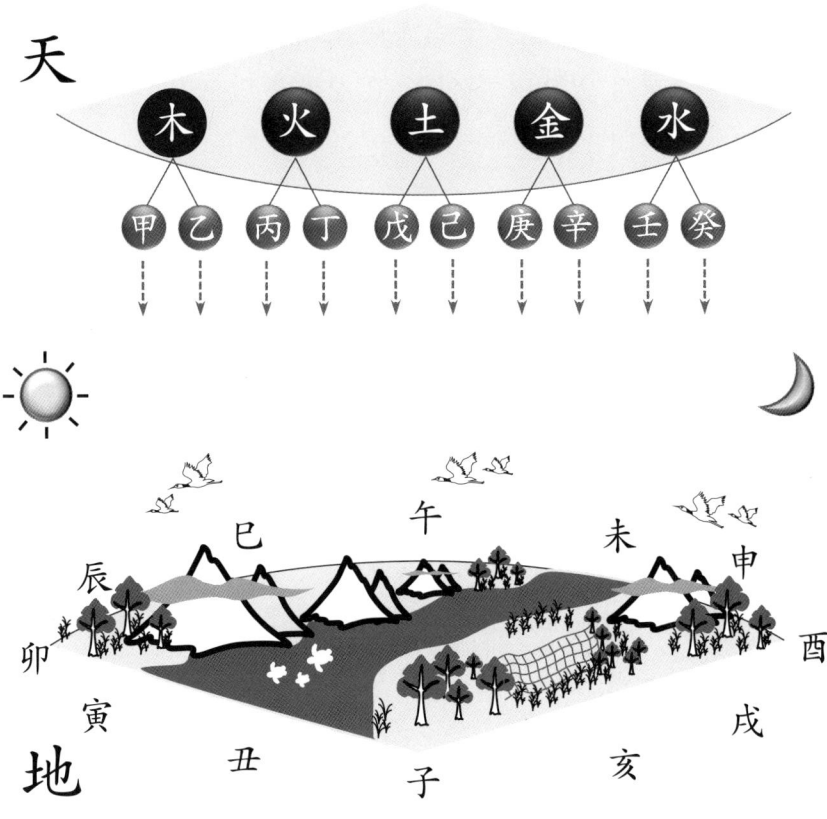

3. 간합, 형충회합

■干合 : 甲己土, 乙庚金, 丙辛水, 丁壬木, 戊癸火
■支合 : 子丑土, 寅亥木, 卯戌火, 辰酉金, 巳申水, 午未○
■三合 : 申子辰水局, 寅午戌火局, 巳酉丑金局, 亥卯未木局
※三合은 3개가 있으면 局이 되고, 2개만 있으면 나머지 하나를 그리워한다.
■合의 개념이 묶는 개념일 수도 있으나, 인연, 속박, 연결, 연계, 합동 등의 의미가 있다.
때로는 발목 잡다, 코를 꿰다는 의미도 있다.
■冲 : 子午冲, 丑未冲, 寅申冲, 卯酉冲, 辰戌冲, 巳亥冲
■破 : 子酉破, 寅亥破, 午卯破, 丑辰破, 巳申破, 戌未破
■刑 : 寅巳申, 丑戌未, 子卯
■自刑 : 辰辰, 午午, 酉酉, 亥亥
※刑을 통상 干+干+刀로 보고 있으나, 우물(井) 속에 사람(人)을 가두어 벌을 주는 것으로 생각하라.
■일지에 寅巳申 三刑이 오면 다리를 절거나 허리를 다치는 경우를 많이 경험한다.

시	일	월	년		시	일	월	년
丁	戊	庚	癸		丙	己	甲	乙
巳	寅	申	酉		寅	巳	申	亥

■ 自冲과 自刑

自冲	子子	丑丑	寅寅	卯卯	辰辰	巳巳	午午	未未	申申	酉酉	戌戌	亥亥
自刑					辰辰		午午			酉酉		亥亥

* 自冲 내에 自刑이 포함되어 있다.

* 辰辰, 午午, 酉酉, 亥亥는 본래는 冲인데, 冲이라고 보기에는 더 강한 면이 있기에 刑이라고 한다.

4. 공협

■ 12地支의 순서(子, 丑, 寅, 卯, 辰, 巳, 午, 未, 申, 酉, 戌, 亥) 중 각 지지가 양옆의 地支를 끌어당긴다.

시 일 월 년
○ ○ 子 寅
      丑

예-1 ▶ 地支에 子와 寅이 있다면 丑을 끌어당긴다.

시 일 월 년
丑 卯 ○ ○
 寅

예-2 ▶ 地支에 丑과 卯가 있다면 寅을 끌어당긴다.

시 일 월 년
○ 寅 辰 ○
   卯

예-3 ▶ 地支에 寅과 辰이 있다면 卯를 끌어당긴다.

5. 三合의 활용

■ 眞如秘訣에서 三合은 아주 유용하게 사용된다.
■ 三合에서 글자가 2개가 있으면 완전한 合을 이루기 위하여 나머지 하나를 끌어당긴다.

시 일 월 년
申 ○ 子 ○
   辰

예-1 ▶ 申子辰에서 申子가 있으면 辰을 끌어당긴다.

시	일	월	년
申	○	○	辰

　　　　　子

예-2 申子辰에서 申辰이 있으면 子를 끌어당긴다.

사례-1

시	일	월	년
己	庚	壬	丁 坤
卯①	寅	子	亥②

　　　未

■卯①亥②가 있으므로 未를 끌어당긴다.
(未 인연으로 들어온다)
⇒ 丁亥年(여자가 丁亥生)과 가까운 癸未生 양띠 남편을 실제로 만났다.

사례-2

시	일	월	년
乙	乙	乙	丙 坤
酉①	巳②	未	申

　　丑

■酉①巳②가 있으므로 丑을 끌어당긴다.
⇒ 丙申年(여자가 丙申生)과 가까운 己丑生 소띠 남편을 실제로 만났다.

사례-3

시	일	월	년
戊	甲	己	甲 乾
辰①	午	巳	申②

　　　子

■辰①申②가 있으므로 子를 끌어당긴다.
⇒ 甲申年(남자가 甲申生)과 가까운 戊子生 쥐띠 처를 만났다.

6. 좌표(座標)[16]

■좌표는 年月日時에 대한 구분적 해석과 十神의 관계성을 총칭한다.

예 : 1969년 음 1월 16일 寅時生

時 時辰	日 日柱	月 提綱, 月令	年 眞太歲	時令 區分
恒星	地球	月	太陽	天體
甲 **寅**	**戊** **寅**	**丙** **寅**	**己** **酉**	心命公式
貞, 實	利, 花	亨, 苗	元, 根	五常, 流源
年老(15년)	壯年(15년)	青年(15년)	少年(15년)	世代
부하, 후손, 자녀, 膝下	주체, 본인, 참모급, 배우자, 직속부하, 심복부하, 운전기사, 비서	부모, 형제, 직장상사, 동료사회, 친지, 거래인	조상, 조상묘, 조부모, 가문, 先代, 고향친지	人事
측근, 환경	가정, 인근	직장, 사회, 도심	조국, 국가, 영토	位階
미래 세대 후손	주체, 당면 생활 환경	현실성, 가문, 주택	天時 주체, 시대성, 역사 환경	時代
미래, 내세	당면, 當時	현생, 현실	전생, 과거	時階
지방 외지, 외국 (緊)	當任 위치, 직접 사무소 (座)	중앙, 도심지 본부, 중심지, 본사, 본관 (近)	해외, 고향, 외국, 출생지, 遠方, 지방 외지 (遠)	거리
繼事, 계승, 引事 (末)	당면 주관사 (現)	현재 진행사 (中)	舊事, 緣 (始)	행사
1/12일	1일	30일	365일	순서, 비중

---

16) 심명철학(2) 최봉수(1992년판) 2쪽에 수록되어 있는 내용을 인용.

7. 인연과 궁합[17]

배우자의 年柱를 강조하고 있다.

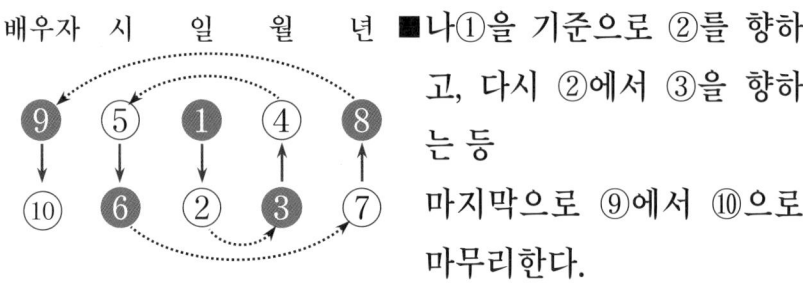

■나①을 기준으로 ②를 향하고, 다시 ②에서 ③을 향하는 등
마지막으로 ⑨에서 ⑩으로 마무리한다.

8. 간합의 활용

비견, 겁재가 많으면 이복형제가 있다고도 한다.

```
시   일   월   년
         土
○   己   ○   甲
○   ○   ○   ○
```

■단지, 日主의 合化神이 비겁이 된 자
(1) 己日主가 甲과 합화하여 土 비겁이 되는 경우

```
시   일   월   년
         金
○   庚   乙   ○
○   ○   ○   ○
```

(2) 庚日主가 乙과 합화하여 金 비겁이 되는 경우로써 日主에 乙이 合해 와서 나와 같은 자,
즉 형제자매가 되므로 이복형제가 있다고 추리한다.

---

17) 신수훈 선생님 강의 내용

시	일	월	년
○	己	○	甲
○	○	○	○

■이런 경우는 적중률이 높으므로 잘 관찰해 보라.

⑴이 경우 이복형제가 없으면 생사고락을 함께하는 의형제라도 있게 된다.

사례-1

시	일	월	년
甲①	己②	己	辛
子	未	亥	丑

■日主 己②가 甲①과 合을 해서 土를 만든다.

⑴合化된 土는 己土의 입장에서 보면 비겁(비견인지 겁재인지 생각하지 말고 비겁으로).

⑵合化된 土가 戊土인지 己土인지 구분하기보다는 그것이 비겁임을 관찰하고,

⑶庚日主에게 乙이 있다. 乙庚으로 합하여 金으로 化하는데 그 金이 庚金인지 辛金인지, 구분하기보다 우선 비겁임을 관찰하라.

⑷己日主가 甲을 만났을 때와 庚日主가 乙을 만났을 때, 이 두 가지는 이복형제가 있는 것이다.

⑸남자 입장에서 '재성'이 '비겁'과 암합을 한다.
 = 처가 내 친구와 007작전을 한다고 유추하여 기억하라.

⑹여자 입장에서 '관성'이 '비겁'과 만난다.
 = 우리 남편과 비겁이 암합을 하고 있다.

* 비겁운이 들어올 경우 주위 깊게 살펴보라.
* 암합을 안 하고 그냥 합을 하면 내놓고 다니는 것으로 외부인을 남편이나 처로 착각한다.
* 암합은 당당하지 못한 것이고, 명합은 내놓고 만난다.

사례-2

```
시  일  월  년
丁① 壬  癸②乾 戊
         비겁
未  申  亥  寅
    庚  壬④ 甲
        비겁
    壬③  甲  丙
    비겁
```

■ 丁①(재성)이 처이다.

(1) 丁①이 癸②와 만나고 있어도 대놓고 다니기 때문에 큰 걱정 안 해도 된다.

(2) 丁①이 壬③ 또는 壬④와 007작전을 하며 나 모르는 서방이 둘이 있다.

(3) 동시에 일어날 수 있고, 시간차를 두고 일어날 수도 있다.

이는 『야학신결』에서 논하는 動靜論(동정론)을 세심히 관찰하면 명확하게 유추될 것이니 참고바란다.

사례-3

```
시  일  월  년
辛  乙① 庚② 庚③坤
巳  巳  辰  辰
丙   丙
庚⑤ 庚④
戊   戊
```

■ 乙①이 庚②나 庚③과 합을 하는데 내놓고 만나도 떳떳하다.

(1) 乙①이 庚④나 庚⑤와도 합을 하므로 007작전을 하고 있다.

사례-4

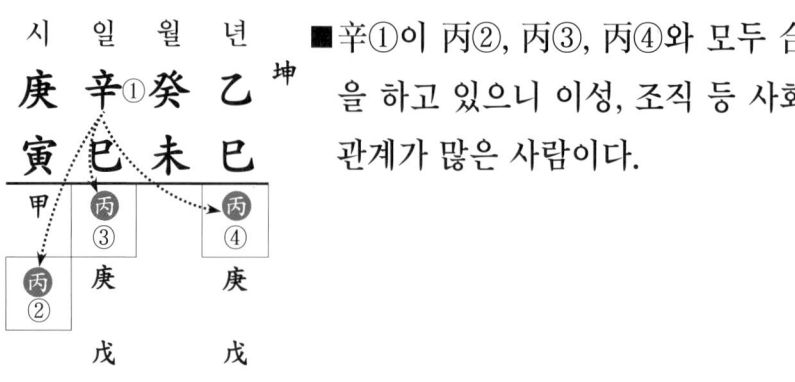

■ 辛①이 丙②, 丙③, 丙④와 모두 합을 하고 있으니 이성, 조직 등 사회 관계가 많은 사람이다.

사례-5

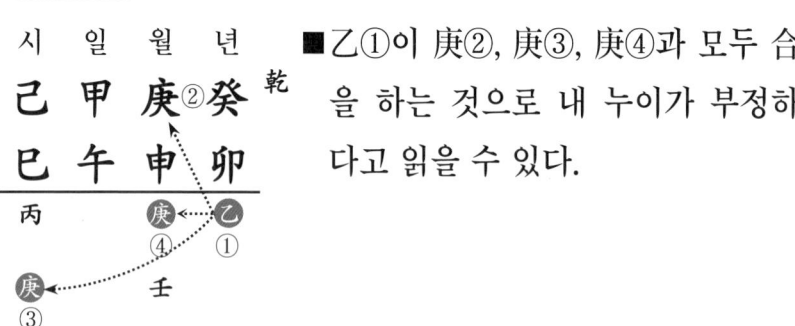

■ 乙①이 庚②, 庚③, 庚④과 모두 합을 하는 것으로 내 누이가 부정하다고 읽을 수 있다.

薛 註 : 조 언

(1) 만약 여자 사주에서 食傷(자식)이 印綬와 暗合(암합)을 한다면, 印綬는 사위이므로 사위가 몰래 연애함을 추리할 수 있다.

(2) 暗合(암합)이 冲 등으로 動(동)할 경우 그 地藏干이 움직이게 되는 것이다.

9. 12신살과 12운성의 도출

■12신살의 배치

12신살은 **年支를 중심으로** 도출하는 것이 원칙임을 꼭 명심하라

⑦寅(역마살)

④亥(망신살) ⑧卯(육해살) ⑩巳(겁살)

①**申(지살)** ⑤**子(장성살)** ⑨**辰(화개살)** ⑪**午(재살)**

②酉(년살) ⑥丑(반안살) ⑫未(천살)

③戌(월살)

⑪ 午(재살) ◄······相沖······► ⑤ 子 (장성살)

① 申(지살) ◄······相沖······► ⑦ 寅 (역마살)

④ 亥(망신살) ◄······相沖······► ⑩ 巳 (겁살)

③ 戌(월살) ◄······相沖······► ⑨ 辰 (화개살)

⑥ 丑(반안살) ◄······相沖······► ⑫ 未 (천살)

② 酉(년살) ◄······相沖······► ⑧ 卯 (육해살)

■12신살의 대용어[18]

지살-외무대신   / 년살-시녀   / 월살-내당마님

망신-왕솔형제   / 장성-내무대신 / 반안-내시

역마-문공대신   / 육해-수문장   / 화개-자문관

겁살-역모주동자 / 재살-역모동조자 / 천살-군주

---
[18] 명리학 강론(1993년), 박일우

■12신살 구성과 별칭

(출처:박일우 명리학 강론)

별칭		역모주동자	역모동조자	임금	외무대신	시녀	내당마님	왕솔형제	내무대신	내시	문공대신	수문장	자문관
12신살 년지		겁살 劫殺	재살 災殺	천살 天殺	지살 地殺	년살 年殺	월살 月殺	망신 亡身	장성 將星	반안 攀鞍	역마 驛馬	육해 六害	화개 華蓋
寅午戌		亥	子	丑	寅	卯	辰	巳	午	未	申	酉	戌
巳酉丑		寅	卯	辰	巳	午	未	申	酉	戌	亥	子	丑
申子辰		巳	午	未	申	酉	戌	亥	子	丑	寅	卯	辰
亥卯未		申	酉	戌	亥	子	丑	寅	卯	辰	巳	午	未
		君(군)				臣(신)				民(민)			

■12운성의 배치.

12운성-天干이 地支를 만날 때 나타나는 天干의 상태를 의미한다(地支의 상태가 아님).

구분	甲	乙	丙	丁	戊	己	庚	辛	壬	癸
寅	록(祿)	왕(旺)	생(生)	사(死)	생(生)	사(死)	절(絶)	태(胎)	병(病)	욕(浴)
卯	왕(旺)	록(祿)	욕(浴)	병(病)	욕(浴)	병(病)	태(胎)	절(絶)	사(死)	생(生)
辰	쇠(衰)	관(冠)	관(冠)	쇠(衰)	관(冠)	쇠(衰)	양(養)	고(庫)	고(庫)	양(養)

즉,

丙이 寅을 보면 寅이 生되는 게 아니라 丙이 生이 된다.
丁이 寅을 보면 寅이 死되는 게 아니라 丁이 死가 된다.
庚이 寅을 보면 寅이 絶되는 게 아니라 庚이 絶이 된다.
辛이 寅을 보면 寅이 胎되는 게 아니라 辛이 胎가 된다.
壬이 寅을 보며 寅이 病되는 게 아니라 壬이 病이 된다.
이하 같다.

이것이 12운성의 올바른 부기법이다.

■ 12운성(포태법)

(기준: 火土同宮)

	甲	乙	丙戊	丁己	庚	辛	壬	癸
子	沐浴	病	胎	絶	死	生	旺	祿
丑	冠帶	衰	養	庫(墓)	庫(墓)	養	衰	冠帶
寅	祿	旺	生	死	絶	胎	病	沐浴
卯	旺	祿	沐浴	病	胎	絶	死	生
辰	衰	冠帶	冠帶	衰	養	庫(墓)	庫(墓)	養
巳	病	沐浴	祿	旺	生	死	絶	胎
午	死	生	旺	祿	沐浴	病	胎	絶
未	庫(墓)	養	衰	冠帶	冠帶	衰	養	庫(墓)
申	絶	胎	病	沐浴	祿	旺	生	死
酉	胎	絶	死	生	旺	祿	沐浴	病
戌	養	庫(墓)	庫(墓)	養	衰	冠帶	冠帶	衰
亥	生	死	絶	胎	病	沐浴	祿	旺

* 火土同宮, 水土同宮 - 火와 土가 함께 움직이면 火土同宮이며 水와 土가 함께 움직이면 水土同宮이라 생각하라! 본서에서는 火土同宮 중심으로 해설하였다.

■ 암기 순서 (시계 방향)

  陽干: 生浴冠　祿旺衰　病死庫　絶胎養
      (생욕관　록왕쇠　병사고　절태양)
  陰干: 死病衰　旺祿冠　浴生養　胎絶庫
      (사병쇠　왕록관　욕생양　태절고)

12神殺과 같은 방법으로 놓는다.

■12神殺(12신살) 및 12運星(12운성)의 부기 방법

①통상적으로 劫災天地年月亡將攀驛六華로 학습한다.
　　　　　　겁재천지년월망장반역육화

②외울 때는 地 年 月/ 亡 將 攀/ 驛 六 華/ 劫 災 天으로
　　　　　　지 년 월/ 망 장 반/ 역 육 화/ 겁 재 천
　암기하면 편리하다.

③암기하는 방법은 年支의 三合을 활용한다.

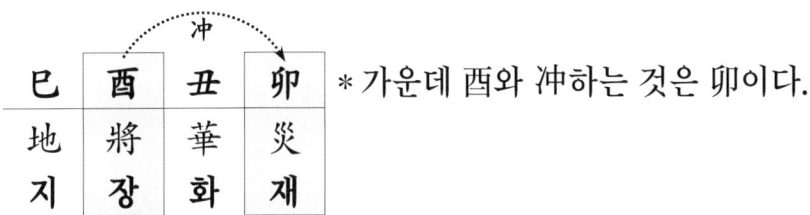

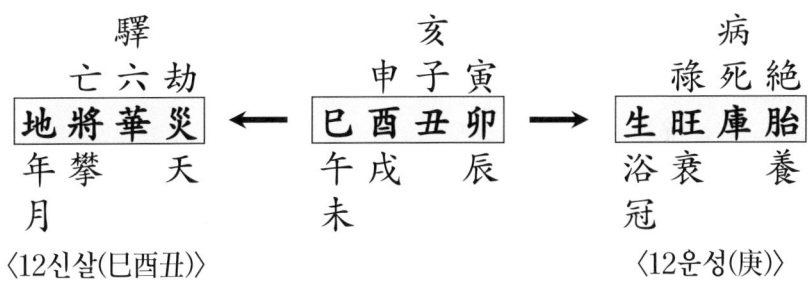

〈12신살(巳酉丑)〉　　　　　　　　〈12운성(庚)〉

▶三合을 활용하여 12신살과 12운성의 암기 방법을 소개할 뿐이다.

＊三合으로 설명할 수 있다 하여 마치 동일한 것으로 오해하면 곤란하다.

▶그리고 12신살과 12운성의 始原(시원)이 다르다.

■12運星(12운성)의 부기 방법 ※여기에 소개하는 부기법은 암기하기 위한 방편일 뿐 12운성의 원리가 아니다.

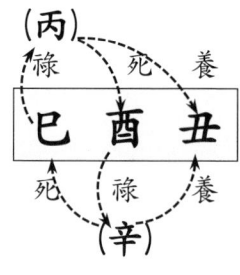

●巳에서 丙火가 나온다.
①그럼 丙火가 酉를 보면 死가 된다.
②酉에서 辛金이 나오니 辛金이 巳를 보면 역시 死가 된다.

●寅에서 甲乙이 나온다.
①甲木에서 午를 보면 死가된다.
②午에서 丁火가 나오오니 丁火가 寅을 보면 死가 된다.
③그럼 乙木에서 午를 보면 (長)生이다.
④그리고 丙火에서 寅을 보면 역시 (長)生이다.

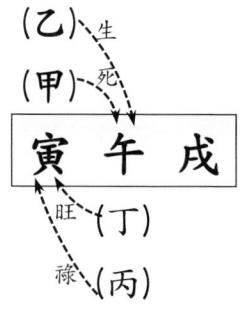

⑤또 나아가 丁火가 戌을 보면 養이다.
⑥그러면 丙火가 戌을 보면 庫(墓)이다.
⑦甲木이 戌을 보면 養이다.
⑧그러면 乙木이 戌을 보면 庫(墓)이다.

여기서 보면 어떤 형태가 나오는가?
머리에서 꼬리를 보면 陽干일 때 養이고 陰干일 때 庫(墓)가 된다. 중간에서 꼬리를 보면 陽干일 때 庫(墓)가 되고 陰干일 때 養이 된다.

● 또 다른 방법이다.

```
申 子 辰  養
 (癸) 巳  胎
     午  絶
     未  庫
```

만약 위의 예처럼 癸水가 未를 보았을 때 무엇이 되는가?
① 여기에서 어떻게 생각하느냐 하면 申子辰을 펼쳐 놓고 子에서 癸水가 나온다.
② 癸水가 辰을 볼 때 위의 방법에 의하면 養이 된다.
③ 그럼 辰에서 未로 가려면 반대로 아래로 胎(巳), 絶(午), 庫(未)이 된다.

```
       (辛)(丙)
      亥  浴 絶
      子  生 胎
 巳 酉 丑  養 養
(丙)(辛)寅  胎 生
      卯  絶 浴
      辰  庫 冠
```

① 巳酉丑일 때 酉는 辛金이 된다.
② 辛金이 丑을 보면 養이 된다.
③ 그럼 辛金이 子를 보면 무엇이 되는가? 長生이 된다.
養에서부터 거꾸로 돌아간다.
④ 또 巳에서 丙火가 된다. 丙火가 丑을 보면 무엇이 되는가?
養이다. 그럼 養에서 반대로 生, 浴, 冠으로 돌아간다.

12운성표

(火土同宮 기준)

旺死絶之圖 陰陽順逆生

巳
壬絶	庚生	丙戊祿	甲病
癸胎	辛死	丁己旺	乙浴

午
壬胎	庚浴	丙戊旺	甲死
癸絶	辛病	丁己祿	乙生

未
壬養	庚帶	丙戊衰	甲墓
癸墓	辛衰	丁己帶	乙養

申
壬生	庚祿	丙戊病	甲絶
癸死	辛旺	丁己浴	乙胎

辰
壬墓	庚養	丙戊帶	甲衰
癸養	辛墓	丁己衰	乙帶

酉
壬浴	庚旺	丙戊死	甲胎
癸病	辛祿	丁己生	乙絶

卯
壬死	庚胎	丙戊浴	甲旺
癸生	辛絶	丁己病	乙祿

戌
壬帶	庚衰	丙戊墓	甲養
癸衰	辛帶	丁己養	乙墓

寅
壬病	庚絶	丙戊生	甲祿
癸浴	辛胎	丁己死	乙旺

丑
壬衰	庚墓	丙戊養	甲帶
癸帶	辛養	丁己墓	乙衰

子
壬旺	庚死	丙戊胎	甲浴
癸祿	辛生	丁己絶	乙病

亥
壬祿	庚病	丙戊絶	甲生
癸旺	辛浴	丁己胎	乙死

10. 12신살의 용어와 활용법

※여기서 설명하는 내용은 일반적으로 알려진 내용이 아닌 실제 현장에서 활용되는 내용으로 요약 정리한 것이다.

(1) 겁살

①빼앗다, 빼앗기다(외탈)

재성+겁살 = 재물을 빼앗기다, 강도를 당하다, 돈을 뺏기다.

인성+겁살 = 문서를 빼앗기다, 승용차나 부동산 등 등기된 것을 뺏기다.

관성+겁살 = 남자에게 정조를 잃는다.

②태세에 겁살운이 오면 그 해는 빼앗기는 운이다.
(재물 손실, 도둑, 강도, 폭행, 질병 등 관련이다)

③명조 내에 겁살이 있으면 외부에서 나를 공격해 온다.

④독립투사, 타깃이 된다, 당한다, 폭행의 피해자, 외톨이, (독립투사 중에 겁살이 없다면 외부로 드러나지 않는 사람이다).

⑤겁살이 있는 사람은 등 뒤에 표적지를 달고 다니는 것이다.

⑥겁살이 있다면 이를 모면하기 위해 욕 많이 먹는(?) 직업 (경찰, 정치인, 군인 등)을 택하는 게 좋다.

(2) 재살

① 재살은 일명 백호살이라고도 하나, 본래 백호대살과는 다른 것이다.

② 재살은 장성(권력, 중심)을 沖한다. - 권력에 저항했으니 감옥에 갇혀 보기도 한다(재살 = 수옥살).

③ 사주가 맑으면서 재살이 動하면 - 국정원, 정보형사, 산업 스파이가 되기도 한다.

④ 사주가 탁하면서 재살이 動하면 - 도둑, 사기꾼 등 범죄인이 되기도 한다.

⑤ 재살이 있는 사람은 이런 이유로 간혹 감옥을 간다고 보면 된다.

⑥ 재살이 있는데 감옥 안 가면 사는 곳 자체가 감옥 같은 환경(담배 파는 가게 등)에서 생활한다.

⑦ 재살은 스파크이므로, 재살 방향으로 이사를 가서는 안 된다, 위험하다, 사고 난다.

(3) 천살

① 흔히 천살을 천재지변, 비행기 타고 해외여행 나간다고 하나 잘 안 맞더라.

② 암, 중풍을 조심하라.

③ 골육 간에 이별이 있는 경우가 많다.

(4) 지살

① 돌아다닌다(≒역마살).

②시작, 출발을 의미 / 동분서주하다 / 변화가 많다.
③ 지살+재성 = 돈 벌기 위해 돌아다닌다.
  돌아다니다가 여자를 만난다, 외국에서 여자를 만난다.
④ 지살+刑 혹은 冲 = 교통사고 조심.
⑤ 지살+지살 = 해외 출입해 본다.
⑥역마와 지살의 구분
  ㈎역마 : 문화, 소문, 광고, 선전 등을 의미한다.
  ㈏지살 : 간판, 광고물, 전단지 등을 의미한다.

(5) 년살(=도화살)

①살이 그리워 정에 빠진다. 얼굴이 붉어~~
②명조에 년살이 있어야 인물이 좋다(미남, 미인).
③년살 + 刑= 성병 등 비뇨기과 질환 조심.
④과거에는 도화가 있으면 대개 나쁘다고 보았는데, 현대 사회에서는 남여 모두 도화가 있으면 인기인, 연예인으로 성공 가능하다.
⑤사교적, 인기인, 성형-도화를 살린다.
⑥직업적으로는 꽃집 사장님, 유흥가 등 남녀가 함께할 수 있는 곳도 해당한다. 결혼상담소나 중매쟁이 등.
⑦도화살과 망신살은 다르다.
⑧도화는 색정과 관련된 것이고,
  망신은 색정 이외의 비도덕적인 것(불효 등).

⑨ **년지+도화살** = (예외적으로 日支로 12신살을 뽑은 경우) 남자는 연상을, 여자는 연하를 만난다.

⑩ **일지+도화살** = 배우자 자리에 꽃이 핀다. 첩을 둔다. 색정, 이성 관련 구설을 의미한다.

⑪ **시지+도화살** = 아래에 꽃이 핀다. 원조 교제나 자식 같은 남녀와 놀아난다.

⑫ **천간합+지지형** , **년살(도화)+형** = 비뇨기과 질환, 산부인과 질환이 생긴다.

```
       合
○  辛  丙  ○
寅  卯  子  亥
    刑
    도화
```

(색정으로 벌을 받는다 → 성병으로만 생각하지 말라)

⑬년살에 관련된 사업을 하는데 천을귀인이 붙으면 도와주는 사람이 많아서 사업이 잘된다.

⑭한 해 운에서 년살운이 오면 이성과 관련된 일이 생긴다.

(6) 월살(=고초살)

①공허하다, 목마르다.

②나무뿌리를 흔들다, 에너지 고갈, 마른다, 장애물을 의미한다.

③정상 가동 불가, 일시적 고초를 의미하기도 한다.

④다리를 전다(에너지 고갈로).

⑤월살은 창고를 관리하는 의미이므로, 월지에 월살이 있으면 상속받을 운이 있다.

⑥월살운에 개종을 하기도 한다.
(불교에서 기독교 등으로 개종한다. 때로는 무속 또는 신흥 종교에 빠지는 경우도 많이 경험한다)

(7) 망신살

① 남자 : 호연지기 vs 여자 : 여장부
② 어긋나다(실패).
③ 망신은 왕솥형제를 의미하므로 내실(집안)이 될 수 있고, 형제간 암투가 생길 수 있고, 전쟁터를 의미하기도 한다.
④ 월지(모친)+망신살 = 재취(실패)로 나타나기도 한다.
⑤ 월지+망신살 = 부모궁에 잘못, 실패가 있었다.
⑥ 일지(배우자 자리)+망신살 = 부부에게 잘못, 실패를 의미한다
⑦ 시지(자식 자리)+망신살 = 자식에게 잘못, 실패를 의미한다.
⑧ 년지(할머니 자리)+망신 = 조부모에게 잘못, 실패를 의미한다.
⑨ 인수+년살이나 망신 = 어머니의 실패를 의미한다.
재취 관련사이다.

> **薛 註 : 조 언**
>
> 어떤 학자는 망신살을 흔히 '망신당하다'의 의미로 설명하기도 한다.
> 그러나 12신살의 망신살과 '망신당하다'의 망신은 전혀 다른 의미임을 명심하라.

⑻ 장성살

① 힘을 주도한다. 중앙, 권력을 장악한다.
② 주최자, 주권, 중심인물이다.
③ 승부욕이 있다.
④ 식상+장성살 = 노래 실력이 수준급이다.
⑤ 재성+장성살 = 집행자, 총무와 인연이 있다.
⑥ 인성+장성살 = 연구를 주도한다.
⑦ 장성이 무너지면 주권(주도권)을 빼앗긴다.
　그래서 장성살 방향에 구멍이 뚫려 있거나 열려 있으면 무너진다. 장성살 방향의 문은 폐쇄해라.
⑧ 장성살은 치안, 경계이기 때문이다.

⑼ 반안살

① 말안장(자리)이다. 그러므로 반안살이 있어야 고관으로 승진이 가능하다.

②승진, 출세, 어떤 분야에 전문가이다.
③말안장이 있다는 것은 말이 있음을 유추할 수 있고, 그 말은 역마가 있다는 뜻이다.
④장성살이 주도를 한다면 반안살은 전문가이다.
⑤ 식상+반안살 =요리 전문가이다.
⑥ 재성+반안살 =금융 전문가이다.
⑦ 관성+반안살 =직장에 의자가 있다.
⑧고위직에 올라간다. 인수이면 인수 분야에서, 재성이면 재성 분야에서 전문가이다.

⑽ 역마살

①달리는 말, 시동(start), 이주, 여행, 나들이를 의미한다.
② 재성+역마살 = 객지에서의 배우자, 외환을 의미한다.
③ 관성+역마살 = 외국 남자, 혼혈 자식(男), 외국계 회사를 의미한다.
④ 식상+역마살 = 자식 외국행, 혼혈 자식(女), 외국 기술을 의미한다.
⑤ 인성+역마살 = 모친이 외국인, 외국어, 유학을 의미한다.
⑥역마살(혹은 지살)이 官(남자)食(자식)과 합신한다.
 = 해외 나가서 남자를 만나 아이를 잉태할 수 있다.

⑦역마살은 **소문(무형적)** vs 지살은 **간판(유형적)**

⑧역마살은 멀리 퍼지는 것으로 이해하면 된다.

⑨엄밀히 말하면 다르지만 역마살 ≒ 지살이라고 편의상 보라.

⑩역마살을 단순히 돌아다니는 것으로 이해하지 말라.

⑪ 상관(시비,구설)+역마살 = 소문이 일파만파 퍼져 나간다.

⑫재성을 재물, 방향으로 생각할 때
 ▶寅에 역마: 동쪽에 있는 돈=엔화
 ▶申에 역마: 서쪽에 있는 돈=달러

⑬ 관성+역마살 = 외국 기업을 의미한다.

⑭ 식상+역마살 = 해외 기술을 의미한다.

⑮ 인수+역마살 = 유학을 말한다.

⑯ 역마+刑,冲 = 돌아다니다가 맞았으니 교통사고를 당한다.

(11) 육해살

①말이 마구간에 매여 있다(꼼짝 못한다).

②마부/채찍/방향타/비서 등이다.

③ 卯+육해살 = 간에 문제가 생겼는데 오래되었다.

④ 子+육해살 = 자궁의 질환이 오래되었다.
⑤ 酉+육해살 = 천식이나 기관지병이 오래되었다.
⑥ 식상+육해살+酉 = 운전사. 酉(Car= 둥근 바퀴)
⑦육해는 만성 질환이고, 끙끙 앓는 것을 말한다.

⑿ 화개살

①꽃방석, 도인, 종교 등을 의미한다.
②흡수력, 종교, 신앙, 이념, 사상의 보고이다.
③ 인성+화개살 =공부에 꽃방석이 붙어 있으므로 ①, ② 와 같은 공부를 하는 것이다. 대학을 간다면 종교, 철학, 역사, 역학 등 학과 (나름 도사다.)
④ 편인+화개살 =인성에 화개가 있는 것보다는 수준이 높다.
⑤ 재성+화개살 =처나 부친이 ①②와 관련된 사람이다.
⑥ 관성+화개살 =만나는 남자가 ①②와 관련된 사람이다.
⑦ 식상+화개살 = 자식이 ①②와 관련된 사람이다.
⑧년지(가문의 시작점)나 일지(개인의 시작점)에 화개살 (꽃방석)이 있다면 머리가 좋다.

11. 기타 활용도 높은 신살 등

(1) 금여록

①금여록은 금수레를 말하므로 귀한 가문의 출신과 인연이다.

②쉽게 말해서 꽃가마를 탄다고 생각하면 무난하고, 대접받는 사람이라는 뜻이다.

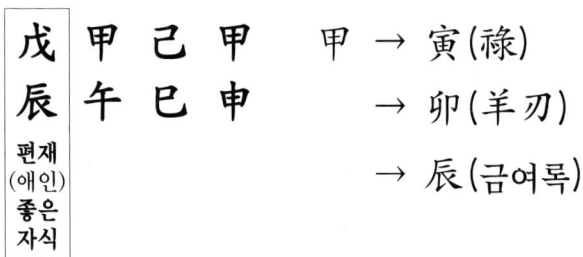

(2) 공망(空亡)

> 이 론

흔히
①인성 空亡이면 학문운과 부모운이 없다.
②재성 空亡이면 배우자운과 재물운이 없다.
③관성 空亡이면 자식운과 벼슬운이 없다.
  라고 설명을 한다.

> 실 제

그러나 비록 재성이 공망이라도 재벌가가 많이 있고, 인성이 공망이라도 대학교수 등 많은 학자들이 있다. 관성이 공망된 자가 고위직에 많이 있다.

그러므로 공망을 무조건 '없다, 안 된다'고 통변하다가는 큰 실수하게 되니 조심하라. 차라리「집착한다」라고 통변하라. 이것이 현장 역학이다.

六十甲子 空亡表

甲	乙	丙	丁	戊	己	庚	辛	壬	癸	공	망
子	丑	寅	卯	辰	巳	午	未	申	酉	戌	亥
甲	乙	丙	丁	戊	己	庚	辛	壬	癸	공	망
戌	亥	子	丑	寅	卯	辰	巳	午	未	申	酉
甲	乙	丙	丁	戊	己	庚	辛	壬	癸	공	망
申	酉	戌	亥	子	丑	寅	卯	辰	巳	午	未
甲	乙	丙	丁	戊	己	庚	辛	壬	癸	공	망
午	未	申	酉	戌	亥	子	丑	寅	卯	辰	巳
甲	乙	丙	丁	戊	己	庚	辛	壬	癸	공	망
辰	巳	午	未	申	酉	戌	亥	子	丑	寅	卯
甲	乙	丙	丁	戊	己	庚	辛	壬	癸	공	망
寅	卯	辰	巳	午	未	申	酉	戌	亥	子	丑

(3) 正祿

① 正祿은 地支의 정기가 日主와 같은 것, 하늘의 기운이 땅으로 관통한 것이다.
② '祿'은 公 개념 : 월급쟁이, 공무원이다.
③ 사업하는 사람이 正祿이 있으면 월급쟁이에 머문다. 수입이 일정하지만, 수입이 많지는 않다.
④ 祿을 찾아가는 게 중요하다.
   (祿은 나의 의지처가 되기 때문에)
⑤ 祿이 있는 사람은 동창회를 가더라도 그곳에서 회장을 하거나 중심의 역할을 하게 된다.

예) 진여비결(眞如秘訣)
   (1) 일주무근 정록정배(日主無根이면 正祿定配한다.)

十干	甲	乙	丙	丁	戊	己	庚	辛	壬	癸
祿	寅	卯	巳	午	巳	午	申	酉	亥	子

(4) 학당귀인

학당귀인은 12운성의 '장생'을 말한다.

十干	甲	乙	丙	丁	戊	己	庚	辛	壬	癸
학당귀인	亥	午	寅	酉	寅	酉	巳	子	申	卯

예) 학당귀인이 있는 사람은 공부를 하려고 한다. 공부가 우선이다. 시집가서 아이를 낳고도 공부를 하려는 사람이다.

(5)양인(羊刃)

羊刃은 12운성에서 帝旺(旺)을 말한다.

甲의 帝旺(旺)(over의 느낌)은 卯, 祿支는 寅이다.

※羊刃表

日干	甲	乙	丙	丁	戊	己	庚	辛	壬	癸	備考
羊刃	卯	寅	午	巳	午子	巳亥	酉	申	子	亥	설진관 식
羊刃	卯	辰	午	未	午	未	酉	戌	子	丑	일반

『양인 해설』

羊刃은 祿前一位(록전일위)라 하여 祿의 앞에 위치한 地支를 羊刃으로 한다. 그러므로 국내는 물론이고 중국, 일본의 역학자들 대부분 乙의 祿이 卯이므로 乙의 羊刃을 辰이라고 한다.

그러나 祿前一位라는 의미는 12운성에서 유래한 것이고 帝旺이 되는 곳을 羊刃이라 칭하는 것이므로, 陽干의 경우 甲의 祿은 寅이고 羊刃은 帝旺이 되는 卯라고 칭하는 것은 수긍이 가지만, 陰의 羊刃이 辰이라는 것은 가당치 않은 가설일 뿐이다.

정리하자면 陰日主는 역행하면서 帝旺이 되는 곳이 羊刃이 되는 것이 타당할 것이다.

그러므로 乙의 羊刃은 辰이 아니라 寅이 되는 것이 타당한 것이며 실제 현장에서도 적중이 되고 있다.
여타 다른 陰干(丁, 己, 辛, 癸) 모두 동일한 이치이다.

(6) 백호살

甲辰, 戊辰, 乙未, 丙戌, 壬戌, 丁丑, 癸丑

① 백호(호랑이) : 자동차 사고로 통변에 활용한다.
② 호랑이에게 물리면 피를 흘리기 때문에 내가 백호를 가지고 놀면 흉살을 피할 수 있으므로 그런 직업을 가지면 된다.
　외과 의사, 응급실 의사에 많다.
③ 여자 사주에 官星에 백호대살이 있으면 남편이 백호를 맞은 것, 남자 사주라면 자식이 백호를 맞은 것이다.
④ 백호살은 호랑이므로 무작정「피 흘리며 죽는다」고 통변하는 바보가 되지 말라.

(7) 단교관살

시	일	월	년
壬	癸	丁	丙
子	未②	亥①	子

亥①月 겨울에 났으니, 未②가 단교관살이다.
(장애가 있는 사람들은 사주에 드러나는 경우가 상당히 많다)

＊단교관살의 종류

(月支 기준하여 日과 時를 본다)

月支	寅	卯	辰	巳	午	未	申	酉	戌	亥	子	丑
단교관살	寅	卯	申	丑	戌	酉	辰	巳	午	未	亥	子

(8) **수옥살** = 재살(P. 62, 12神殺의 재살을 말한다)

(9) **라망**: 관재, 망신, 감옥
   ＊천라지망 종류
   辰, 戌, 巳, 亥 (天羅: 戌, 亥 地網: 辰, 巳)

(10) **원진**: 미워하고 원망하는 마음을 의미한다.
   ＊원진의 종류
   子未, 酉寅, 卯申, 辰亥, 戌巳, 丑午

(11) **귀문관살**

陽의 세계에서 陰의 세계에 대한 안테나를 갖고 있는 것. 감각이 굉장히 뛰어나다.

명조 내에 귀문관살이 있는 사람은 기본적으로 예술나 게임 등 감각이 뛰어나다. 잘 풀리지 않는 사람은 '정신병자' 취급을 받을 수 있다. 귀문관살 대운에 공부 열심히 하면 좋은 학교에 진학할 수 있다.

귀문관살이 사주에 있다고 무조건 정신병자로 판단하는 우를 범하지 말라.

*귀문관살의 종류

　子酉, 未寅, 卯申, 辰亥, 戌巳, 丑午

⑿**탕화살**: 화상 입다, 총상 입는다, 음독해 본다.
　*탕화살의 종류
　午日生→丑辰午, 寅日生→寅巳申, 丑日生→午未戌

⒀**고란살**:「甲寅, 乙巳, 丁巳, 戊申, 辛亥」日柱
　결혼이 쉽게 성사되기 어렵고, 설령 이루어진다 해도 독수공방하는 경우가 많다.

① 丁巳 고란일이나 壬水 正官이 亥月에 祿根(록근)하고 천을귀인이다.
② 刑, 冲, 亡身, 겁살이 있어 인생행로에 파란곡절을 겪어 본다.

⑭고신, 과숙

현 大運에서 봤을 때 직전 大運이 고신/과숙을 지나왔다면 그 문점객은 홀아비나 과부(생이별, 각방 등)의 경험이 있는 사람이다.

*고신, 과숙 종류

年支	寅卯辰	巳午未	申酉戌	亥子丑
고신	巳	申	亥	寅
과숙	丑	辰	未	戌

⑮급각살

①日支에 급각살이나 단교관살이 있으면 나 또는 배우자의 수족에 이상이 있게 된다고 통변하라.
②時支 + 급각살이나 단교관살 = 자식의 수족에 이상이 있다.
③月支 + 급각살이나 단교관살 = 부모 형제의 수족에 이상이 있다.

*급각살의 종류

月支	寅卯辰(春)	巳午未(夏)	申酉戌(秋)	亥子丑(冬)
급각살	亥, 子	卯, 未	寅, 戌	丑, 辰

⒃ 차착살

고독하다, 외롭다 / 혼인이 쉽지 않다.

* 차착살의 종류

陽差殺	丙子	丙午	戊寅	戊申	壬辰	壬戌
陰差殺	丁丑	丁未	辛卯	辛酉	癸巳	癸亥

① 차착살이 있으면 결혼이 늦다 - 결혼이 이르면 결혼이 힘들거나 혼자 살게 된다.

② 年柱에 차착살에 있으면 조상 중에 시집 장가 못 가거나 외롭게 산 사람이 있다.

③ 月柱에 차착살이 있으면 내 형제나 아버지 형제 중 시집 장가 못 가거나 외로운 사람이 있다.

④ 日柱에 차착살이 있으면 자신이 그렇다.

⑤ 時柱에 차착살이 있으면,

▶時柱는 자식이므로 자식의 혼사가 늦다.

▶남자 입장에서 時柱는 처가댁이므로 처가에 외로운 사람이 있다.

▶여자 입장에서 時柱는 시댁이므로 시댁에 외로운 사람이 있다.

⒄ 철쇄개금성

卯酉戌 중 한 자를 日支에 놓고 두 자 이상일 때 활인업과 인연이 됩니다(예:의사 등).

⒅ 신살의 발동 시기

해당 신살이 自冲될 때 / 해당 신살이 動할 때이다.

예시 - 1

○ 壬 ○ ○   ① 寅이 지살이다.
酉 寅 辰 戌   寅   ② 寅年이 되면 自冲이 되어 지살
                         이 動한다.
지살   自冲
발동

예시 - 2

○ 壬 ○ ○
酉 寅 辰 戌   申   ① 寅이 지살이다.
                         ② 申이 와서 冲이 되면 지살이
지살   冲   動한다.
발동

⒆ 12운성의 키워드

12운성	키워드
장생(長生)	발생, 탄생
목욕(沐浴)	꾸며 주다, 가꾸다, 포장하다.
관대(冠帶)	이론가, 성숙, 실수
건록(建祿)	전문가, 실천가, 공평
제왕(帝旺)	大義(대의)를 위해 小를 희생
쇠(衰)	물러서서 관조

병(病)	동정심, 양보심
사(死)	철학적 사고
고(庫)=묘(墓)	머뭇거림
절(絶)	이별과 만남, 새 출발
태(胎)	의타적, 실천력 부족
양(養)	양육, 성장

⑳ **명조내 12운성 활용법**

사계에 알려진 12運星을 정하는 법을 대략 요약하자면 4가지가 있다.

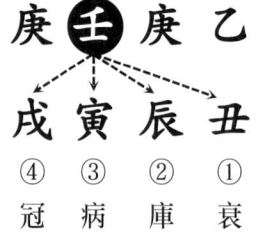

④ ③ ② ①
冠 病 庫 衰

逢(봉)하는 12運星

逢하는 12運星은 생일 天干으로부터 年月日時의 四支에 각각 인종하여 12運星을 정하는 법.

① 壬日主가 年支 丑을 만나는 것이다.
  壬이 丑을 만나니 衰가 된다.
② 壬日主가 月支 辰을 만나는 것이다.
  壬이 辰을 만나니 庫(墓)가 된다.
③ 壬日主가 日支 寅을 만나는 것이다.
  壬이 寅을 만나니 病이 된다.

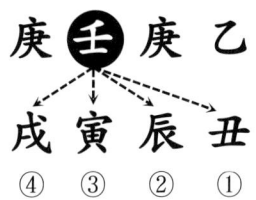

④壬日主가 時支 戌을 만나는 것이다.

壬이 戌을 만나니 冠帶가 된다.

```
庚 壬 庚 乙
戌 寅 辰 丑 ①
戊 甲 戊 ┌己┐ ②
丁 丙 癸 │辛│ ③
辛   乙 └癸┘ ④
```

坐(좌)하는 12運星

地藏干에서 地支를 보고 12運星을 정하는 법.

①年支 丑의 경우 地藏干에 己, 辛, 癸가 있다.

②地藏干 己土가 年支 丑을 만나는 것이다.

己가 丑을 만나니 庫(墓)가 된다.

③地藏干 辛金이 年支 丑을 만나는 것이다.

辛이 丑을 만나니 養이 된다.

④地藏干 癸水가 年支 丑을 만나는 것이다.

癸가 丑을 만나니 冠帶가 된다.

```
 ④  ③  ②  ①
 衰  病  養  衰
 庚  壬  庚  乙
 戌  寅  辰  丑
```

居(거)하는 12運星

生年月日時의 각자의 天干에서 아래에 깔고 있는 地支를 보아 12運星을 정하는 법.

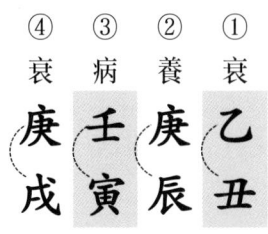

① 年干 乙은 地支 丑을 만난다는 것이다.
乙이 丑을 만나니 衰가 된다.

② 月干 庚은 地支 辰을 만난다는 것이다.
庚이 辰을 만나니 養이 된다.

③ 壬日主가 地支 寅을 만난다는 것이다.
壬이 寅을 만나니 病이 된다.

④ 時干 庚은 地支 戌을 만난다는 것이다.
庚이 戌을 만나니 衰가 된다.

月支를 逢(봉)하는 12運星

月支를 기준하여 각 천간의 12運星을 정하는 법.

① 年干 乙은 月支 辰을 만난다는 것이다. 乙은 辰에 冠帶가 된다.

② 月干 庚은 月支 辰을 만난다는 것이다.
庚은 辰에 養이 된다.

③ 壬日主가 月支 辰을 만난다는 것이다.
壬은 辰에 庫가 된다.

④ 時干 庚은 月支 辰을 만난다는 것이다.
庚은 辰에 養이 된다.

12. 형, 충, 파, 원진, 합의 인연

⑴ 형(刑)은 義가 상함

> 刑 ≒ 訟事 두 번 다시 안 보고 싶을 정도
>
> 刑 + 冲 = 정이 없다.
> 예) 내 자식이 조상 제사에 잘 안 간다. 즉 무성의하다.

⑵ 충(冲)은 이별, 아쉬움
 ① 冲 = 헤어지지는 않고, 티격태격 싸운다.
 ② 冲을 '깨진다.(극하다)'고 생각하면 안 된다.
 ③ 'On에서 Off가 되고, Off에서 On된다'고 봐라.
   예) 혼인한 사람은 헤어지고, 헤어진 사람은 만난다.

⑶ 파(破) = 이별을 해 본 후 재회한다.

⑷ 원진(怨嗔)

　　　　寅--------冲 (love)--------申
　　　　　怨嗔------------→酉

▶ 寅과 申은 서로 좋아하는데, 寅이 한눈을 팔아 酉로 가는 것이 원진살이다.

▶ 원진 인연은 오래가지 못하거나 정(情) 없이 그냥 산다.

⑸ 해(害)

害는 갈등, 골육상쟁이 일어나기도 한다.

⑹ 합(合)

연합, 계약, 해지, 생산, 체결, 만남, 인연

⑺ 사주의 궁위에 형충파해합 중 어느 것이 오느냐에 따라 통변이 달라진다.

구분	시주	일주	월주	년주
	가게, 점포	방	건물	토지
	자식 (처가, 시댁)	나, 배우자	부모, 형제 (친가)	조상
	자식이나 가게에	본인이나 배우자에	부모, 형제에 건물에	조상, 토지에 관련된
형	시비, 송사, 이별이 일어난다.			
충	변수, 변화, 이별이 일어난다.			
파	다시(재결합)라는 일이 일어난다.			
원진	미워하는, 증오하는 일이 일어난다.			
해	갈등, 골육상쟁이 일어난다.			
합	만남, 인연이 일어난다.			

13. 천시(天時) [19]

천시	시	일	월	년
☆	○	○	○	○
☆	○	○	○	○

■ ☆ 자리에

(1) 배우자의 年柱가 들어가면 궁합을 알 수 있고,

(2) 친구의 年柱가 들어가면 그 친구와의 인연을 알 수 있고,

(3) 직장 동료의 年柱가 들어가면 나의 사회 관계를 알 수 있듯이 추리가 가능하다.

(4) 甲寅(대한민국)을 집어넣으면 대한민국의 기운이 나에게 어떻게 미치는지 알 수 있다.

대통령의 年柱를 집어넣으면 이것이 天時가 된다.

(대통령의 年柱를 天時라 함)

(5) 대통령이 바뀜으로써 나에게 어떤 영향이 미치는가에 대한 추리가 가능하다.

사례-1

천시	시	일	월	년
丙②	丁	庚	辛	丙①
戌	亥	寅	卯	子

■ 이 명조의 주인공(국회의원)이 丙戌生(대통령)을 만났을 때 庚金이 卯月에 출생했기 때문에 丙火가 필요하다.

---
19) 진여명리 강론 3권 (신수훈)

∵ 卯月의 庚金은 힘이 없기 때문에 丙火가 결실을 맺는데 도와주기 때문이다.

⑴ 丙①에 의해서 힘을 받고 있는데 또 丙②을 만났으니 성장하기 시작한다.

⑵ 만약 天時(대통령)가 癸亥生(대통령)이라면 癸水가 庚金을 녹슬게 하기 때문에 힘을 받지 못한다.

이것이 天時다.

사례-2

천시	시	일	월	년
丁	庚	丙	己	乙
巳	寅	申	丑	丑

■ 丙이 丁을 만남으로써 丙火가 물러난다.

⑴ 丁巳生 대통령 때 돈을 모았을 것이다.

⑵ 庚金을 다스려 주는 것은 자신(丙)이 아니고 다른 사람(丁)이다.

⑶ 丁巳의 天時를 받으니 항상 2인자에만 머물 수밖에 없었다.

사례-3

천시	시	일	월	년
辛	庚	丙	己	乙
未	寅	申	丑	丑

■ 옆 사주가 辛未 천시(대통령)를 만났을 경우.

⑴ 未가 丑, 丑을 沖한다.

⑵冲을 하니 丑中辛金 재물이 밖으로 나와 공개가 된다.

> ■고(庫): 진공청소기(흡입력, 흡착력), 블랙홀, 저장.
> ⑴辛金이라는 글자가 丑을 만나면 그게 庫(인연법에서는 陽胞胎 적용)이고, 辛金이 丑을 보면 쫙 빨려 들어간다.
> ⑵日主가 丙火라면, 내 의지로 돈을 절약할 수 있고 검소, 절약이라고 할 수 있다.
> 나의 의지가 아니더라도 丑에 빨려 들 수 있고, 그러면 돈이 갇혀 버린다.

14. 천간과 지지의 움직임

區分	구성				六神	干:干	支:支	干:支
天干	五行	행성 기차 (버스)	소재 (스토리)	生剋	○	象論 十干	×	12 運星
地支	陰陽 (四象) (四季)	궤도 선로 (도로) 좌표	틀 (곳,방,때)	冲 怨嗔	×	×	刑冲 破害 12 神殺	

* 곳방때: 장소, 방향, 시간.
* 刑冲會合: 動靜을 살핀다.
* 12運星: 운동성만 있고 강약은 없다.
* 地支 六神: 지장간으로 살핀다.

(1) 天干에서는 상론(象論), 合, 生, 剋이 이루어진다.
(2) 地支에서는 合, 沖, 刑, 破, 害, 怨嗔 등이 이루어진다.
(3) 地支에는 地藏干(天干이므로 生, 剋이 이루어진다)이 있다.
(4) 地支를 沖하게 되면 地藏干에 있는 五行이 움직인다.
(5) 合, 沖, 刑, 害, 破

　① 合 : 사물의 상호 결합, 집합, 결연 / 묶이다. 매이다.
　　예) 寅午戌(三合) 진삼합(가운데 午 글자가 들어갔기 때문)
　　　　寅午나 午戌의 경우는 半合이고,
　　　　午가 빠져 寅戌이면 始終之合이라 하기도 한다.
　　▶단합:支合, 六合(결합해서, 만들어서 생산하는 관점)
　　　예) 子 + 丑 = 土
　　▶중합:三合(목적성을 가짐) 예) 申 + 子 + 辰 → 水
　　▶중합에서 한 가지가 없어지면 없어진 한 개를 찾게 된다.
　　▶지합 → 모이다 보니 ○이 만들어지는 것이고,
　　▶삼합 → ○을 만들 생각으로 모인 것이다.

　② 沖: 사물의 변동(이산, 발전적 개혁)
　　▶구조조정
　　▶기혼자의 사주에서 日支를 沖할 때 이혼수가 생긴다.
　　▶미혼자의 사주에서 日支를 沖할 때는 반대로 혼인수

가 생긴다.
- ▶冲은 '깨다(극하다)', '부수다' 의 의미가 아니다.
- ▶On에서 Off가 되고, Off에서 On이 된다고 봐라.
  예)혼인한 사람은 헤어지고, 헤어진 사람은 만난다.

③刑: 사물의 훼손(부도, 도산), 발동

④害: 손괴, 상해의 작용
- ▶破보다는 刑이 좀 더 강력하고, 刑에 破가 결합하거나 刑에 冲이 결합하면 강한 어느 하나만 작용하는 것이 아니라 가중된다.
  (破와 害가 결합할 때도 마찬가지)

⑤破: 사물의 분리, 파괴, Again.
  寅亥는 合이고, 破도 된다.

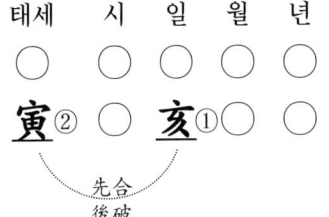

- ▶亥①과 寅②가 결합하면 합이 되어 좋다고 이야기하지만, 나중에 破가 작동한다.
  (先合後破)
- ▶寅亥合은 좋은 合이 결코 아니다.
  좋지 못한 결과가 오기 때문이다.

⑥合沖 등 결합 사례

사례-1

태세	시	일	월	년
壬	○	丙	○	○
辰	○	○	○	○

▶丙이 壬을 만나면 바다에 해가 상승하는 모습으로 새 출발을 의미한다.

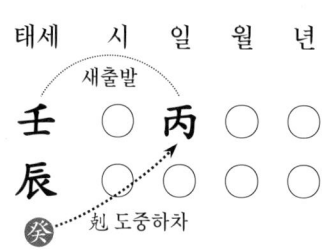

▶辰에 있는 중기가 癸인데, 丙火입장에서 癸水를 만나니, 이 사람은 도중하차 할 일이 생긴다.

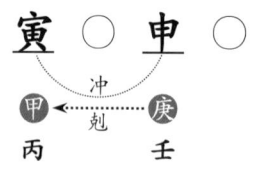

■申과 寅이 있으면 寅申冲인데 여기에 머물러서는 안 된다.
▶申에 있는 庚金이 寅 중에 있는 甲木을 친다.

⑦巳申은 合도 되고, 刑도 되고, 破도 된다.
　▶先合後刑이나 先刑後合 두 가지가 일어나기도 한다.
　▶巳申의 인연이 되면 많은 문제가 일어난다.
　　刑으로 인한 다양한 사건이 일어나기도 한다.

사례-2

시	일	월	년
○	○	○	○
子③	丑②	酉①	巳

■ 酉①과 丑②가 三合을 하고, 丑②가 子③이 支合을 하고 있다.

▶ 일반적으로 三合이 支合보다 强하다고 본다.

▶ 그런데 실제로 丑②가 공통이기 때문에 三合도 이루어지고, 支合도 이루어진다.

▶ 따라서 어느 합이 더 강하다고 생각하지 말고 둘 다 봐라. **이것이 실전이다.**

■ 혹자는 合과 冲이 동시에 존재할 경우 合이 더 강하다고 하기도 하나, 合과 冲의 작용이 모두 남아 있다는 사실만 기억하라.

■ 또한 方合 〉三合〉支合으로 보아 刑이 合을 푼다고 설명하기도 하는데, 실전에서 경험해 보면 설령 그 힘에 다소 영향을 줄 수 있을지는 별론으로 하더라도 완전히 해소된다 함은 자평진전을 평주한 중국 학자의 영향을 받은 잘못된 주장이다.

> 형충회합의 動靜論(동정론)은 「설진관 명리학 야학신결 제9편 형충회합 동정론의 모든 것(P.475)」을 참조하라.

15. 선천의 인연

■불화(不和) - 刑, 沖, 원진
예) 봉양 안 한다. 의절한다. 제사에 성의가 없다 등.

시 자식	봉양→	일 나 배우자	봉양→	월 부모 형제	봉양→	년 조상
이 순간 미래		현재		추억		전생

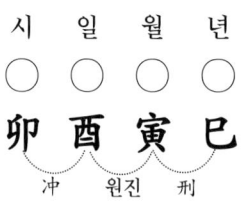

① 年月이 寅巳刑을 이루고 있다.
조상과 부모 사이에 좋지 않은 일이 발생하여 제사를 지내지 않는다.
② 月日이 寅酉 원진을 이루고 있다.
형제와 미워하는 일이 발생하여 부모 제사에 성의가 없다.

■비식재관인과 비식재관인이 불화(刑, 沖)일 때,

	비견 겁재	식신 상관	편재 정재	편관 정관	편인 정인
刑	형제나 친구와 불화, 구설	자식에 대한 불화, 구설	돈으로 인한 불화, 구설	남편에 대한 불화, 구설	모친에 대한 불화, 구설
沖					

■ 육신 간 불화일 경우 통변

불화	비	식	재	관	인
비	형제간 다툼	자식과 형제간 다툼	처와 내 형제간 다툼	남편과 내 형제간 다툼	모친과 형제간 불화
식	나와 아랫사람 간 불화	자식 간 불화	자식과 부친 간 불화	내 남편과 자식 간 불화	자식과 모친 (외할머니) 간 불화
재	처와 나의 형제 간 불화	아내와 장모 간 불화	처가 친정 형제와 불화 (부친이 부친의 형제와 불화)	처와 자식 간 불화	처와 내 모친 간 불화
기타	이하 같은 원리로 통변한다.				

■ 년월일시가 년월일시 간 불화가 있을 때

불화	시	일	월	년
시	-	나(배우자)와 자식 간 불화	자식과 부모 형제간 불화	조상과 자식간 불화
일	나(배우자)와 자식 간 불화	-	나(배우자)와 부모 형제간 불화	조상과 나(배우자)와 불화
월	부모 형제와 나의 자식 간 불화	부모형제와 나(배우자)와 불화	-	조상과 부모 간 불화
년	조상과 나의 자식 간 불화	조상과 나의 (배우자) 간 불화	조상과 부모 형제간 불화	-

육신 구조도 예시(남명 기준)

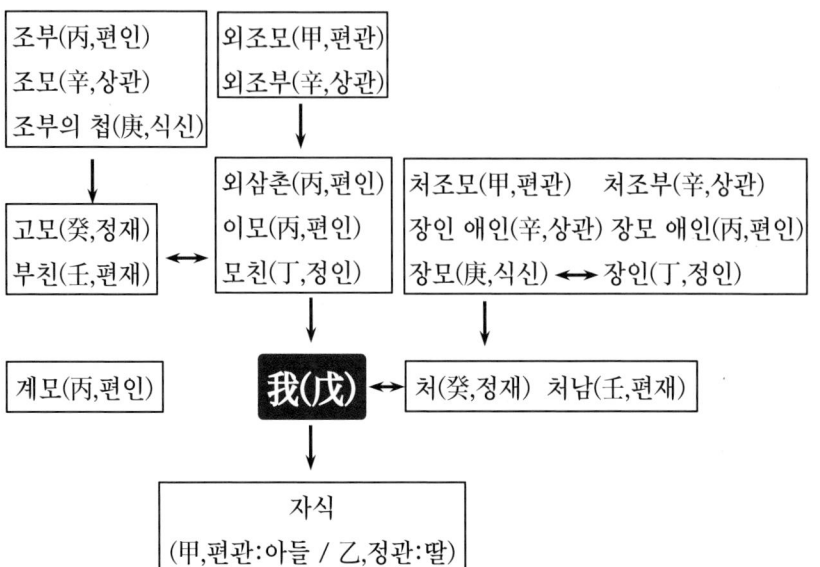

■특정한 육신이 많은 경우 고수의 요약 통변

요 약

- 비겁 多 → **부친의 애정사**
- 식상 多 → (여)본인의 애정사
  (남)조부의 애정사 혹은 장인의 애정사
- 재성 多 → 모친의 애정사
- 관성 多 → (남)본인의 애정사
  (여)남자가 많은 곳, 직장 등 인연
- 인성 多 → 부친의 애정사

(1) 부모의 인연

① 月支에 도화나 망신이 있으면 모친이 연애를 실패한 경험이 있다. 그래서 서출 인생으로 추리한다.
(月干은 부친, 月支는 모친/年干은 조부, 年支는 조모)
② 日支는 나와 배우자가 있는 가정으로 보자.
③ 인수와 편재가 암합을 한다(=지장간으로 합을 한다). 인수든 편재든 두 개 중에 한 개 이상 지장간에 숨어 있으면 암합이라고 한다(암합=007작전).
④ 인수와 편재, 그리고 日柱와 연결 합을 했다면 모친과 부친과 나의 관계가 떳떳하지 못하다(모친이 연애나 혼사에 실패를 해서 나를 낳아 서출이다).

사례-1

시	일	월	년
壬	甲	丙	戊①
申	辰②	辰③	午
	戊	戊	
	癸 인수	癸 인수	
	乙	乙	

▪辰②와 辰③에 각각 癸가 있고, 癸는 인수. 戊①은 편재.
▶즉, 인수와 편재가 만났으니 암합이다.
▶따라서 나의 부친과 모친은 007 작전을 했다.

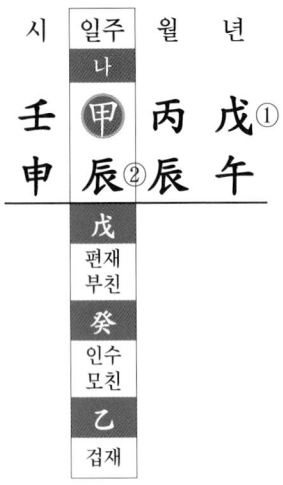

■ 인수+편재+나(日主나 日支 즉, 日柱에 위치하는 것을 말하기도 한다.)

▶ 日支의 辰②에 癸가 있고, 癸는 인수이므로 인수가 日主에 함께 위치하고 있다.

▶ 인수나 편재가 日柱(日主와 지장간)에 함께 있는 경우이다.

사례-2

시	일	월	년
辛	辛	丁	己
卯	亥①	丑②	亥③
	壬	己	壬
		편인	
	甲	辛	甲
	정재		정재
		癸	

▶ 亥①에 甲이 있고, 이는 정재(편재성도 띤다)

▶ 丑②에 己가 있고, 이는 편인(인수성도 띤다)

▶ 亥③에 甲이 있고, 이는 정재(편재성도 띤다)

■ 日主와 배우자-암합의 관계

① 여자가 지장간에 있는 관성과 합을 하는 경우
② 남자가 지장간에 있는 재성과 합을 하는 경우
※ 암합의 반대는 명합
③ 혼인 신고는 암합은 어렵고, 명합은 쉽게 된다.

■남자 사주에서
관성(자식 if 아들)이 비겁(아들의 처)과 암합을 하고 있다.
①아들이 몰래 연애하는 구나.
②비겁(아들의 여자 친구)에 지살이 붙었다=능력있는 여자를 만나게 된다.
③비겁에 망신이 붙었다 = 만나는 여자가 술만 먹으면 실수가 많다.
④비겁에 화개가 붙었다 = 만나는 여자가 정신적으로 풍만한 사람이다.
⑤관성(자식 if 딸) + 식상(딸의 남자)=암합
⑥식상에 망신이 붙으면 말씨가 어찌 점잖겠는가?
⑦식상에 월살이 붙으면 먹고사는 데 문제없겠다.

■여자 사주에서,
식신(자식-아들)이 관성(아들의 처)과 암합하고 있다. 또는 식신(자식-딸)이 인성(딸의 남자)과 암합하고 있는데, 인성에 식신(아내)과 재성(자식)이 있다면 골치 아프다.

(2) 이복형제

■ 이복형제

①비겁이 左나 右에서 日柱와 合을 하고 있으면 이복형제가 있다.

②명조 내에 비견, 겁재가 많다면 이복형제가 있다고 하나 적중율은 아래③에 비하여 다소 낮다.

③日主가 간합하여 나온 五行이 비겁일 때
→ 제일 잘 맞는 공식이지만 신중히 사용하라.

예)▶庚日主에 月干이 乙이면 金으로 化한다.
(化한 金이 비겁에 해당한다)

▶己日主에 月干이 甲이면 土가 나온다.
土는 비겁-이때도 이복형제이다.

(3) 부부 문제

①재성에 도화가 붙으면 마누라가 예쁘게 보인다.

②재성에 백호가 있으면 마누라에 백호 작용한다.

③관성(남편)이나 재성(처)에 역마(또는 지살)가 붙어 있으면 예전에는 국제결혼으로 봤으나 타향에 사는 것으로 봐도 된다.

이때의 역마나 지살을 자동차 바퀴로 보면 이해가 쉬울 것이다.

⑷부모, 선조

①재성(부친)을 극상(刑일 때도 있음) - 비견, 겁재가 재성(부친)을 극하여 상하게 할 때 부 선망.

②인성(모친)을 극상(刑일 때도 있음) - 재성이 인성을 극하여 상하게 할 때 모 선망.

③남자 명조에서 식상은 조모, 편재는 부친.
나와 식상과 편재가 合을 하고 있으면 같이 산다.

④남자 명조에서 정재는 아내, 식신이 장모.
나와 정재와 식신이 合을 하고 있으면 나와 처, 장모가 같이 산다.

⑤남자 명조에서 정재(아내)와 인수(모친)가 合을 하고 있으면 나와 모친, 처가 함께 산다.

⑥남자 명조에서 정재와 편재가 合을 하고 있으면 나와 처가 부친을 모시고 살고 있다.

⑦역마 혹은 지살에 刑이나 冲을 맞으면 평생 분주하고, 교통사고가 많다.

16. 신수

형(刑)	충(沖)	파(破)	해(害)	합(合)
시비 송사 이별	변수 변화 이별	다시(再) 반복	갈등, 골육상전, (럭비공과 같은 변수), 가볍게 때로는 대형 사고	만남 인연

⑴ 인수운에는 신규사 발생 - 좋든 나쁘든 새로운 사건이나 일이 발생한다. 어떤 유형의 인자인지를 판단한다.

⑵ 剋의 년운(외부에서 나를 剋하러 온다 - 나를 통제하여 온다.)
　① 심리적으로 위축된다(정관이든 편관이든 불문이다).
　② 또는 의외의 일이 발생하기도 한다.

⑶ 합신년운
　① 合 : 묶다, 계약, 연합, 연결, 움직이다.
　② 1년의 스토리는 動(touch)으로 판단한다.
　③ touch에 대한 반응을 動이라고 하는데, 이것이 사건이다. Touch는 刑, 沖, 破, 害, 合 등을 말한다.

⑷ 辛卯年이 왔다면 세운 辛卯라는 글자가 명조 내의 어떤 글자들과 刑沖破害合 등 하느냐가 그 해의 스토리가 된다. 즉, 명조의 글자 중에서 刑沖破害合 등이 되어지는 육신이 한 해의 스토리가 된다.

사 례

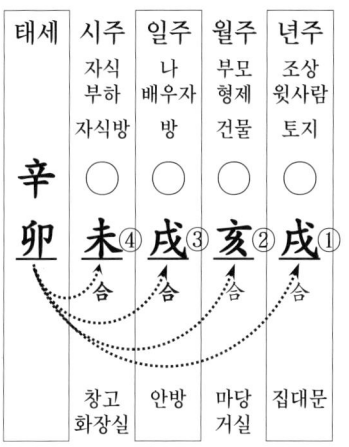

▶년지(조상, 윗사람)의 戌①은 卯와 合한다.
▶월지(부모, 형제, 집)의 亥②도 卯와 合한다.
▶일지(배우자)의 戌③도 卯와 合한다.
▶시지(자식, 아랫사람, shop)의 未④도 卯와 合한다.

■年柱는 집의 대문으로 보고, 月柱는 마당, 거실로 본다.
예) 卯와 戌③이 合하면 내 배우자가 움직인다는 뜻.
　　▶日支와 合하면 내 배우자와 관련된 일이 일어난다.
　　▶時支와 合하면 내 자식과 관련된 일이 일어난다.
■혹자는 時柱를 대문으로 보기도 한다.
＊대문과 외출 수단은 다르다.

17. 육신과 합

⑴여자 쪽에서 관성과 합 되는 해에 결혼한다.
　남자 쪽에서 재성과 합 되는 해에 결혼한다.

⑵여자의 경우 식상과 합 되는 해에 임신을 한다.
　남자의 경우 관성과 합 되는 해에 자식이 생긴다.

⑶刑合 - 일이 진행되는데 시끄럽게 진행된다(申巳).
　▶暗合 - 지장간으로 연결해서 합하는 경우이다.
　　　　　(뭔가 비밀리에 일이 꾸며지고 있다)
　▶明合 - 공개되어 이루어지고 있다.

사 례

태세	시	일	월	년
○	辛③	甲	○	癸
巳	未	申①	○	酉②
식상		관성		
丙		庚		辛
庚		壬		

■(어느 巳年에)
▶申 중에 庚이 관성이다.
▶巳와 申이 합을 하고 있다. 그러므로 여자는 관성과 합되는 해에 혼사가 이루어진다.
▶그런데 申①巳이므로 刑合이 되어 시끄럽게 이루어진다.

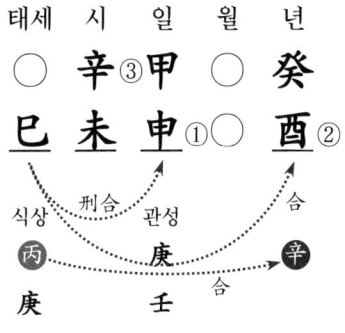

▶巳 중에 丙이 酉② 속에 있는 辛과 合을 하는데 그게 암합(丙과 辛)이므로 이 암합을 놔두고 혼사를 하려고 하니 시끄러울 수밖에 없다.
▶명합은 천간에 드러나는 걸 말하는데 예를 들면
辛③에 丙이 合 되어 올 때(丙辛合水) 명합이다.

18. 冲刑의 워밍업-1

(1) 冲의 의미
冲:발전적 변수가 발생하는 것(陰陽 조합)이다.
  - 冲에 시비, 구설이 있을 수 있으나 결국 약이 된다.
  - 개선하며 발전하기 위한 작용이다.

(2) 궁위에 따른 현상
  - 年-조상, 토지 관련 문제
  - 月-부모, 형제, 주택 관련 문제
  - 日-배우자 관련 문제
  - 時-자식, 점포 관련 문제

(3) 冲했다면 궁위와 관련된 문제가 발생한다.
　①년지를 冲했다면 조상과 관련된 문제가 발생한다.
　②시지를 冲했다 - 점포 확장·수리 또는 자식이 아프지만 치료를 위한 것으로 잘된다.
　　(冲이니까 잘된다, 아프다고 해도 걱정하지 마라.)
　③일지를 冲했다 - 그건 사랑싸움이다.

19. 冲刑의 워밍업-2

(1) 刑 : 시비, 송사, 구설
　冲은 백신이라고 보면, 刑은 독극물이다.
　冲은 약이고, 刑은 형벌이다.

(2) 사랑하는 사람과 冲했다면
　사랑하기 때문에 보내 주어야 하는 상황이고,
　刑이라면 두 번 다시 보기 싫은 사이이다.
　견우직녀가 刑이었다면 사랑이 아니라 서로 원수지간이 되었을 것이다. 비가 아니라 천둥, 번개가 칠 것이다.

	刑	冲
비	비견성이 刑이 되었다. 형제, 동료 간에 시비, 송사, 구설	형제, 동료 간 발전 지향적 다소간의 다툼
식	자식이나 사업과 관련되어 혼란	일시적으로 직장 문을 닫거나 문제가 있을 수 있으나 잘되고자 하는 것
재	재물과 관련된 혼란	재물을 융통해서 재투자하는 등
관	조직과 관련된 혼란 때로는 자식 문제	직장 내 변화
인	문서와 관련된 혼란	문서, 자격, 신분의 변화

20. 육신이 動할 때

⑴명조 내에 있을 때 : 원판 자체에 갖고 있는 것 - 때때로 일어나는 경우가 많다, 암시하고 있다, 선천적 인연이다. ①명조 내에 있다는 것은 휴화산으로 이해한다.

사례-1

시 일 월 년
○ ○ ○ ○

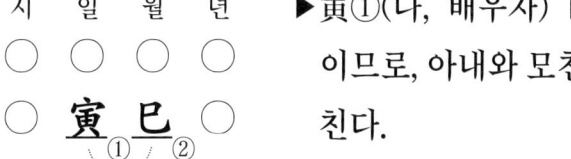

▶寅①(나, 배우자) 巳②(모친)가 刑이므로, 아내와 모친이 때때로 부딪친다.

▶잘 지내다가도 한 번씩 문제를 일으킨다.

사례-2

배우자	시	일	월	년
	○	○	○	○
寅①	○	巳②	○	○

刑 (寅①-巳②)

▶배우자로 寅①로 들어왔는데 巳②와 刑이므로, 언제 터질지 모른다.

▶만일에 日支가 申이라면 寅申冲으로 사랑싸움으로 보면 된다.

21. 육신의 활용

(1) 비겁

① '비겁' 이 많으면 재성을 극하여 처복이 없거나 빈천하게 산다고 하지만 꼭 그렇지는 않다.

▶여기에 식상만 있다면 처복과 재물 복이 있을 것이다.

② 剋하는 관계에서는 반드시 통관 관계를 살펴라.
배우자와의 관계에서는 통관시켜 주는 것만 있으면 좋은 인연이 될 수 있다.

③ 여자 입장에서 관성은 남편인데, 이때 비겁이 들어오면 라이벌이 생긴 것이다.

비겁이 많다=지지자가 많다, 대중적 인기가 많다.

사례-1

	시	일	월	년
이성계	丁	丁	丁	丁
	未	未	未	未
지장간	丁	丁	丁	丁

▶天干 地支에 비견, 겁재들이 이렇게 많은데 어떻게 왕이 되었나?
▶비견, 겁재는 대중의 지지이므로 무혈입성을 하게 된 것이다.
＊이왕이면 비견, 겁재들이 天干에 있는 것이 좋다.

사례-2

	시	일	월	년
진시황	庚	庚	庚	庚
	辰	辰	辰	辰

▶비견, 겁재가 重重하므로
▶천하를 호령하는 왕이 되었다.

(2)식상

①식상은 '밥'이 아니고 밥벌이의 '수단'이다.
그래서 식상을 직업군으로 분류한다.
②식신(偏) - 성실, 정직.
상관(正) - 꾀, 요령, 기술, 탄력적, 두뇌 발달
③편(偏) - 융통성 ×(편협적, 외골수)
정(正) - 융통성 ○(탄력적)

사례-1

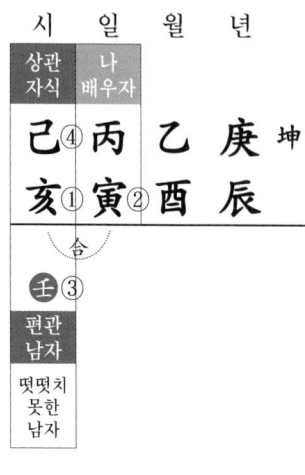

▶ 亥①과 寅②가 외견상 合을 하고 있다.

▶ 숨어 있는 남자(壬③-편관)와 아이(己④-상관)와 내(寅②)가 合을 하고 있다.

▶ 이는 숨어 있는 남자가 일지 배우자 자리로 들어왔다는 것으로써

▶ 즉, 내 배우자 자리에 당당하지 못한 남자가 자식과 같이 들어왔으니 처녀가 임신한 것이다.

▶ 남자의 경우라면 나와 재성과 관성이 위와 같이 연결되면 된다.

사례-2

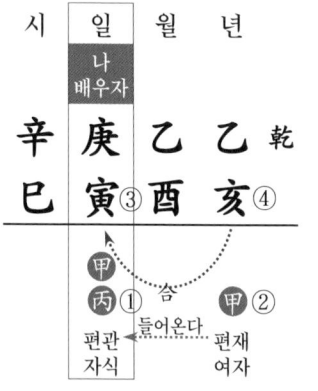

▶ 寅③亥④가 合을 한다.

▶ 자식(丙①-편관)과 여자(甲②-편재)가 숨어 있어서 떳떳하지 못한 관계에서 자식이 만들어졌다.

사례-3

▶내 배우자 자리(巳①)에 처(丙-정재)와 자식(戊-정관)을 숨겨 두고 있다.

④식상이 직업인가? 관성이 직업인가? 재성이 직업인가?

> ▶식상은 밥벌이 수단이다.
> ▶관성은 소속이다.
> ▶관성과 식상을 같이 봐야 정확히 밥벌이를 알 수 있다.
> ▶관성과 식상이 있으면 소속되어 밥벌이한다.
>   = 즉 직장인이다.
> ▶식상만 독립되어 있다면 자영업이다.
> ▶관성만 있으면 그냥 소속만 되어 있는 것이다.
>   (소속되어 있으나 돈은 없다)
> ▶관성을 보면 소속을 알 수 있고, 식상을 보면 돈이 어떻다는 것을 알 수 있다.
> ▶식상이 비견, 겁재와 붙어 있으면 직원을 데리고 일하는 사장이다.

⑶칠살(七殺) 처리법

■구분
　偏官- 통제 기능 (강압적 통제) - 차압, 징집, 구속
　正官- 통제 기능 (부드러운 통제) - 의무, 권리
　관성을 strike로 보지 말고 control로 보라.

■七殺이 제일 부담스럽기 때문에 잘 다스려야 한다.
①合去(합거)

　○ 戊 甲 己　예)내가 戊인데 甲이 있다면 己가 와서
　○ ○ ○ ○　　甲己合을 해 버리면 유순해진다.

②通關(통관)

　○ 戊 丙 甲　예)木이 土를 극할 때 중간에 火를 넣으
　○ ○ ○ ○　　면, 木生火, 火生土로 소통이 된다.

③制殺(제살)

　○ 己 乙 辛　예)己-乙(편관): 庚으로 乙과 합거시켜
　○ ○ ○ ○　　주면 좋은데 庚이 없거나, 통관시켜
　　　　　　　　줄 丙丁이 없다면 辛을 통해 乙을
　　　　　　　　극한다(辛金이 木을 치므로).

　辛이 乙을 치는 것을 백호창광이라고 한다.
　(辛金이 오면 乙木은 괴롭다).

사례-1

```
시  일  월  년
甲①  戊  丙④  己②乾
寅  寅③  寅  酉⑤
```

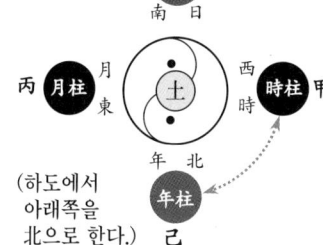

(하도에서 아래쪽을 北으로 한다.)

■ 旺과 多는 다르다.
▶ 이 명조는 殺이 旺한 것이 아니고 많은 것이다.
▶ 한 번 궁리해 보시라. 여기서 조후의 원리를 알 수 있다.
▶ 편관(甲)이 많아서 편관을 다스려 주어야 한다.
* 평면적으로 보면 年과 時가 멀리 떨어진 것 같지만 그림처럼 보면 사실은 가까운 것이다.

▶ 합거: 甲①와 己②
▶ 통관: 많은 木(甲)들이 일간 戊를 통제하고 있는데, 이를 丙④가 통관시켜 주고 있다.
  木剋土 → 木生火, 火生土
▶ 제살: 酉⑤가 좀 약하긴 하나, 酉中辛金으로 이 많은 살들을 제압하려 한다.

※ 酉가 공망이라서 쓸 수 없다고 판단하는 경우가 많다. 그러나 공망과 오행은 시원적 차이가 있으니 착각하지 말라!

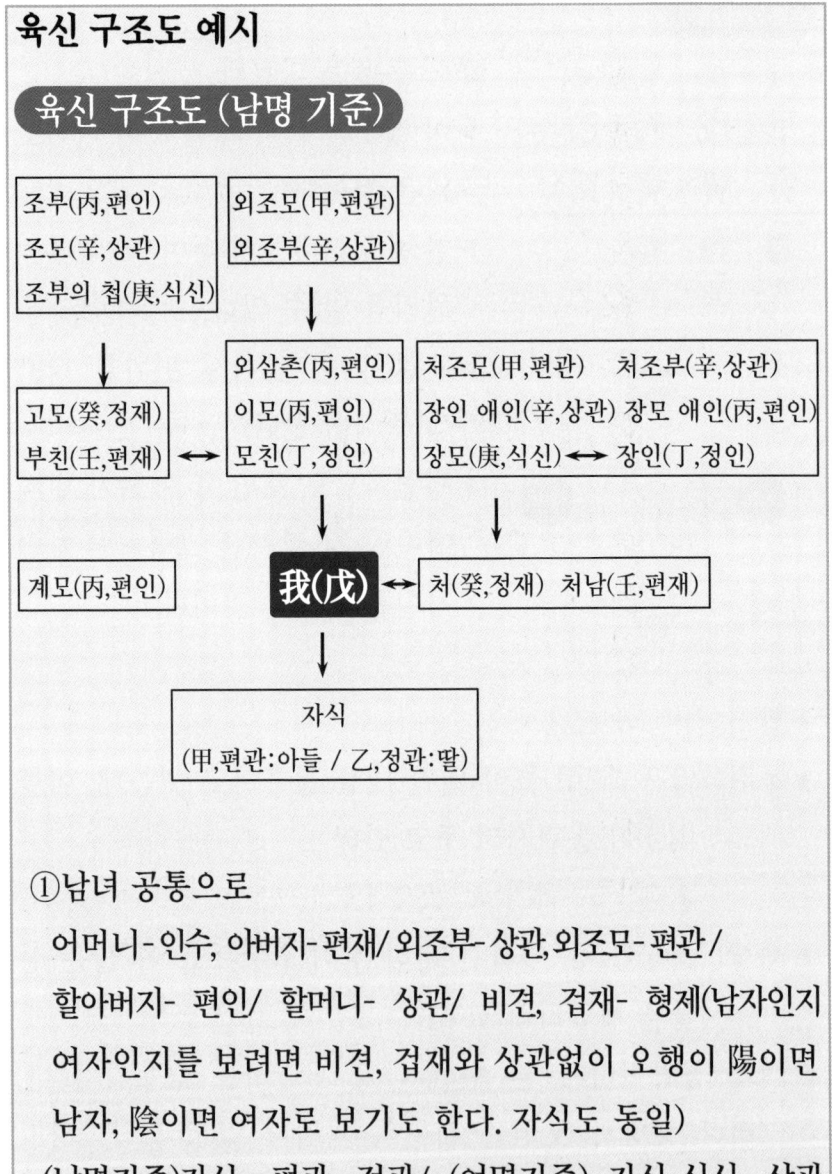

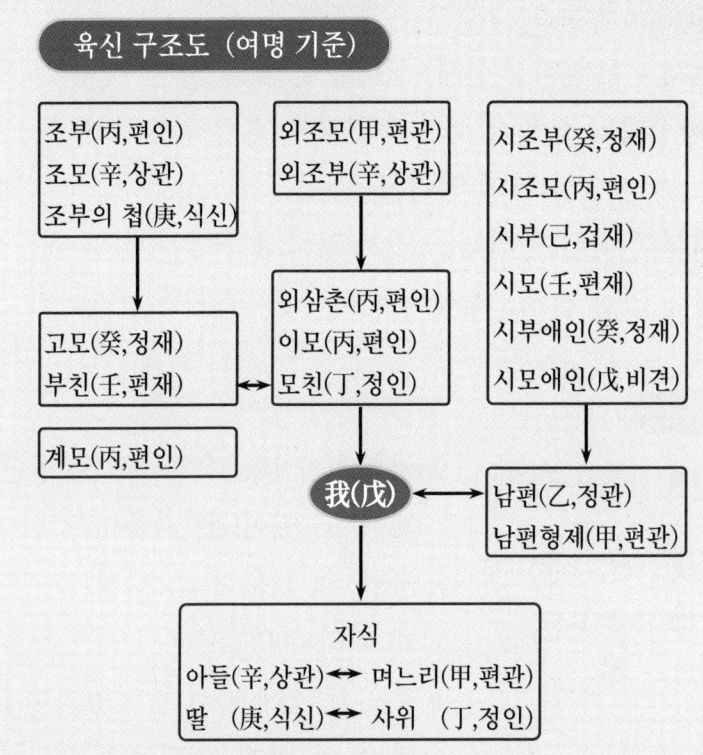

②남명기준

　아내- 정재/ 장모- 식신/ 인수- 장인/ 자식- 관성

③여명기준

　남편- 정관/ 편재- 시어머니

　시아버지- 겁재/ 남편외 남자- 편관/ 자식- 식상

　사위- 인성/ 며느리- 관성

(4)재성

①편재 - 모험적 / 정재 - 검소, 절약
　예)정재의 경우 일정한 수입으로 적절하게 사는데, 편재는 한 방에 벌려고 한다.
②재성이 비겁에 의해서 먼저 파극당하면 부 선망 (단, 식상이 없을 경우), 재성이 刑이나 沖되면 부 선망이다.

사례-1

```
시   일   월   년
재성
乙   庚①  己③  辛②  乾
酉   申   亥④  巳
          壬
```

▶ 己③土가 庚①金과 辛②金을 생해 주고 있어 金 기운이 강하고, 강한 金 기운이 乙(재성)을 강하게 때리고 있다.
▶ 亥④가 乙에 가까이 있었다면 庚과 乙의 관계를 도와줄 수도 있었을 텐데 아쉽다.
(亥中壬水는 식신이기 때문이다)

(5)인성

①시작, 출발 : 나를 낳아 주었기 때문이다.
　▶도장, 문서, 글공부 : 나를 生해 주는 것이기 때문이다.
　▶부동산, 차량, 선박, 항공기 : 등록이나 등기를 요하는 것은 모두 인성이다.

②인성은 시작, 출발, 도장, 문서, 어머니인데
▶재성에 의해 극을 당하면 시작, 출발이 불안정하고 도장, 문서운에서 불리하고 어머니가 불리해진다.
▶초년운에 재성이 들어오면 인성을 극하기 때문에 초년운에 글공부가 안 되고, 인성이 약해져서 모친의 사랑을 많이 못 받게 되거나 모친과 일찍 이별하는 경우도 있다.
③명조 내에 관성이 있어 재성이 관성을 生해 주고, 관성이 인성을 生해 주면서 중재 역할을 한다면 그것을 모면할 수 있다.
▶관성이 없는 상태에서 재성이 인성을 헨하면 공부운이나 모친운이 약해진다.
④인성이 재성에 의해서 극상당하면 모 선망이다.
(단, 관성이 없는 경우)
▶인성이 刑이나 沖 되면 모 선망. 그러나 실전에서는 사망한다고까지는 보지 말고 인연이 약하다고 해석하라.
⑤월봉인수(월주에 인수를 둔 자)이면 교육·언론·예술계로 진출한다. 또는 인수합국이면 교육·언론·예술계로 진출한다.
▶월주에 '인수'가 있다는 말은 내가 부모의 사랑을 많이 받는다는 소리다.

▶月은 환경, 생활상

⑥인수합국: 인수가 많이 모여 있다는 뜻이다.
- ▶인수가 많이 모여 있으니 사랑을 많이 받고, 교육을 많이 받는다.
- ▶즉, 월봉인수나 인수합국을 했다는 것은 잘 배운 사람, 사랑을 많이 받은 사람을 의미한다.

사례-1

시	일	월	년
庚	戊	甲	辛
申	戌	午①	丑

- ▶월주에 인수(午①)가 있다.
- ▶월주는 환경, 생활상인데 사랑을 받았다.

사례-2

시	일	월	년
辛①	癸	丁	癸
酉②	酉③	巳④	酉⑤

- ▶癸日主인데, 辛①酉②酉③酉⑤ (+巳酉)가 모두 金局으로써 인수가 많이 모였다.
- ▶인성을 모친이라고 봐도 되고, 학업이라고 봐도 된다.

⑦정인은 陰陽이 조화되어 다정다감하고 나를 달래기도 한다. 편인은 陰陽이 치우쳐져 편협적이고 극도의 감정으로 나를 대한다. 그래서 편인이 계모이다.

⑧정인을 학업이라고 볼 때
▶편인: 사색, 종교, 예술(다소 편협한 공부)
▶정인: 국어, 영어, 수학

⑨편인성이 작용한다 = 모질게 다가온다.
▶사주에 정인은 없고, 편인만 있을 때 편인을 모친으로 본다(← NO! **이렇게 공부하면 안 된다**).
▶정재가 아내인데, 정재가 없으면 편재를 보고, 편재가 없으면 식상을 본다(← NO! **이렇게 공부하면 안 된다**).
▶**편인은 편인이고, 정인은 정인이다.**
엄격히 구분되어 통변된다.

⑩一天二地(부친 하나에 모친이 둘이다)
▶편인이 있다는 말은 일단 정인이 있다는 소리이므로 어머니가 '둘'이다.
▶부친이 왔다 갔다 하든, 계모가 왔던지 내가 생모 이외에 어머니라고 부를 대상이 있다는 의미이다.

⑪편인성이 작용할 때 부친과 모친의 인연이 멀어진다.
▶편인운에서는 이혼을 하거나, 바람을 피거나, 생이별을 하거나 부모의 관계가 멀어진다고 보면 된다.

⑫편인운에 구타를 많이 당하는 경우가 있다.
[∵편인운으로 다가온다 = 나에게 모질게 다가온다. 그래서 편인을 효살(梟殺)이라고도 한다.]
▶편인과 정인은 엄격히 구분하라.

예)여자가 丙日主일 때 편인은 甲子年生이나 甲午年生 등이 되겠다(천간임에 유의 바람).

⑬가령, 戊日主와 丙月干이 있을 때 丙은 편인이다.
(丁火가 없는 상황)
▶이때 丙을 모친으로 보지 않는다. 그렇다고 모친이 없는 것은 아니다. 丁이 없지만 모친이 있다.
▶丙이 있다는 말은 뭐냐? 부친과 모친의 관계가 따뜻하지 못하다.
▶또한 丙이 있어서 밖에 나가서 나이 드신 분들에게 어머니라고 부르는 경우가 많다.

⑭ 명조 내에 육신의 글자가 보이지 않는다 하여 해당 육친이 없다거나 복이 없는 것으로 통변하지 마라.
　▶인수가 보이지 않는다 해도 모친이 있는 경우가 많다.
　▶재성이 없다고 해서 돈이 없는 것은 아니다.
　▶재성이 없다 해도 처와 혼인하여 정상적인 가정생활을 유지하는 경우가 주변에 너무나 많다.

⑮ 「인수가 많거나 旺하면 자궁이나 자손이 불미(不美)하다.」
　▶왜냐하면 인성이 식상을 剋하는데 식상은 자식, 자손, 자궁을 의미하므로 인수가 왕성할 때 자궁이나 자손이 좋지 않은 것이다.
　▶그렇지만, '인성이 많다' 는 것이 곧 '자식이 안 좋다' 는 것은 아니다. 비견을 참고해서 봐야 한다.

⑯ 재성이 인성을 극할 때, 관이 이들 사이를 소통해 주는지 살펴봐라.
　▶재성(처)과 결혼을 하는 순간 인성(모친)을 극할 수 있으나 관성이 있으면 오히려 관계가 좋아질 수 있다.
　▶자식(食)을 낳는 순간 남편(官)이 도망간다고(得子別夫) 할 때 재성이 있으면 남편(官)을 소통시켜 주므로 이를 면할 수 있는 것이다.

▶대다수 소통시키는 게 있다.
없는 경우에 한해서 걱정되는 상황이 벌어진다.
▶대다수 소통시키는 게 있다. 극하는 경우에는 반드시 통관시켜 주는 것이 있는지 살펴봐라.

사례-1

시 일 월 년
        겁재 편관
戊 庚①辛③丙②坤
辰 辰 卯 戌

戊 庚①辛③丙②坤

▶이 명조에서 丙②이 관성인데, 丙②辛③합을 하고 있다.
▶丙②辛③합을 하게 되면 水가 된다.
▶水는 丙②를 극하게 된다.
▶따라서 과부가 된다.
남편이 합하면서 사라진다.

사례-2

시 일 월 년
    비견 재성
丁 庚①庚③乙②乾
丑 申 辰 丑

▶일간이 庚①인데, 남자 사주이므로 재성이 乙②가 된다.
▶乙②庚③합을 하면 金이 되고, 金이 乙②를 치게 된다.
▶이혼을 하든 다른 놈이 낚아 간다.

사례-3

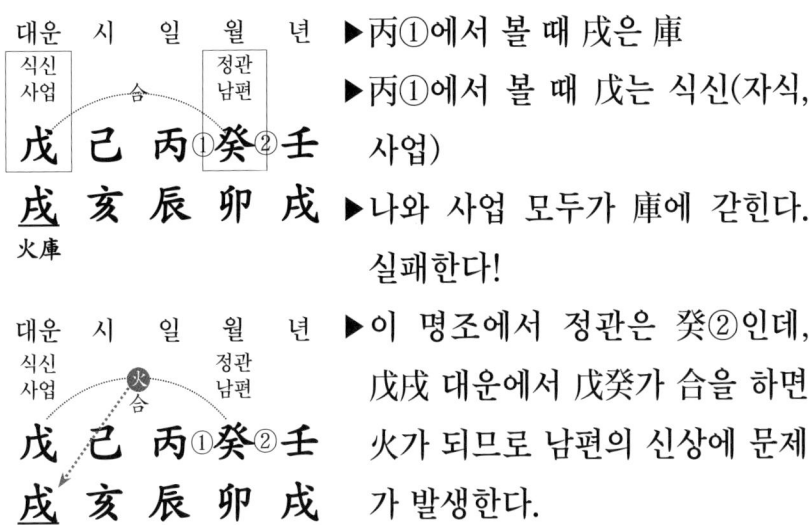

▶ 丙①에서 볼 때 戌은 庫
▶ 丙①에서 볼 때 戌는 식신(자식, 사업)
▶ 나와 사업 모두가 庫에 갇힌다. 실패한다!
▶ 이 명조에서 정관은 癸②인데, 戊戌 대운에서 戊癸가 合을 하면 火가 되므로 남편의 신상에 문제가 발생한다.

22. 用神(喜神) 定法

(1)내격

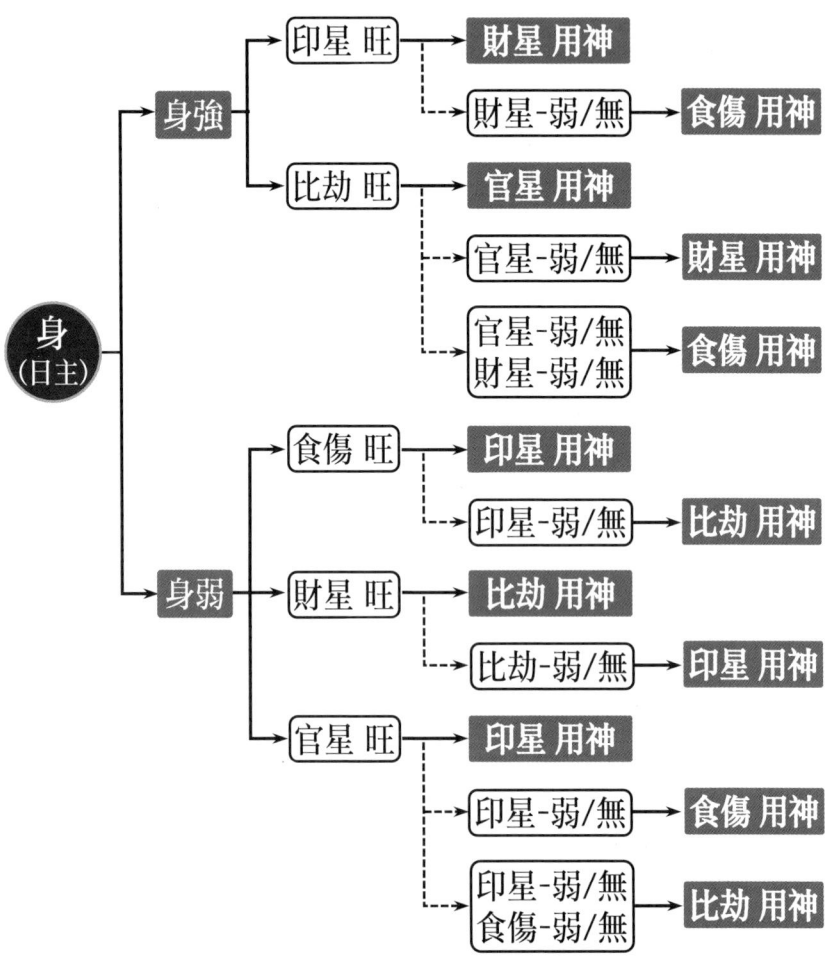

(2)외격

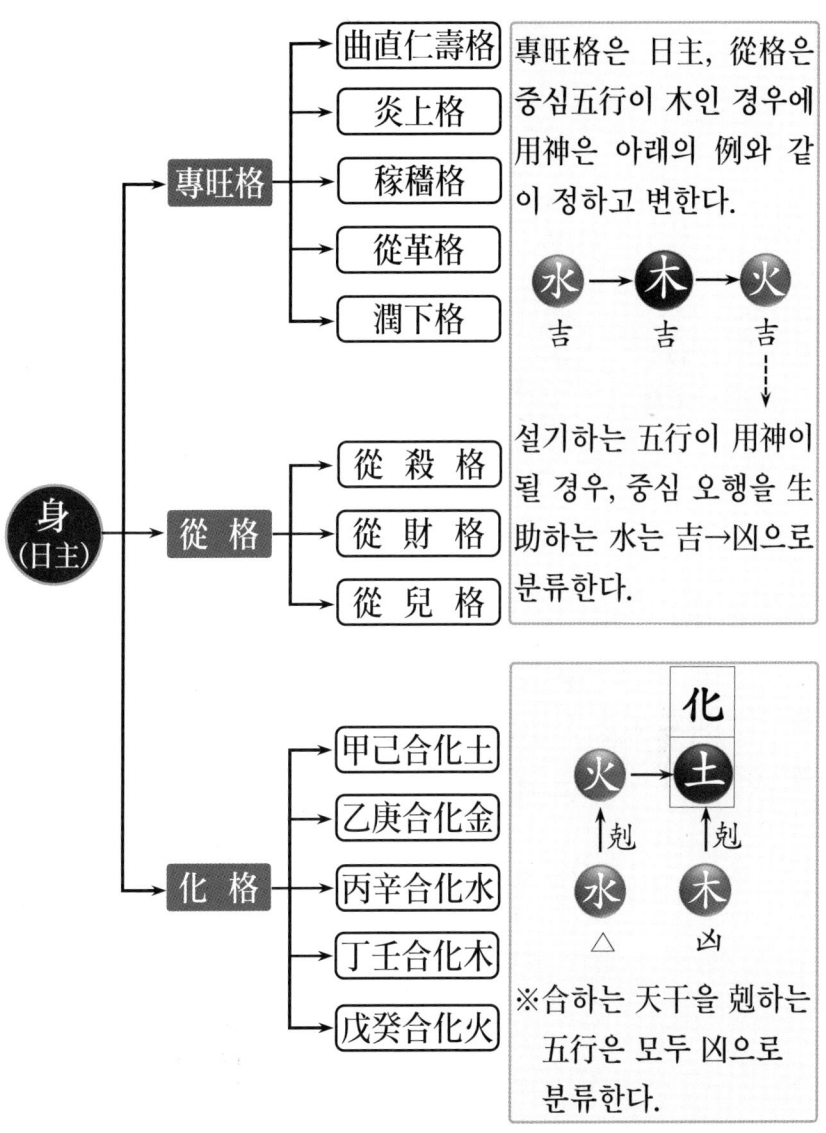

23. 조후론을 이해하는 key!

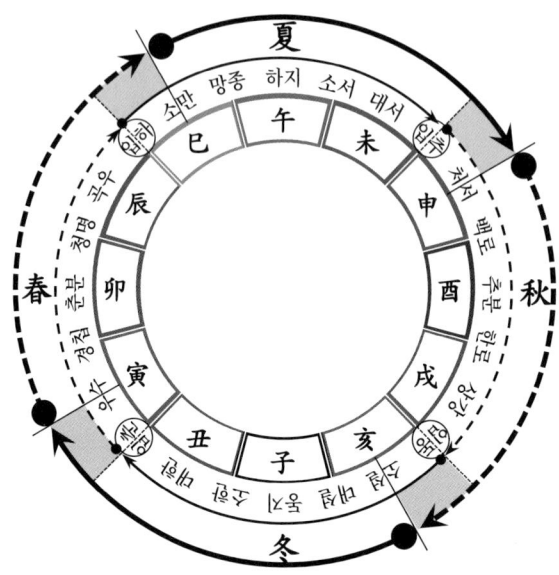

- 보통 亥子丑을 겨울로 보는데, 亥의 절반 중 뒷부분부터 寅의 절반 앞부분까지 겨울로 보자.
- 나머지도 같은 원리이다.
- 12지지의 배치는 그대로 두고, 계절을 이렇게 보아야만 비로소 조후론이 완전 이해가 될 것이다.
- 陰陽論(음양론)과 調喉論(조후론)은 분명 다르다.

'제1편 사주 명리학 기본'의 자세한 설명은 '설진관 명리학 야학신결(野學神訣)'을 참고 하시기 바랍니다.

제 2 편

진여비결(眞如祕訣)

■ 일러두기

1. 본서에 기록된「제2편 제1장 진여비결(眞如秘訣) 해설」원본 내용과「제2편 제2장 진여비결(眞如秘訣)의 활용」[20]의 내용은 원저작자 및 창안자인 현정 신수훈 선생님으로부터 인용을 승낙받아 게재하였습니다.[21]

2. 필자는 현정 신수훈 선생님의 역학관에 어긋남이 없이 해설하는 데 주력했습니다. 다만, 상황에 따라서는 필자의 사견을 첨언하였으니 양해 바랍니다.

3. 해설의 방법으로 〈진여명리 강론(眞如命理 講論)〉에 수록되어 있는 진여비결(眞如秘訣)의 내용을 먼저 소개하고, 그 아래 薛註 , 薛註:조언 등으로 표기하여 해설을 수록했습니다.

4. 〈진여명리 강론(眞如命理 講論)〉에서의 사주의 배열은 좌측으로부터 年月日時 순이나, 본서에는 일반적으로 사용되고 있는 방식인 우측으로부터 年月日時로 배열하였습니다.
　　즉, 좌로부터 時日月年으로 고쳐서 정리했습니다.

---

20) 진여명리 강론(신수훈 著) 3권 제161 - 184쪽
21) 진여명리 강론(신수훈 著) 3권 제189 - 203쪽

5. 시간과 지면의 사정으로 본 해설서에 미처 기록하지 못한 부분은 〈진여명리강론(眞如命理講論)〉 시리즈 총 5권 전반에 녹아 있으니 〈진여명리강론(眞如命理講論)〉 시리즈를 중심으로 보충하시면 필자가 해설한 것보다 더 높은 경지의 명리학 수준에 도달할 것이라고 확신합니다.

6. 본서는 중급 단계 이상의 명리학 지식이 습득된 역학자에게 보다 질 높은 운명 상담을 할 수 있는 지침서로 활용되기를 바라며, 초학자에게는 어려운 내용일 수 있으니 반드시 중급 이상 수준의 명리서를 연구한 후 본서를 연구하시기 바랍니다.

■ 四柱에서 年柱가 중요한 이유

여러분이 지금까지 여러 사주 명조를 보면서 사주에서 가장 중요한 글자가 무엇이었나를 생각해 봅니다. 다수가 日主 내지는 月支라고 여겼을 것입니다. 물론 틀린 말은 아닙니다. 그러나 실지 감정을 해 보면 年柱가 차지하는 비중이 실로 엄청나다는 사실은 고수들 간에 공공연한 비밀로 이어져 왔습니다.

명조 내에서 모든 기운이 응결되어 있는 곳이 年柱입니다.

단순히 무슨 띠와 무슨 띠의 어쩌고저쩌고하는 상황 풀이가 아닙니다.

많은 명조의 해법에서 기운의 흥망성쇠가 年柱에서 판단되니 이 얼마나 중요합니까. 이 年柱 글자의 역할에 따라 나의 생활상이 달라지는 겁니다. 인연법 즉, 진여비결(眞如秘訣)에서도 年柱 즉 年干과 年支가 동시에 활용되고, 四階段法에서도 年支를 중요하게 여깁니다.

日主가 나의 內面이라면 年柱는 나의 간판(=명함)이요,

에너지입니다. 年柱는 명조의 간판이니 나를 대표하는 대표 선수가 되므로 因緣法에서도 상대방의 日柱가 아닌 대표 선수인 年柱를 가져와서 판단하게 되는 것입니다.

 소위 '궁합'이라는 인연 관계의 풀이 또한 이제는 이런 방식으로 접근하면 세상에서 가장 훌륭한 역학자가 될 수 있을 것입니다.

■ 진여비결(眞如祕訣)의 원리(原理)

(1) 일주무근(日主無根)이면 정록정배(正祿定配)한다.
(2) 배성무근(配星無根)이면 기록정배(其祿定配)한다.
(3) 좌하배성(坐下配星)이면 투출정배(透出定配)한다.
(4) 좌하식상(坐下食傷)이면 투출정부(透出定夫)한다.
(5) 사화길성(巳火吉星)이면 투병정배(透丙定配)한다.
(6) 좌하길신(坐下吉神)이면 투출정배(透出定配)한다.
(7) 지장길신(地藏吉神)하면 투출정배(透出定配)한다.
(8) 일주입고(日主入庫)하면 개고정배(開庫定配)한다.
(9) 배성입고(配星入庫)하면 파고정배(破庫定配)한다.
(10) 신약명운(身弱命運)이면 자고정배(自庫定配)한다.
(11) 배약명운(配弱命運)이면 배고정배(配庫定配)한다.
(12) 칠살득세(七殺得勢)하면 합거정배(合去定配)한다.
(13) 칠살득세(七殺得勢)하면 통관정배(通關定配)한다.
(14) 칠살득세(七殺得勢)하면 제살정배(制殺定配)한다.
(15) 양인득세(羊刃得勢)하면 합거정배(合去定配)한다.
(16) 양인득세(羊刃得勢)하면 퇴신정배(退神定配)한다.
(17) 양인득세(羊刃得勢)하면 투출정배(透出定配)한다.
(18) 갑목활용(甲木活用)시는 경금정배(庚金定配)한다.
(19) 갑일화치(甲日火熾)시는 승룡정배(乘龍定配)한다.

(20) 갑일수탕(甲日水湯)시는 기호정배(騎虎定配)한다.
(21) 을일등라(乙日藤蘿)이면 계갑정배(繫甲定配)한다.
(22) 을목동결(乙木凍結)이면 병화정배(丙火定配)한다.
(23) 일주원진(日柱怨嗔)이면 불의정배(不宜定配)한다.
(24) 귀인독행(貴人獨行)이면 동반정배(同伴定配)한다.
(25) 도세주옥(淘洗珠玉)이면 임생정배(壬生定配)한다.
(26) 신경흔접(辛庚欣接)이면 경생정배(庚生定配)한다.
(27) 무기희구(戊己希求)이면 갑을정배(甲乙定配)한다.
(28) 화련진금(火煉眞金)으로 정생정배(丁生定配)한다.
(29) 법권념원(法權念願)하면 편관정배(偏官定配)한다.
(30) 주중이자(柱中二字)이면 합충정배(合冲定配)한다.
(31) 삼합일허(三合一虛)이면 허일정배(虛一定配)한다.
(32) 삼형일허(三刑一虛)라도 허일정배(虛一定配)한다.
(33) 용신합덕(用神合德)이면 합자정배(合字定配)한다.
(34) 용신부실(用神不實)이면 진신정배(進神定配)한다.
(35) 성격유병(成格有病)이면 제병정배(制病定配)한다.
(36) 거류서배(去留舒配)하면 성격정배(成格定配)한다.
(37) 급신이지(及身而止)하면 식신정배(食神定配)한다.
(38) 기운정체(氣運停滯)하면 통기정배(通氣定配)한다.
(39) 시주배세(時柱配歲)이면 근즉정배(近側定配)한다.
(40) 배성합덕(配星合德)이면 합자정배(合者定配)한다.

(41) 배성다봉(配星多逢)이면 조화정배(調和定配)한다.
(42) 배성득병(配星得病)이면 구병정배(救病定配)한다.
(43) 배성불견(配星不見)이면 정인정배(正引定配)한다
(44) 배성공협(配星拱挾)이면 인출정배(引出定配)한다.
(45) 초운배성(初運配星)이면 당해정배(當該定配)한다.
(46) 배성공망(配星空亡)이면 전실정배(塡實定配)한다.

제1장 진여비결(眞如秘訣) 해설

1. 통근론(通根論)과 진여비결(眞如秘訣)

(1) 일주무근(日主無根)이면 정록정배(正祿定配)한다.

甲日無根이면 寅生定配요 乙日無根이면 卯生定配라(以下同法)

薛 註 '日主의 祿이 없다면 그 祿을 따라서 배우자가 온다.'
라는 말입니다.
여러분은 日主 즉 日干의 祿을 살펴서 만약 祿이 없다면 祿
이 그 인연으로 들어온다고 보면 됩니다.

* 祿(록)

十干	甲	乙	丙	丁	戊	己	庚	辛	壬	癸
祿	寅	卯	巳	午	巳	午	申	酉	亥	子

만일 日主가 己土 인 경우 명조 내에 午가 없습니다. 그러
면 말띠가 한번 들어옵니다. 그런데 午生을 선택하느냐 마
느냐는 본인의 의지입니다. 혹은 자식으로 들어오는 경우도
있습니다.

만일 日主가 丙火인 경우 祿이 없다면 그 祿을 찾아보는 겁니다. 이미 지나갔다면 당사자가 배우자로 선택하지 않은 것일 수도 있다는 말입니다.

```
己 辛 庚 壬 (乾)   癸      ※ 辛日無根 酉生定配라
亥 亥 戌 戌        酉         癸酉生이 처다.
```

정신수기가 아름다워 외무부장관을 지낸 외교관 사주다.
(癸巳年 歸天)

薛 註 辛日主의 祿이 안 보이니 癸酉生 처를 만났습니다.

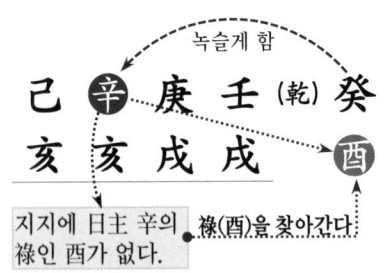

壬戌生(=1922년생)으로 일간 辛의 祿이 酉이며 酉生이 바로 위의 辛酉生과 11살 아래인 癸酉生이 있는데 11살 아래인 癸酉生을 만난 것입니다.

① 이분이 왜 닭띠를 만났을까요?
살아남기 위해서 통근을 한 것입니다. 또한 祿이란 내가 의지하는 곳입니다. 그래서 찾아갈 수 밖에 없습니다.
② 이 명조 또한 戌戌이 있기 때문에 卯生도 만납니다.
이 공식이 따로 있습니다. '㉚柱中二字 合冲定配'
이 명조의 주인공은 옛 외무부장관입니다. 실제로 癸酉生 처는 辛日主를 녹슬게 하죠. 별로 좋지 않습니다.

```
庚 癸 癸 壬 (乾) 戊    ※癸日無根 子生定配라
申 未 卯 午     子       戊子生이 처다.
```

申金用神이고 申子合德이라 西洋으로 이민 간 사주다.

薛註 日主가 癸水이므로 祿은 子입니다. 그런데 祿인 子가 보이지 않으므로 子를 찾아서 戊子生을 만났습니다.

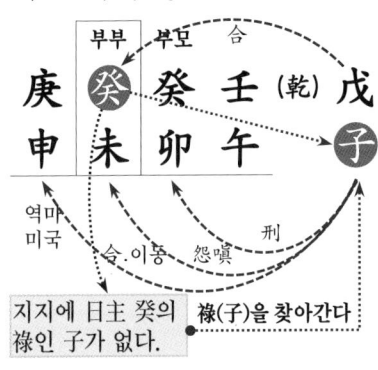

■여러분들도 日主가 나오면 꼭 祿부터 찾아봐야 합니다.
①祿인 子가 있으면 관계없지만 없을 때 꼭 물어보면 적중하는 경우가 많습니다.
②실제 이분이 戊子生 처를 만났습니다.

▶처의 子와 이분의 時支인 申이 합을 합니다.
▶申 자체가 地氣 터 이론으로는 미국을 말합니다. 그리하여 이분이 子生을 만나 미국으로 이민 간 사람입니다.
참고로 뒷부분에 후술된 바 같이 申이란 글자를 보면 미국이라고 생각하십시오.
▶또 처의 天干이 戊土이므로 이분의 日主인 癸水와 月干 癸水를 모두 합을 하니 잘 만난 것입니다.
▶그러나 또 처의 子가 日支 未와 怨嗔하고 月支 卯와 刑을 하네요. 그래서 이분의 처는 약사였습니다.
▶그리고 시어른들과 사이는 별로 안 좋습니다.
▶또 日支와 怨嗔이니 서로 사랑은 해도 섭섭하고 미운 감정도 있습니다. 이분은 子生을 만나 미국으로 갔습니다.

庚 丙 己 乙 ⁽乾⁾　己　　※丙日無根 巳生定配라
寅 申 丑 丑　　巳　　己巳生이 처다.

寅巳申 형살이 구전되어 혁명가로 國務總理를 지낸 사주다.

薛註 丙日主 祿인 巳가 보이지 않습니다. 그래서 祿 巳를 찾아갑니다. 실제로 己巳生 처를 만났습니다.

① 이분이 乙丑生(1925년생)이고 남자라서 아래로 巳生을 찾아보는 것입니다.

② 4살 아래 己巳生이 보이네요. 日主 丙火는 己土를 만났으니 이분과의 관계는 大地普照하는 거죠. 일단 좋습니다. 단지 이 처의 地支 巳가 이분의 時支 寅과 刑을 하고 日支 申과 刑을 하니 좋아 보이지 않습니다.

▶ 이분이 형벌권을 쥐게 된다면 괜찮겠지만 그렇지 않으면 본인이 형벌을 당하게 됩니다.

▶ 실지로 이분은 높은 자리에도 올라갔고 중앙정보부도 창설했지만 형벌도 당했습니다.

▶ 이 사주는 전 국무총리를 지낸 김○○ 님 사주입니다.

③ 天時가 丁巳生이었을 때는 2인자의 삶이었으나

▶ 天時가 辛未生 대통령으로 정권이 바뀌었을 때 이분 年支, 月支 丑이 대통령의 年支 未와 冲을 하니

▶ 丑 지장간 아래의 辛金(=정재=돈)이 전부 다 드러나 곤란을 겪었던 분입니다. 財(妻)가 丑(庫)에 모였는데 乙未年에 刑冲되어 상처했습니다.

```
甲 己 乙 癸 (坤) 甲     ※ 己日無根이라 甲午生이
子 巳 丑 巳     午        남편이다.
                          食傷이 丑에 入墓하고
急刻殺에 時支 死宮이라 뇌성마비 자식이 있다.
```

薛 註 己日主의 祿이 午인데 午가 보이지 않습니다. 그래서 祿 午를 찾아갑니다. 실제 甲午生 남편을 맞았습니다.

急脚殺은 春-亥子, 夏-卯未, 秋-寅戌, 冬-丑辰 입니다.

①이분의 月支 丑 지장간에 辛金(=食神=자식) 있고 丑月은 겨울이고 丑 자체가 급각살이 됩니다.

②자식 식신에 급각살이 있습니다. 그래서 뇌성마비 아이를 낳았습니다.

```
甲 甲 甲 丁 (乾) 庚     ※ 甲日無根 寅生定配라
子 申 辰 丑     寅        庚寅生이 처다.
```

庚 처가 甲을 벽갑인화하니 철강 사업으로 부자가 된 사주다.
서영○

薛 註 처가 庚寅生으로서

①庚金이 日主를 비롯한 甲을 쪼개어 주고 있으니(벽갑인화) 부인으로부터 혼나고 산다는 것을 알 수 있습니다.

②氣가 丑金庫에 모여 철강업입니다.

戊 癸 辛 甲 ㈏ 壬　　※癸日無根 子生定配라
午 酉 未 寅　　　子　　壬子生이 남편이다.

薛註 癸日主의 祿이 없습니다.
癸의 祿은 子입니다.
그래서 壬子生 남편을 만난 것입니다.

庚 辛 辛 辛 ㈏ 癸　　※辛日無根 酉生定配라
寅 未 卯 巳　　　酉　　癸酉生이 남편이다.

薛註 辛日主의 祿이 없습니다.
辛의 祿은 酉입니다.
그래서 癸酉生 남편을 만난 것입니다.

壬 戊 甲 癸 ㈏ 辛　　※戊日無根 巳生定配라
戌 申 寅 未　　　巳　　辛巳生이 남편이다.

그러나 官食鬪戰이라 헤어지고 독신으로 사는 사주다.

薛註 戊日主의 祿이 없습니다.
戊의 祿은 巳입니다.
그래서 辛巳生 남편을 만난 겁니다.

薛 註 : 조 언

[薛註 : 祿을 왜 배우자로 좇아갑니까?]

문 : 祿을 왜 배우자로 좇아갑니까?
답 : 祿의 因緣이란 것은, 즉 祿이란 通根하는 '귀결처'를 말합니다. 나의 귀결처로 돌아간다는 의미입니다. 甲이란 글자의 뿌리이며 귀결처는 寅이 됩니다. 그래서 甲이 寅으로 뿌리내리려고 돌아가는 겁니다. 乙은 귀결처가 卯이니 역시 乙이 卯로 돌아가니 귀결처가 되는 겁니다. 祿이란 연어가 고향 찾아간다고 생각하면 됩니다. 이것이 본능입니다. 無根無力이요 有根有力입니다.

薛 註: 역학 상식 옛날에는 醫와 易은 근원이 하나(=醫易同源)라고 했어요. 賢者를 찾으려면 어디에 있느냐 했을 때 벼슬아치들이 있을 것이고, 또 시중에 醫者와 易者 속에 있다는 말이 있었습니다. 공부를 많이 한 사람들은 벼슬아치가 되었을 것이고, 재야에는 醫者와 易者들이라는 뜻이겠죠 옛날에는 易學이 과거 시험의 한 과목이었습니다.
고려시대는 명경과라 하여 유교 경전을 시험 보는데 그중 三經 중에 易經이 있었고, 조선시대는 文科 시험의 초시부터 최종의 대과 시험까지에 經學(四書三經)이라는 과목 중 三經 중에 역시 易經이 들어가 있었고, 또 雜科에 음양과라 하여 천문과 지리 및 명과학의 삼과에 밝은 각각 의 관리를 뽑는 시험이 있었습니다. 요즘의 사법 시험 과목처럼 들어가 있었습니다.
조선시대에는 과거 시험 경학 과목은 易經 등이 있었습니다. 옛날 사람들은 易을 모르면 진사도 못했습니다. 며느리를 볼 때나 사위를 볼 때도 사주단자를 받으면서 기본적인 易을 보면서 판단했습니다. 적어도 사대부 집안에서는 기본적인 소양이었던 겁니다.

薛註: 한 담 眞如秘訣(因緣法)을 통해서 밝혀진 재미있는 이야기입니다. 지금부터 약 20년 전 당시 역학 공부를 하던 어느 여성분의 사주를 보니 眞如秘訣(因緣法)으로는 그 남편이 丑生이어야 하는데 실제 그 남편은 卯生이라고 합니다. 그래서 丑生을 인연하게 된다 하고 그간 잊고 있었습니다. 수년이 지난 그 여성분이 필자에게 "그간 이혼했다. 여러 가지 문제로… 지난번 설 선생이 남편이 丑生과 인연한다고 말한 적이 있었는데 사실 남편이 卯生이 아니고 丑生이었다" 하면서 이혼한 남편이 卯生이 아니라 사실은 丑生이었다는 것입니다. 眞如秘訣(因緣法)을 알면 이러한 판단도 할 수 있는 것입니다.

대부분 因緣은 眞如秘訣(因緣法) 공식으로 유추됩니다. 그러나 그렇지 않은 因緣이 들어왔다면 일단 사주를 의심해 봅니다. 의외의 경우를 만나게 됩니다. 각자의 경험으로 미루겠습니다.

Tip 時를 찾는 법

태어난 時를 모르는 사람에게 眞如秘訣(因緣法)을 적용시켜 찾아낼 수 있습니다.

○	○	○	○	㈜	○
○	丑	戌	辰		午

하나의 예를 들어보겠습니다. 이와 같은 여자 사주가 있는데 時를 모른다고 합니다.

그런데 남편이 午生이라고 합니다.

■그러면 태어난 時를 추리해 봅니다.
  ①眞如秘訣(因緣法) 공식에서 '㉛三合一虛하면 虛一定配한다'를 적용시켜 보면
  ②月支 戌과 함께 寅午戌 三合이 성립됩니다.
  ③그래서 이 사주의 時는 寅時로 추리합니다. 즉 寅과 戌이 午生을 끌어당겨 온 것입니다.
  즉 虛一定配한다는 뜻입니다.

■만약 위의 사주에서 남편이 酉生이라면 時는 어떻게 추리할까요(단, 아침 식사 후 점심시간 전 출생이라 할 경우)?
  ①예, 巳時가 되죠. 巳酉丑 삼합으로요.

②저의 경험으로써 이 時를 찾는 것은 보통 '⑶⒈三合一虛하면 虛一定配한다' 는 공식이 가장 많이 적중되었습니다.

薛 註 : 조 언

문 : 그렇다면 眞如秘訣(因緣法) 공식이 46개이니 이를 적용시키면 여러 時가 나오지 않을까요?

답 : 꼭 그런 것은 아닙니다. 時와 관련되어서 실제로 해 보면 많이 안 나옵니다. 보통 사람들이 時를 모를 때는 '아침 먹을 때 태어났습니다' 라고 한다면 寅卯辰時에서 찾아야겠습니다. '저녁 먹을 때 태어났습니다' 라고 할 경우 申酉戌時에서 찾게 됩니다.
이런 경우 眞如秘訣(因緣法)을 응용하는 겁니다.

그러나 時를 전혀 모르는 경우에 時를 찾을 수 없는 사례도 많습니다. 그 경우는 차라리 時를 생략하고 三柱로만 판단합니다.

■속설에 時를 찾아내는 여러 설이 있습니다만, 다수설(?)에 해당하는 내용을 소개해 보면,

-첫째, 얼굴형 또는 잠자는 모습으로 추리하는 법입니다.

子午卯酉는 역삼각형 얼굴, 반듯하게 누워서 잔다.
寅申巳亥는 달걀형 얼굴, 옆으로 누워서 잔다.
辰戌丑未는 둥근형 얼굴, 엎드려 자거나 웅크리며 잔다.

-둘째 부 선망이냐 모 선망이냐를 따져서 판단하는 법이 있습니다.

필자의 경험으로는 적중율이 현격히 떨어지므로 더 이상 기록하지 않겠습니다.

이상의 방법들이 널리 알려져 있지만 실무에 사용하기는 時 없이 三柱로 보는 것에 비하면 그 소용이 적을 것이므로 권하지는 않습니다.

(2) 배성무근(配星無根)이면 기록정배(其祿定配)한다.

壬日配星 丙火無根이면 巳生定妻라. 甲日配星 己土無根이면 午生定妻라. 乙日配星 庚金無根이면 申生定夫라 (以下同法).

薛註 배우자가 되는 육신이 天干에 있음에도 불구하고 그 육신의 祿이 없다면 배우자 육신의 祿으로 인연합니다. ⑴에서 日主無根이면 正祿定配한다 했습니다.
이와 같은 개념으로 배우자 인연도 祿으로 맞이합니다.

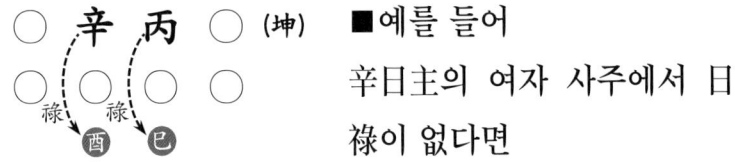

■예를 들어
辛日主의 여자 사주에서 日主의 祿이 없다면

①酉生이 들어옵니다.
  그래서「당신의 신랑이 酉生아니면 巳生이 들어오겠다.」고 말해 주는 것입니다.
②그런데 이 여성의 남편이 실제는 巳生이라면 위 酉生은 뭐가 될까요?
  「그 酉生이 남편이 아니라면 살아가면서 적어도 한 번 이상은 인연이 될 것이다. 가령 잠깐 만난 인연이거나 잠시 외도를 했을 때 만난 인연이 그 酉生이 되는 경우가 있다」고 말해 주는 것입니다.

> *眞如秘訣(因緣法)에서는 六神의 正, 偏을 나누지 않습니다.
> (=중요한 Tip~!!)

```
甲 壬 丙 戊 (乾) 癸    ※ 丙火無根 巳生定配라
辰 申 辰 子     巳       癸巳生이 처다.
```

子水羊刃이 癸로 투출하여 戊土와 合殺하는 것이 기특하다.

薛註 丙火(=偏財)가 배우자입니다.
①그런데 이 丙火는 地支에 根(=巳)이 없습니다.
  根이 없으니 巳生을 따라갑니다.
②실제 이분의 처는 癸巳生입니다.
  옛날 단촌 선생도 이 사주를 '처궁불미라 중혼할 것이다' 라고 했지만, 실제는 巳生을 만나 해로하고 있다고 합니다.

```
丙 己 癸 壬 (乾) 戊    ※ 癸水無根 子生定配라
寅 巳 丑 午     子       戊子生이 처다.
```

亥生이 아닌 子生이 인연함은 子丑合德이 있기 때문이다.

薛註 처 財星이 癸水입니다.
①그런데 癸水의 祿이 없으니 그 祿이 되는 子를 따라 인연하여 戊子生을 만난 것입니다.
②年上 壬水는 午中丁火와 自合하여 不動입니다.
③그리고 子 인연이 천을귀인이라 유인력이 더 강합니다.

```
甲 壬 戊 丙 (乾) 乙    ※丙火無根 巳生定配라
辰 申 戌 申     巳      乙巳生이 처다.
```

薛註 처 財星이 丙火입니다.

①그래서 그 丙火의 祿이 없으니 그 祿이 되는 巳生이 인연이 됩니다.

②좀 더 구체적으로 추리하면 丙申生과 가장 근접한 乙巳生과 부부의 인연이 된 것입니다.

```
辛 丙 己 癸 (坤) 戊    ※年上癸水 官星無根이
卯 寅 未 巳     子      라 子生이 남편이다.
```

戊子生 남편과 무자(無子)함도 인연이요 필연이다.

薛註 여자 명조로서 官星 癸水를 보니 根(=子)이 없습니다.

①그러니 子生을 따라갑니다. 실제 戊子生 남편을 만났습니다.

②남편을 넣어 五柱로 배열하면 먼저 보이는 것이 있습니다.

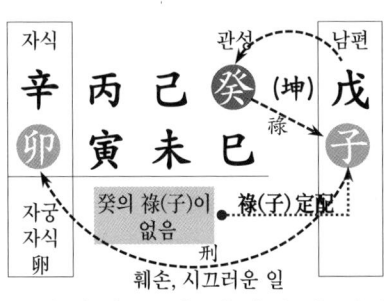

▶남편의 子와 여자분의 時支 卯가 刑이 됩니다.

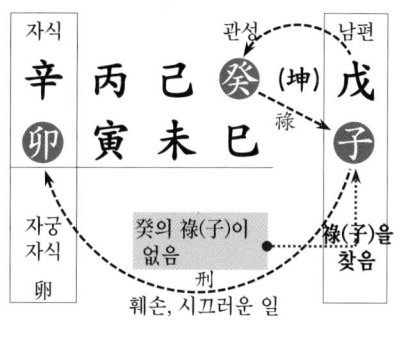

▶이 여자분이 戊子生 남편을 만나면 자식이 안 생기는 이유입니다.

③자식 자리인 卯가 戊子生을 만나 형벌을 받은 것입니다.

④만약 자식이 생긴다면 그 자식이 편할 수만은 없을 것입니다.

⑤사실 이분은 자식이 없습니다.

子卯刑이 그 이유입니다.

⑥만일 이 사주의 여성이 子生이 아닌 壬辰生과 인연이 되었다면 아들을 얻을 수도 있었을 것입니다.

薛 註 : 조 언

＊흔히 주변에서 아래 이야기를 듣기도 합니다.

가령, 乙女가 甲男과 결혼해서 살았는데 자식이 안 생기지만, 이 乙女가 甲男과 이혼을 하고 丙男을 만나 再婚했는데 아이 다섯을 놓고 산다는 것입니다.

모두가 인연의 조화입니다.

■이것이 眞如秘訣(因緣法)이고,

이런 것을 眞如秘訣(因緣法)로 설명을 할 수 있습니다.

■결국 이 사주는 여자 사주의 癸水란 官星이 祿을 찾아서

子에게 갔는데 子卯刑이 되어 자식을 얻기가 힘들었던 것입니다.

※그리고 日時 효신(편인)이면 女命은 무자식이 많습니다.

丙 丁 戊 辛 ㈎ 癸   ※年上辛金 財星無根이라
午 未 戌 未   酉   酉生이 처다.

癸酉生 처덕에 초근목피를 면한 사주다.

薛註 처 財星이 辛金입니다.
①그런데 辛金의 祿이 없으니 그 祿이 되는 酉를 따라 인연한 것입니다.
②火土가 조열하므로 妻財無德이라 金鎔 사주이므로 酉生을 만나 빈천을 모면한 것입니다.

丙 丁 癸 乙 ㈁ 壬   ※月上癸水 官星無根이라
午 卯 未 卯   子   壬子生이 남편이 된다.

몽달귀신 면한 것은 쥐띠 인연 덕분이다.

薛註 官星이 癸水인데 官星을 따라간 것입니다.

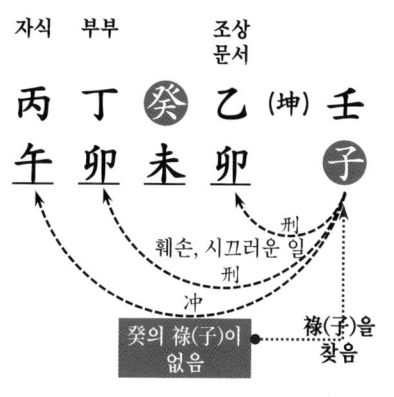

祿이 子이므로 壬子生 남편을 만났습니다.

그러나 이 사주를 보면

① 日支와 年支의 卯와 남편의 子가 刑을 하고 있으니 결혼생활이 불안합니다.

② 이 여자분이 일차적으로 官星의 祿을 따라 子生을 만났지만

③ 이차적으로 日支와 年支와의 刑의 관계와 時支와의 冲(子午冲)의 관계가 생긴 것입니다.

■ 실제 통변에서는 官星의 祿을 따라 子生을 만난다면 年支 卯가 偏印이니 偏印이 刑이 되므로 子生을 만나서 문서와 관련되어 문제가 있을 것이므로, "남편이 문서와 관련되어서 사고 한 번 칠 것이다"고 말할 수 있습니다.

| 丁 | 庚 | 庚 | 乙 | ㈜ | 庚 | ※ 坤命으로 丁火無根이라 |
| 丑 | 辰 | 辰 | 亥 | | 午 | 庚午生夫 만나 자식 셋 낳고 잘살다가 |

辰中癸水 투출 인연하여 그 첫사랑 癸酉生과 함께 산다.

薛註 남편星이 丁火입니다.

①그런데 丁火의 祿이 없으니 그 祿이 되는 午를 따라 午生 말띠를 인연한 것입니다.
②그런데 丁丑 백호라 그 남편이 죽지 않으려고 이혼하고, 자신은 性을 좇아 癸酉生 夫와 인생 후반을 함께합니다.
③癸酉生 夫는 丙子年에 사망하고
④이혼한 庚午生은 아직도 생존하고 있습니다.

> **秘訣**
> 奇人의 易術秘傳에 의하면 羊刃桃花 合身因緣이면 四寸 以內 近親 연애 인연이 있다고 합니다.

2. 투출론(透出論)과 진여비결(眞如秘訣)

(3) 좌하배성(座下配星)이면 투출정배(透出定配)한다.

薛 註 日支 地藏干에 배우자성이 있으면 天干으로 투출시켜서 인연으로 맞이한다는 뜻입니다.

```
甲 壬 辛 己 (乾)  丙    ※ 寅中丙火 配星이라 丙火
辰 寅 未 丑       申       財星 透出하여 처가 되니
                          丙申生이 처가 되는 사주다.
```

薛 註 배우자성이 어디에 있습니까?

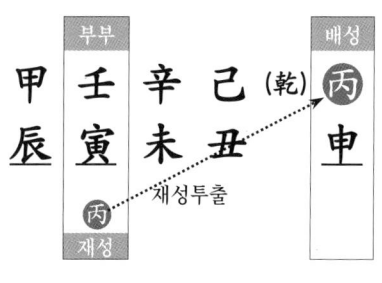

日支 寅中丙火가 처가 됩니다.

天干으로 맞이하므로 丙○生이 되는 것입니다.

①己丑을 중심으로 아래로 내려가면서 丙○를 찾아봅니다.

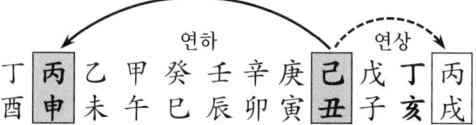

②그러면 7살 아래 丙申生이 나옵니다.

이렇게 찾는 것입니다.

■그 다음 이 만남이 어떻게 되느냐를 살펴보겠습니다.

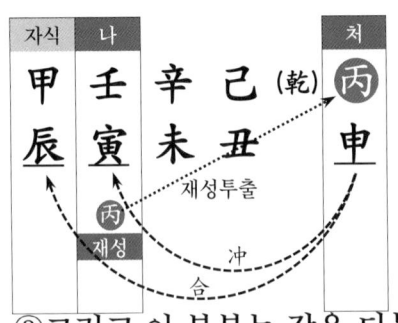

① 일단 時支 辰과 처의 申이 申辰合을 하고 있어 처와 자식과는 무난합니다.

② 또 日支 寅하고는 沖을 하니 부부간에 다툼이 잦겠습니다.

③ 그리고 이 부부는 잦은 다툼에도 헤어지지는 못합니다.

▶자식이 合을 해서 잡고 있습니다.

▶沖이 일어나지만 중간에 자식이 잡고 있습니다.

그렇다 하여 合이 沖을 해소한 것은 아닙니다.

④ 더 나아가 天干끼리 관계를 보면

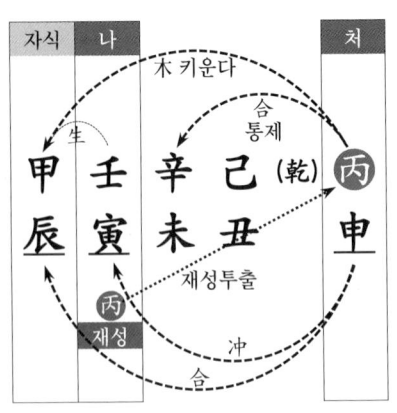

▶壬日主와 丙火가 만나서 자식인 時干 甲木을 잘 키울 수 있습니다.

▶또 月干 辛金이 時干 甲木을 쳐서 심각한 관계가 될 수도 있었지만

▶丙火 처가 와서 辛金과 合하면서 甲木을 보살피니 다행이 아닐 수 없습니다.

■위에서 언급하기를 남자 명조를 기준으로 丙申生 부인을 봤을 때 이 부부는 헤어질 수 없다고 했는데, 그 이유는 자식궁의 辰과 丙申生 申이 申辰合을 하고 있기 때문입니다.

薛 註 : 조 언

*참고: 만약 丙申生 부인의 명조가 이와 같다면 명조를 기준으로 남편의 年柱 己丑을 대입해 보면

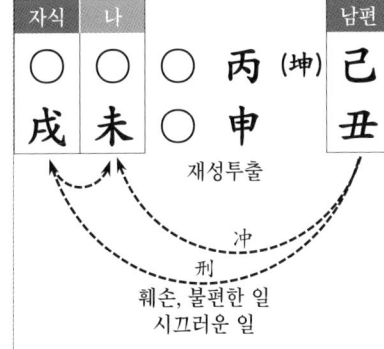

① 남편의 丑과 時支의 戌이 丑戌刑을 하고
② 남편의 丑과 日支 未와 丑未 冲을 하니
③ 이 己丑生 남편은 자식과 멀어지면서 부인과 이혼을 하는 수가 있을 것입니다.

■즉, 결론은 사주 명조 전체에서 상대방의 年柱를 대상으로 판단하는 것은 결국 어느 일방의 입장에서 보는 것입니다.

■명확한 것은
양 당사자의 사주 명조를 크로스(主, 客)로 파악하는 것이 보다 폭넓은 시각에서 감정할 수 있는 것입니다.

| 癸 戊 庚 癸 ㈖ 乙 | ※ 辰中乙木 透出하니 乙巳
| 丑 辰 申 丑   巳 | 生이 남편이다.

庚寅年에 拉北되어 애통하다가 三重華蓋로 出家한 여류화가 사주다.

薛註 日支 辰中의 乙木이 官星이 됩니다.
①만약 年下를 만났다면 癸丑에서 아래로 내려가서 乙卯生을 만나고
②年上이라면 위로 가서 乙巳生을 만나게 됩니다.
③실제 8살 많은 乙巳生 남편을 만났습니다.
④그런데 月支 申과 남편의 巳가 刑을 하고 있으니,
▶이 남편은 庚寅年 6.25 전쟁 때 피랍되어 북으로 끌려가서 사망했습니다.
▶庚寅年의 寅과 巳가 또 刑을 합니다. 그러니 남편 巳火에게 큰일이 났습니다(동학사 옥봉스님).

| 甲 甲 甲 癸 ㈕ 己 | ※ 午火暗藏 中 己土가 透出
| 戌 午 子 巳   亥 | 하여 己亥生이 처가 되는
| | 사주다.

薛註 日支 午中의 己土가 배우자星이 됩니다.
그러므로 癸巳를 중심으로 밑으로 내려가니 己亥生을 처로 맞이한 것입니다.

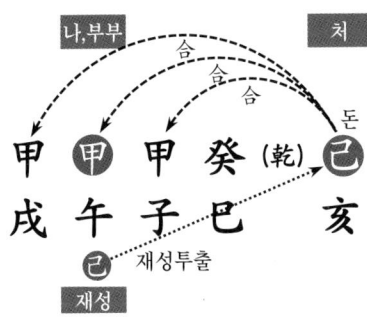

① 己亥 처가 와서 보니 天干에 甲木이 3개나 보입니다.

② 모두 합을 할 수 있으니 남자 쪽에서 보면 좋은 상황은 아닙니다.

③ 또는 己土가 正財가 되니 돈을 가지고 왔다고도 볼 수 있지만, 이 돈은 3개의 甲에게 나누어주는 것입니다.

■ 위의 사주에서 다른 인연이 들어올 수도 있습니다.

① 甲木이 戌을 보면 財庫가 됩니다.

② 그러므로 이 財庫와 沖이 되는 辰生이 또 들어올 수도 있습니다.

그래서 한 살 위인 壬辰生이 인연으로 들어올 수도 있는 것입니다.

③ 그리고 壬水는 印星이니 문서 인연으로 온 것입니다.

④ 己土는 돈을 가지고 들어와 돈이 되는 것 같지만, 합을 하니 나누어 주는 것입니다.

■ 또 寅生도 인연으로 들어올 수 있습니다(寅午戌 三合).

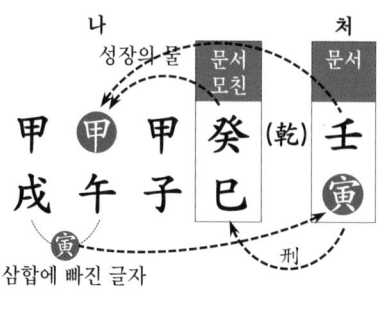

①이 巳生에게 근접한 인연으로 壬寅이 있습니다.
②이 壬寅生도 문서를 가지고 들어오네요.
하지만 年支 巳와 刑을 하니
▶癸巳 年柱의 癸水도 문서인데 日主 甲木에 나쁜 영향을 주는 문서입니다.
(왜냐? 甲木에 비를 내리는 문서이기 때문입니다)
▶혹은 이 여자(壬寅生)가 문서를 가지고 들어오지만 내 모친 癸에게 문제 생긴다고 볼 수 있는 것입니다.
寅이 巳를 刑하는데 巳 위에 癸水가 나의 모친입니다.
③己亥生이 들어왔을 때는 모친에게 별문제가 없었지만 壬寅生이 들어오니 모친에게 문제가 생기게 됩니다.

薛 註 : 조 언

■이때 年柱를 해석하는 방법이 대개는
年支는 문젯거리가 되고
年干은 누가? 무엇이? 가 되는 겁니다.

■여러 인연들 중에서 선택은 자기 의지입니다.
만약 어떤 누가 한 부인하고 한평생 외도를 안 하고 잘 살았습니다. 그것은 자기에게 오는 여러 인연들과 인연을 맺지 않았다는 것입니다.

> 사실은 주변에 맴도는 인연이 있었고, 본인은 그 인연을 선택하지 않았을 뿐입니다.

```
丙 庚 戊 壬 (坤) 丙     ※ 寅中丙火가 배성으로 투
子 寅 申 辰      戌        출하니 丙戌生이 남편이
                            되는 사주다.
```
七殺白虎 인연이라 死別이 당연하다.

薛 註 寅中에 丙火가 남편이 됩니다.
① 그래서 위로 올라가서 丙戌生을 만나는 것입니다.
② 이 丙火(=偏官=七殺)가 戌 즉 白虎殺을 만난 것입니다.
   그래서 남편이 凶死합니다.

薛 註 : 조 언

■ 夫星入墓 인연은 생이별 내지 사별의 인연입니다.
 ※ (白虎殺 : 甲辰, 戊辰, 乙未, 丙戌, 壬戌, 丁丑, 癸丑)
① 食傷이 白虎殺을 만나면 자식이 피 흘린다.
② 財星이 白虎殺을 만나면 처, 아버지가 피 흘린다.
③ 官星이 白虎殺을 만나면 남편이 피 흘린다.
④ 교통사고나 수술할 수 있다고 추리하세요.
■ 白虎殺은 실무에서 『④교통사고나 수술할 수 있다』로 통변할 경우 그 효용이 대단합니다.

피 흘리고 죽는다는 것은 너무 앞서간 통변으로 보입니다.
①그래서 일부 역학인들이 내방객의 사주를 보면서 白虎殺이 2개 있다면 수술 2번 한다. 白虎殺이 3개 있다면 수술 3번 한다고 말하기도 하는 것입니다.
②위 사주는 부부가 다 의사였습니다.
그런데 두 부부가 다 수술 신액(身厄)을 겪었습니다.

```
庚 丁 癸 丁 (乾)   辛    ※酉中辛金 透出하니 辛卯生
戌 酉 卯 亥        卯      이 처가 된다.
```

돈 없애고 공부하는 처가 필연인 사주다.

[薛 註] 地支의 처 財星인 酉中辛金이 투출되어 辛○生과 인연 되니, 나와 나이가 가장 근접한 辛卯生과 인연이 된 것입니다.

```
戊 戊 甲 丁 (坤)   乙    ※辰中乙木 透出하니 乙巳生
午 辰 辰 未        巳      이 남편이다.
```

巳 역마에 木火通明 남편으로 외교관이다.

[薛 註] 地支의 남편성인 辰中乙木이 투출되어 결국 乙○生과 인연 되니, 나와 나이가 가장 근접한 乙巳生과 인연이 된 것입니다.

① 그리고 巳는 역마 인수라
② 외교 문서를 다루는 외교관입니다.

```
丁 戊 戊 己 ㈏ 乙    ※火土 太旺으로 從格 같으나
巳 辰 辰 未    卯    辰中乙木 透出로 乙卯生
                    남편을 만나 자식 셋을 낳고
화목하게 산다. 春節 木은 可用!
```

薛註 地支의 남편성인 辰中乙木이 투출되어 결국 乙○生과 인연 되니, 결국 이 명조와 나이가 가장 근접한 乙卯生과 인연이 된 것입니다.

火土를 從하는 사주이나 乙卯生을 만나 종격으로 보지 않습니다.

⑷ 좌하상식(座下傷食)이면 투출정부(透出定夫)한다.

薛註 女命의 일지에 傷食이 놓인 경우에 그 傷食을 천간으로 透出하여 인연을 구하는 것입니다.

```
甲 甲 丙 己 ㈏ 丁    ※戌中丁火 傷食이라 戌中丁
子 戌 子 酉    未    火 투출하면 丁未生이 남편
                    이 되는 사주이다.
```

薛註 日支 戌中丁火는 食神이므로 터뜨려야 된다.

```
甲 甲 丙 己 ㈜ 丁
子 戌 子 酉    未
   ⓣ
```

①왜냐하면 地藏干에 있는 食傷이므로 자식도 될 수 있고
②자신의 性도 될 수 있으니

터뜨려서 發散시켜야 하니, 天干으로 올라가면
③丁火가 되죠. 그러므로 丁未生 남편이 인연 된 것입니다.

■女命에서 地藏干에 있는 食傷은 무조건 터뜨려야 한다는 것입니다. 食傷은 끼도 되니 끼가 발산되어야 남자를 유혹할 수 있습니다. 황진이가 윙크해야 남정네들이 유혹되는 것입니다.

```
乙 癸 癸 壬 ㈜ 乙
卯 卯 丑 子    巳
   ⓛ
```

①日支 卯中乙木이 食神이 되니 끄집어 올려야 합니다.
②그러므로 乙巳生 남편과 인연이 됩니다.

薛 註 : 조 언

문 : 卯中甲木은 투간되지 않는가요?

답 : 지지 암장간표를 보면 卯에 乙木만 있지 甲木은 없습니다. 대부분 역학인들은 월률분야장간표와 지지 암장간표를 혼동하고 있습니다. **地支 暗藏干表를 사용하시기 바랍니다.** 그러므로 卯中甲木은 없으므로 투간되지 않습니다.

薛 註 : 조언

地支 暗藏干表

十二支	子	丑	寅	卯	辰	巳	午	未	申	酉	戌	亥
藏干	癸	己辛癸	甲丙	乙	戊癸乙	丙庚戊	丁己	己乙丁	庚壬	辛	戊丁辛	壬甲

※월률분류장간표와는 다름에 유의 바람.

예시

○ 丁 庚 丙 ⁽坤⁾ 己   ■옆의 사주는 日支 未中己土
○ 未 寅 寅   未   가 食神입니다.
　　　己 傷食 投出定夫   그러니 己未生과 인연이 있
　　　식신   는 것입니다.

문: 만약 위의 사주에서 보면 己土가 사주 天干에 이미 있다 해도 己未生과 인연을 하는가요?

답: **사주 天干에 있든 없든 상관없습니다.**
日支 食傷은 인연이 될 수 있습니다.

甲 甲 丙 己 ㈦ 丁　　※戌中丁火 傷食이라 戌中
子 戌 子 酉　 未　　丁火 투출하면 丁未生이
　　　　　　　　　　　남편이 되는 사주다.

薛註 이 명조를 다시 한 번 더 살펴보면

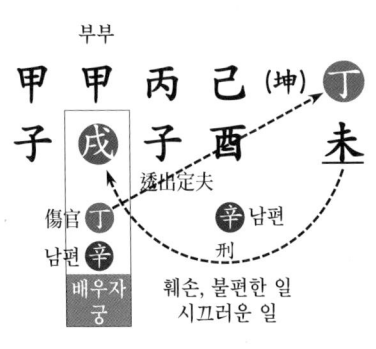

① 日主가 숨을 쉬기 위해 坐下 傷食 丁이 투출되어 丁未生을 찾아간 것은 옳았지만

② 日支 戌과 刑을 하므로 배우자宮이 결국 불안해져 버립니다.

③ 위의 사주에 남편은 年支 酉中辛金이 되고 또 戌中辛金이 되는데

▶ 日支의 戌의 자리는 배우자가 아니라 배우자宮입니다. 여기에는 日主도 들어가고 남편도 들어가는 자리입니다.

▶ 그러므로 배우자는 戌中에 있습니다.
　이 戌은 신혼방이 되고 合宮하는 곳입니다.

▶ 다른 사람이 들어오면 안 되죠. 오로지 '나' 라는 甲木과 신랑 辛金이 들어와야 됩니다.

④ 그런데 未가 戌을 刑을 하니 내 신혼방이 영업 정지(?)입니다(=예를 들어 合宮 장소에 사용 정지 처분이 내려진 것처럼).

남편과의 관계가 끝이 납니다.

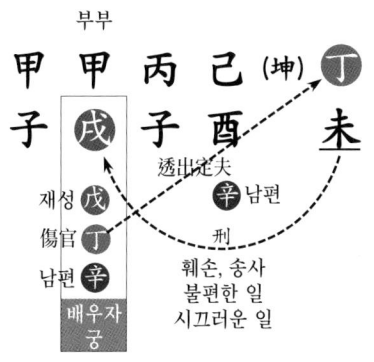

▶만약 남편이 신혼방에 들어가 있어도 기분은 더럽다는 겁니다.

▶남편과 일주가 벌받은 것이므로 이 인연을 訟事라고 합니다.

※日支에 財官食이 다 들어 있는 여자는 대체로 貪財欺夫(탐재기부)합니다.

薛 註 : 조 언

만약 여자 사주에 日柱가 乙卯라고 합시다.

■卯라는 신혼방에 원래 乙木이 들어가 있죠.

①日主인 나도 乙木으로서 卯 방에 들어가는 것입니다.

②두 개의 乙木이 신혼방에 있는 겁니다.

③그런데 신랑 庚金이 집으로 오니 내 신혼방에 들어가니 신랑은 누구의 소유인가요?

▶두 乙木의 공동 소유가 되는 형국입니다.

▶그러므로 日支에 比劫이 있는 사주는 남자든 여자든 내 배우자 한 번 빼앗겨 보거나 헤어져 본다.
또는 배우자 바람난다라고 하는 것입니다.

문:日支 食傷인 여자는 남편 복이 없다고 맞습니까?
답:예를 들어 설명해 봅시다. 辛亥 日柱의 여자가 있다고 합시다. 이분의 신혼방을 봅시다.

예시-1

월령분류장간표에 의하면 亥의 방에는 壬水, 甲木, 戊土가 있는데 戊土는 사용하지 맙시다. 앞의 支藏干표에도 없습니다.

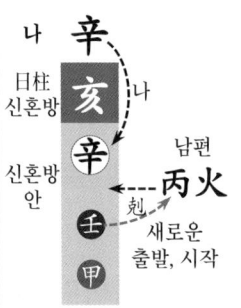

■이분의 신랑은 丙火가 되죠.
이 丙火 신랑이 집으로 돌아왔습니다. 방으로 들어오니 보통 일반 사주에서
① 壬水에 의해 丙火가 剋을 받는다고 합니다.
② 그런데 象論 四柱學에서는 壬水와 丙火의 관계는 무리가 없는 관계로 판단합니다.

예시-2

庚申 日柱의 여자가 있다 하고 이분의 신혼방을 봅시다.

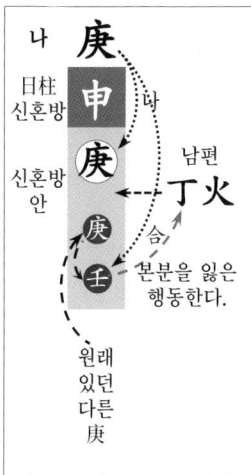

申의 방에는 庚金과 壬水가 있네요(戊土는 생략). 이분의 신혼방을 봅시다.

이분의 남편은 丁火입니다.

■丁火 남편이 신혼방에 들어와서 壬水와 合을 합니다(=丁壬合).

①그러니 丁火 남편이 제 역할을 하지 못합니다.

②또 다른 여자인 庚金이 있습니다.

③그러므로 丁火 신랑이 집으로 돌아오면 제 역할도 안 하고 다른 여자(庚金)와 놀아나는 것입니다.

▶즉 다시 말하면 庚日主인 날더러 일을 하라고 하고 (=庚金이 食傷인 壬水를 보니까)

▶남편(丁火)은 다른 여자(=地支 속에 있던 庚金)와 놀고 있습니다.

▶또다시 표현하면 내 직장에 있는 동료와 내 남편이 놀아나는 거라고 해도 되는 것입니다.

④그래서 日支 食傷이 발달한 여자는

이 食傷이 남편을 쫓아내는 형태가 되는 것입니다.

■결국 예시-1, 예시-2에서 확인한 바와 같이

日支가 食傷인 여자는 남편 복이 항상 없다고 단정하면 안 됩니다.

```
甲 甲 甲 戊 (坤)  丁    ※ 戌中丁火 傷食투출로
子 戌 子 子      亥      丁亥生이 남편이다.
```

동일가애(冬日可愛)로 丁火인연이 아름답다.

薛註 ①日支인 戌中 상관 丁火가 天干으로 투출되어 丁亥生이 인연된 것입니다.
②뿐만 아니라 겨울나무라 丁火를 더욱 반가워합니다.

```
乙 癸 癸 壬 (坤)  乙    ※ 卯中乙木 傷食투출로
卯 卯 丑 子      巳      乙巳生이 남편이다.
```

天乙貴人 짝을 이루고 食神生財라 좋은 인연이나 官衰다.

薛註 ① 卯中 食神 乙木이 天干으로 투출되어 乙巳生이 인연된 것입니다.

```
乙 癸 癸 壬 (坤) 乙
卯 卯 丑 子     巳
    乙              천을
    식신            귀인
```

②뿐만 아니라 천을귀인 인연입니다.
최선이라고 보아야 합니다.

丁 甲 壬 丁 (坤)　丙　　※ 寅中丙火 傷食투출로
卯 寅 子 酉　　　申　　　丙申生이 남편이다.

薛 註 　寅中 食神 丙火가 天干으로 투출되어 丙申生이 인연이 된 것입니다.

庚 癸 丁 甲 (坤)　甲　　※ 亥中甲木 傷食투출로
申 亥 卯 辰　　　申　　　甲申生이 남편이다.

甲辰 동갑이나 甲午生을 뛰어넘은 업연이 甲申生이다.

薛 註 　亥中 傷官 甲木이 天干으로 투출되어 甲○生이 인연이 되나, 이 명조는 甲辰이나 甲午를 뛰어넘어 甲申生이 인연이 된 것입니다. 恨이 많은 여인일 것입니다.

丙 甲 壬 乙 (坤)　丙　　※ 寅中丙火 傷食투출로
寅 寅 午 未　　　戌　　　丙戌生이 남편이다.

寅戌合德이나 불이 많아 목마른 불나방 여인 사주다.

薛 註 　寅中 食神 丙火가 天干으로 투출되어 丙戌生이 인연이 된 것입니다.
寅午(戌)로 虛一代用 인연도 됩니다.

```
乙 癸 甲 丙 (坤) 甲    ※ 癸亥日生으로 亥中甲木 傷
卯 亥 午 午     辰      食투출하여 甲辰生이 남편
                        이다.
```

傷官生財라 因夫財福大吉이다.

[薛 註] 亥中 상관 甲木이

①天干으로 투출되어 甲辰生이 인연된 것입니다.

②그리고 傷官 甲이 生財하여 甲辰生으로 인하여 큰 부자가 되었습니다.

③위 여인의 배우자 甲辰生도 丙寅月 己酉日 癸酉時로 火가 많은 丙午生 처를 善緣으로 맞이하여 發財 發福이 아름답습니다.

```
丁 己 丁 甲 (坤) 庚    ※ 巳中庚金 傷食투출로 庚寅
卯 巳 卯 午     寅      生 夫君만나 天乙貴人 자식
                        둘을 얻었다.
```

子生 딸은 신체장애요 申生 아들은 정상이다.

[薛 註] 巳中 傷官 庚金이

①天干으로 투출되어 庚寅生이 인연된 것입니다.

②그 인연으로 天乙貴人 子, 申生 자식을 두었으나 아쉽게도 子生 딸은 子卯刑을 하고 있는 인연인 탓인지 신체장애가 있습니다.

⑸ 사화길성(巳火吉星)이면 투병정배(透丙定配)한다.

薛 註 巳火가 명조 내 어디에 있던 吉神이면 丙火로 定配한다라고 합니다.

```
丁 癸 甲 戊 ㈛ 丙      ※ 巳火貴人 透出하니
巳 丑 寅 申    午         丙午生이 남편이다.
```

남편은 IT종사요 본인은 디자이너다.

薛 註 寅月 癸水니 아직도 춥고 얼어 있을 수도 있습니다.
① 그러므로 巳中丙火가 나와서 녹여 주는 것이 좋으니 巳가 吉神이 됩니다.
② 巳는 거의가 하늘로 날아가고 싶어 합니다.
③ 그래서 결론을 내립니다.
- ▶ **巳中丙火는 일단 透丙定配한다**라고 기억합니다.
- ▶ 뱀은 無足速走로 昇天을 하고 싶어 합니다. 昇天을 하려면 巳의 껍질을 벗고 丙火로 昇天하는 겁니다.
- ▶ 즉 **巳가 명조 중에 어디에 있든 간에 丙火로 승천한다고 생각하면 됩니다.**
- ▶ 그래서 巳를 비행기살이라고도 합니다.

薛 註 : 조 언

문 : 眞如秘訣(因緣法) 공식에 없는 띠를 부인으로 맞은 사람은 인연이 박한 겁니까?

답 : 결코 그런 것은 아닙니다. 眞如秘訣(因緣法) 공식에 없는 인연을 만날 수도 있습니다. 그것은 우리가 아직 발견하지 못한 공식이 있을 수 있기 때문입니다.

```
乙 壬 癸 戊 (坤) 丙    ※ 巳火貴人 透出하니
巳 子 亥 子     戌       丙戌生이 남편이다.
```

薛 註 時支에 巳가 있으니 丙으로 昇天합니다.
① 戊子年을 기준으로 위로 丙火가 나오는 해를 찾아봅니다.
② 그러니 2살 위인 丙戌生이 인연입니다.

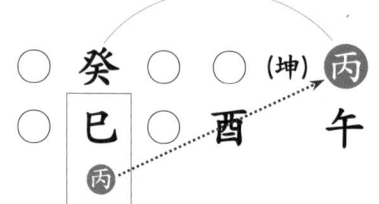

■ 옆과 같은 사주를 가진 여자분이 실제로 丙午生 남편을 만났습니다.

薛 註 : 조 언

문 : 위 부부는 丙火와 癸水이니 상론으로 보면 일의 중지, 스톱을 말하는 상황이니 이것은 이혼을 할 수도 있다는 뜻이 됩니까?

답 : 丙火와 癸水의 관계는 남편이 잘나가면 부인이 찌그러지고 부인이 잘나가면 남편이 찌그러지는 상황이란 의미입니다. 이혼하고 말 것인지는 서로의 地支의 관계에서 살핍니다. 만약 남편이 丙寅生이라면 日支 巳와 刑을 이루니 이혼할 수 있겠죠.

己 辛 癸 辛 (坤)　丙　　※ 巳中正官 透出하니
亥 丑 巳 丑　　　 申　　　丙申生이 남편이다.

薛註 巳中丙火 길신이 천간으로 투출되어 丙申生이 인연된 것입니다.

戊 乙 乙 癸 (乾)　丙　　※ 巳中丙火 用神透出하니
寅 亥 丑 巳　　　 申　　　丙申生이 처다.
처덕에 얼어 죽지 않고 추위를 견디며 살아간다.

薛註 巳中丙火 길신이 천간으로 투출되어 丙申生이 인연이 된 것입니다.

癸 辛 甲 戊 (坤) 丙
巳 丑 子 辰　　 寅
丙

또 다른 예시로
① 巳中丙火가 천간으로 투출되어 정관이 되니
② 丙申年에 丙寅生 애인을 만난 아이돌 여가수 사주입니다.

```
乙 壬 癸 己 (乾)  丙    ※ 金生水, 水生木하여 木生火
巳 辰 酉 亥       申      한다. 巳中 丙火 吉神透出
                         하여 丙申生이 처다.
```
深藏 財가 透出하니 자랑할 만한 富를 이룬다.

[薛 註] 巳中丙火 길신이 천간으로 투출되어
① 丙申生이 인연이 된 것입니다. 3살 연상 여인입니다.
② 지금 미국에서 화장품 제조 생산업으로 거부가 되었답니다.

(6) 좌하길신(坐下吉神)이면 투출정배(透出定配)한다.

[薛 註] 남녀 사주 불문하고 坐下 즉 배우자궁에 좋은 吉神이 있으면 定配하겠다는 의미입니다.

```
辛 戊 癸 壬 (乾)  己    ※ 午中己土 透出하여
酉 午 卯 辰       亥      己亥生이 처다.
```
양인투출에도 해당이 된다. 己土가 制水한다.

[薛 註] 午中己土 길신이 日支에 있으니
① 이를 天干으로 일으켜 己○生이 인연이 된 것입니다.
② 뿐만 아니라 다음에 나올 '(17)羊刃得勢하면 透出定配한다' 와도 일치하는 인연입니다.
③ 그리고 己는 身弱 명운의 忌神인 水를 제거해 주는 역할을 합니다.

```
庚 辛 辛 庚 (坤) 壬     ※ 亥中壬水 透出하여
寅 亥 巳 辰     申         壬申生이 남편이다.
```

좌하상식 투출정배에도 해당된다.

薛註 旺盛한 金氣를 설기시켜 주는 길신 壬이 日支에 있으니 이를 천간으로 일으켜 壬○生과 인연이 된 것입니다.

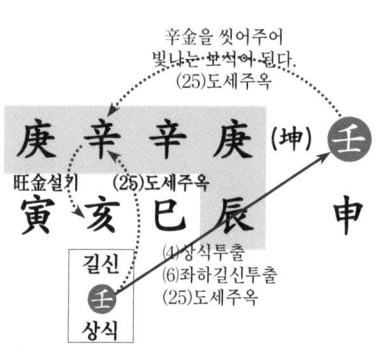

그리고
'(4)坐下傷食 透出定配',
'(6)坐下吉神 透出定配',
'(25)淘洗珠玉 壬生定配'
와도 일치되는 인연입니다.

■ 이렇게 진여비결 인연 법칙이 겹치면 틀림없는 필연이 됩니다.

```
甲 己 己 辛 (乾) 丙     ※ 巳中丙火 透出하여
子 巳 亥 卯     申         丙申生이 처다.
```

귀인독행 동반정배에도 해당된다.

薛註 身弱 혹은 寒氣로 말미암아 火가 필요한 명조입니다. 반갑게도 日支에 巳가 있어 이를 천간으로 일으켜

① 丙○生이 인연이고,
② 己日主에 申, 子가 天乙貴人이 되니
  '(24)貴人獨行 同伴定配'로 丙申生이 인연된 명조입니다.
  이 어찌 우연이라 할 수 있겠습니까.

```
甲 庚 壬 壬 (乾)  戊    ※ 辰中戊土 透出하여
申 辰 寅 子     午       戊午生이 처다.
```

寅午合德에 한기를 제거하는 인연이다.

薛 註 身弱으로 戊土가 吉神이므로

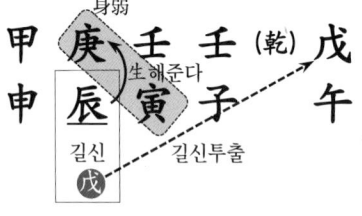

①戊를 천간으로 일으키니 戊
○生이 인연이 되어 戊午生
이 처가 되었는데

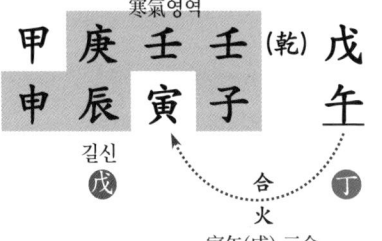

②寅午가 合을 하여 寒氣를 제
거해 주니 더욱 반갑습니다.

辛 戊 丁 丁 ⁽坤⁾ 癸　　※ 辰中癸水 透出하여
酉 辰 未 巳　　　丑　　　癸丑生이 남편이다.
　　　　　　　　　　　巳酉合德에 未 官庫를
열고 조후하는 좋은 인연이다. 巳酉(丑) 三合 誘引해당.

薛註 火氣가 넘쳐나고 있으니 辰中癸水가 吉神이므로 이를 천간으로 일으키니

火氣영역
辛 戊 丁 丁 ⁽坤⁾ 癸
酉 辰 未 巳　　　丑
火氣흡수-습토
　　癸

① 癸○生이 인연되어 癸丑生을 만났습니다.
② 그런데 여자 사주에는 未가 官庫에 해당합니다.

辛 戊 丁 丁 ⁽坤⁾ 癸
酉 辰 未 巳　　　丑
木 官庫　三合 빠진 글자
　　丑　　　未 개고
　　巳酉(丑)

③ 그러므로 未를 개고(開庫)하는 丑이 필요하므로
④ 종합하여 癸丑生이 인연이 된 것입니다.

■ 巳酉(丑)으로 三合一虛 虛一代用도 됩니다.

壬 戊 辛 己 ⁽乾⁾ 壬　　※ 申中壬水 透出하여
子 申 未 丑　　　辰　　　壬辰生이 처다.

申子(辰)合德하니 身旺財旺으로 財命有氣 인연이다.

薛 註 身旺하며 未月이라 조열하니 이를 다스려 주는 壬이 日支에 있으므로 이를 天干으로 투간하여
① 壬○生이 인연이 되어 3살 아래 壬辰生과 인연이 되었습니다.
② 그리고 申子(辰) 三合으로 다시 辰生을 인연으로 맞이한 것입니다.

```
甲 戊 辛 壬 (乾)   丙        ※ 寅中丙火 吉神透出 丙生
寅 寅 亥 辰       申           定配 丙申生妻 인연이다.
```

甲戊七殺을 통관하는 통관신이 丙火요 二字冲도 된다.

薛 註 身弱하고 寒氣가 重重하여 日支 寅中丙火가 길신입니다. 그래서 丙火를 천간으로 내세우니

① 丙申生이 인연이 된 것입니다.

② 그리고 丙은 편관 甲과 일간 戊土를 통관시켜 주니 최고 길신이 분명합니다.

③ 寅寅 二字를 申이 冲發하기도 합니다.

(7) 지장길신(地藏吉神)이면 투출정배(透出定配)한다.

地藏吉神은 日支가 아니라도 四支에 다 적용한다.

薛註 꼭 日支가 아니라 **年月日時 어디라도 그 地藏干에 좋은 吉神이나 배우자星이 있으면 定配한다**라고 생각하면 됩니다.

예를 들어,

① 庚日主에 地支가 午가 있으면 地藏干에 丁火가 있으므로 丁火를 사용하면 庚金이 좋은 거죠. 그러니 丁火로 定配하는 겁니다.

② 天干에 癸水가 안 좋다 했을 때 地支에서 戊土를 투출정배하는 겁니다. 戊癸合하여 癸水의 피해를 막아야 하지 않겠습니까?
그러면 戊土가 定配가 되는 거죠.

③ 辛日主에 地支에 亥가 있을 때 亥中壬水를 끄집어냅니다. 그래야 도세주옥(淘洗珠玉)하여 좋지 않습니까?
그러니 壬水로 定配하는 겁니다.

통변의 Tip

일반적으로 여자 사주에 日支 年殺은 남자의 손을 탑니다. 즉, 추행을 당할 우려가 있습니다.

특히, 여자 亥卯未生이 年殺이면 즉 日支가 子이면 꼭 손을 탑니다. 유년기 내지 성년이 되어서라도 성추행~강간 등을 당할 우려가 높습니다.
성추행이면 다행인데 성폭행으로 가면 정말 난감합니다.
언제나 주의하고 방어해야 합니다.

■다시 말해서 여자 亥卯未生의 日支가 子(=年殺, 桃花)면 성추행을 당할 가능성이 더욱 높습니다.

■또, 남자 사주에 亥卯未生인 사주의 日支가 子인 경우 이럴 때 신혼방이 桃花이니 곱게 꾸미잖아요.
술집에 가서 불이 반짝반짝 빛나니 자기 신혼방인 줄 알고, 술집에 있는 각시를 자신의 와이프로 착각하는 거죠.

■男女不問하고 日支 巳(=뱀)나 辰(=뱀 사촌)일 때 이성에 많은 관심을 가집니다.
정력하고는 별개 문제이고 合宮 자체를 좋아한다.
여자만 보면 집적거리는 남자입니다.

■여자는 좀 자제를 하는 편이고, 남자는 좀 심합니다.
많은 명리 서적에 '水多이면 好色家이다'라고 하지만 필자의 경험으로는 믿을 바 못 됩니다.
精力은 木이고 그중에서도 寅입니다.
특히 月支 寅이면 精力이 좋습니다.

■ 日支 巳가 있고 月支 寅이 있으면 정력도 있으면서 여자를 밝히고, 巳만 있고 寅이 없으면 精力도 약하면서 여자에게 껄떡거리는 형상입니다.

문 : 日支 巳를 놓으면 이성에 관심을 많이 보이거나, 혹은 껄떡거린다고 했는데 日支는 또한 배우자의 특성이기도 하지 않습니까? 그러므로 배우자가 좋아한다고 해도 됩니까?

답 : 물론 배우자의 특성도 됩니다만 자신의 특성을 나타냅니다. 여기서는 자신의 특성으로 보십시오.

```
乙 丁 乙 己 (乾) 壬    ※ 亥中 壬水 透出하여
巳 卯 亥 卯      辰         壬辰生이 처가 되니
```

관성수기(官星秀氣)가 아름다워 크게 출세하였다.

薛註 길신인 壬이 투출하여

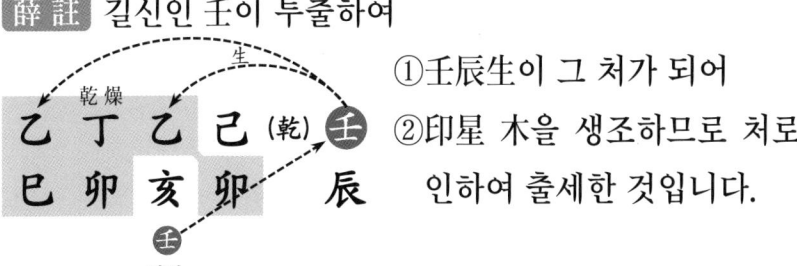

① 壬辰生이 그 처가 되어
② 印星 木을 생조하므로 처로 인하여 출세한 것입니다.

```
辛 壬 丙 甲 (坤) 己    ※ 午中己土 正官투출로
亥 子 子 午     巳       己巳生의 첩으로 살면서
                        子中癸水 羊刃투출이라
```

癸巳生 애인이 있다(羊刃重重 妾 팔자다).

薛註 旺한 水를 제어하는 午中己土가 투출하여

```
水氣세력
辛 壬 丙 甲 (坤) 己     ①己巳生과 인연이 되어 그 첩
亥 子 子 午 길신투출 巳      이 되었습니다.
        水 제어 己 길신
```

```
辛 壬 丙 甲 (坤) 癸     ②그 후 (17)羊刃(子)이 得勢
亥 子 子 午 양인투출 巳    하므로 투출하는 癸巳生과
   양인                   인연이 되어 애인으로 살아
   癸 癸                   간 인연입니다.
```

```
戊 丙 己 丙 (坤) 壬    ※ 亥中壬水 透出하니
戌 午 亥 申     辰       壬辰生이 남편이다.
```

辰戌開庫하고 權刃相停하니 夫榮子貴하다.

薛註 길신인 壬이 투출하여

① 壬辰生 남편 되고, 辰戌冲하여 自庫를 해결하였습니다.
② 그리고 午中丁火 羊刃과 丁壬으로 합해 출세하였습니다.

```
戊 丙 丁 乙 ㈦ 辛      ※ 酉中辛金 透出하고 午火
戌 午 亥 酉    巳         羊刃 退神하는 辛巳生이
                          남편이다. 성악가다.
```
官星貴人 亥와 冲하는 인연이라 기이하다.

薛 註 길신인 酉中 辛金이 투출하여

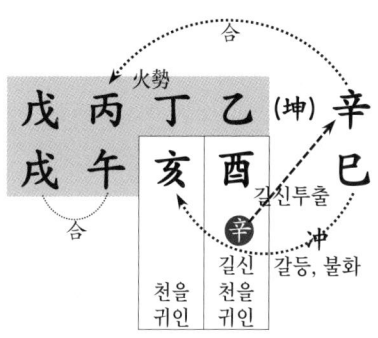

① 辛巳生이 남편 되었습니다.
② 그러나 천을귀인 亥(中壬)를 冲하므로 불화, 갈등, 사연이 많습니다.

```
乙 甲 丁 甲 ㈦ 壬      ※ 亥中壬水 透出하여 鬼物
亥 寅 卯 辰    寅         丁火 合去하니 壬寅生인
                          남편이 기특한 인연이다.
```
조금은 난해한 사주다. (假傷官이 아닌 從格)

薛 註 종격이 된 사주에서 귀물(鬼物)이 된 丁火를
① 亥中壬이 투간되어 제거해 주니 吉緣이 된 사주입니다.
② 귀물이란 사주에서 종을 하려고 할 경우 방해가 되는 것을 귀물(鬼物)이라고 합니다.

丙 丁 丙 乙 (乾) 辛
午 亥 戌 丑   酉

※ 처 財星이 不現인데 丑中 辛金 戌中辛金이 있어서 투출시켜 4세 연상 辛酉生이 처다.

薛註 丑戌中에 辛金이 妻星이라

① 투출시켜 辛○生이 인연되고

② 丁日主는 亥 귀인독행이라 酉生 귀인의 동행이 필요하여 酉生 인연도 되니

③ 위로는 4세 위 辛酉生이요 아래로는 6세 아래 辛未生이 처가 됩니다.

④ 이 사주는 연상 여인을 선택했네요.
돌싱 여인이 될 수도 있습니다.

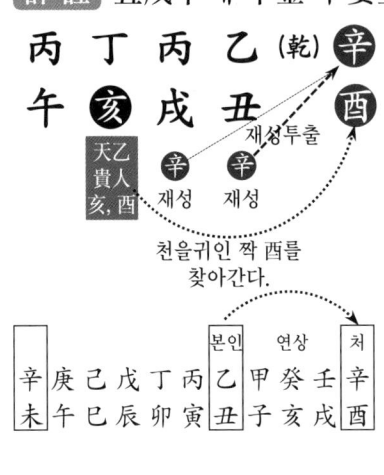

3. 개고론(開庫論)과 진여비결(眞如秘訣)

⑻ 일주입고(日主入庫)하면 개고정배(開庫定配)한다.

[薛註] 日主가 入庫하면 그 庫支를 冲하는 인연을 만난다는 표현입니다. 또한 入庫라는 것은 사주 내 어디에 있더라도 상관없는 겁니다.

(火土同宮, 陽胞胎만)

十干	甲	乙	丙	丁	戊	己	庚	辛	壬	癸
庫		未		戌		戌		丑		辰

○ 癸 戊 ○ (乾)　　■日主가 癸水인데 辰(=庫地)을
○ 巳 辰 ○　　　　　　만났습니다.
　　入庫　　　　　　　① 즉 日主가 入庫된 것이니 開庫
　　癸가 갇힌다.　　　　하는 것이 인연이 될 것입니다.

② 즉 '창고를 열어 주는 것이 인연이 된다.' 라는 뜻입니다.
③ 창고를 開庫하는 것은 冲과 刑이 될 수 있는데 실제 인연은 **刑은 제외하고 冲만 됩니다.**

■ 위의 日主인 癸水가 창고가 되는 辰 속에 빨려 들어가는 것입니다.
즉 '庫'라고 하는 것은 진공청소기의 의미로 흡착력, 쫙 빨아들이는 것입니다.

그러므로 癸水는 辰 속에 갇혀 사는 꼴이 되니 癸水가 살아남기 위해서 본능적으로 辰을 깨려고 할 것입니다.

```
○ 癸 戊 ○   (乾)      ①그래서 이 辰을 冲하는 戌을
○ 巳 辰 ○               불러오게 됩니다.
    水庫                ②그래서 戌生이 그 인연이 되
깨고 나와야   冲하는 戌이      는 것입니다.
살 수 있다. 癸가  깰 수 있다.
          갇힌다.
```

薛 註 : 조 언

■辰戌丑未가 왜 庫地가 되는가 하면(=陽胞胎만 봤을 때)
　木(甲乙)　　　　→ 亥卯未 (亥:生地, 卯:旺地, 未:庫地)
　火(丙, 丁, 戊, 己) → 寅午戌 (寅:生地, 午:旺地, 戌:庫地)
　金(庚, 辛)　　　　→ 巳酉丑 (巳:生地, 酉:旺地, 丑:庫地)
　水(壬, 癸)　　　　→ 申子辰 (申:生地, 子:旺地, 辰:庫地)
이므로 三合의 마지막이 각 五行의 庫地(또는 墓地)가 되는 것입니다.

■開庫는 일명 破墓라고도 합니다. '氣가 모인다', '집합한다' 는 庫宮이 곧 墓宮이 되기 때문입니다.

```
甲 壬 己 丁 (乾)  庚     ※ 壬日 辰土는 戌로 開庫
辰 辰 酉 未      戌     하니 庚戌生이 처가 되는
```
데 甲辰時와 天冲地冲이라 진로를 막는 인연이다.

薛 註 日主가 壬水이므로 水의 庫地인 辰을 2개나 만났습니다. 이것을 冲하는 戌을 만나야 辰이 깨져 壬水가 살아나는 것입니다. 그래서 이 사람은 실제 庚戌生을 만났습니다.

■또 설명이 진로를 막는 인연이라고 되어 있습니다.

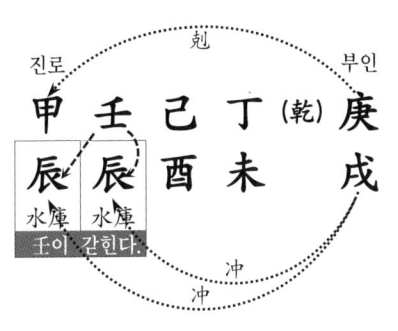

①여기에서 五柱로 놓고 보면
　▶부인의 庚金에 의해서
　▶남편의 時干인 甲木이 제어됩니다.
②壬水 입장에서는
　▶甲木(=食神)이 내 노력의 결실, 결과물, 내가 하고자 하는 것, 내 사업인데
　▶내 배우자인 庚金에 의해서 자꾸 저지되고 있습니다.
　▶그래서 진로를 막고 있다는 것으로 설명하는 것입니다.
③내가 살아남기 위해서 地支 戌을 선택했지만 庚으로 인하여 결국은 나의 진로를 가로막고 있는 것이 되는 것입니다.

庚 庚 己 乙 (乾) 乙　　※ 庚日 丑土는 未로 開庫
辰 寅 丑 酉　　　未　　하니 乙未生이 처가 되는데
데 時上에 庚과 乙庚合하므로 처가 바람난다.

薛 註 庚日主가 庫地가 되는 丑을 만난 것입니다. 庚金이 丑 속에 빨려 들어간 것입니다.

①庚金이 살아남기 위해서는 丑 창고를 열어 주어야 합니다.
②이것을 열어 주는 冲이 未입니다.

```
  비견    나      합        처
            ┌──합──┐      乙의류
   庚    庚   己  乙  (乾)  乙
   辰    寅   丑  酉       未
        入庫
   金庫              木庫
   金창고    冲     木창고
   庚이   깨고 나와야  乙이
   갇힌다  살 수 있다.  갇힌다
```

▶그러므로 乙未生을 만났습니다.

▶배우자는 乙未生인데
　-남편의 庚金과 合(=乙庚合)을 하면서
　-이 사람에게는 돈이 들어오게 됩니다.

▶庚金이 正財인 乙木과 합을 하기 때문이다.
　또 이 배우자분의 乙의 庫地가 또한 未가 됩니다.

▶이런 재미있는 현상이 보입니다.
　-乙未生하고 결혼하여 이 사람이 무슨 일을 했냐 하면,
　-乙은 나무 즉 가구, 건축, 의류, 섬유 등입니다.
　-실제 이 사람이 乙未生을 만남으로써 의류(乙) 창고업(未, 乙의 庫)을 했습니다.

　＊과연 우연이라고 할 수 있을까요?

■原命이 庚日에 庚時라
①乙庚爭合이라 필연적으로 乙未生 처를 만났으나
②그 妻가 바람이 나는 것은 피할 수가 없습니다.

薛 註 : 조 언

문 : 乙未生을 두고 五柱로 놓고 보면 위의 사주에서 年干 乙木(=正財)이 있는데 또 乙未의 乙木(=正財)도 부인이 되지 않습니까? 그럴 때 어떻게 해석합니까?

답 : 五柱로 세우지 않았을 때는 본 사주로 처를 추상적인 추리를 합니다.

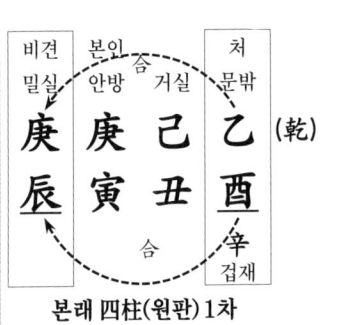
본래 四柱(원판) 1차

①즉 年干 乙木이 이분의 처가 되고

②年柱에 있으니 문 밖에 있는 것입니다.

③또 年支가 酉이니 다른 남자가 있습니다(문 밖에 나가서 다른 남자를 만난다?).

④그 다음 세세한 감정을 위해서 왼쪽 그림과 같이 처의 年柱를 세워 五柱로 보는 겁니다.

⑤이를 다시 정리하자면

四柱를 구체화한 五柱 2차

▶원래는 본 사주의 年干 乙木이 처로서 원판 해석인데
▶구체적인 그림은 五柱를 세워서 전체를 이야기하는 것입니다.

```
甲 壬 庚 甲 (坤) 戌     ※ 壬日 辰土는 戌로 開庫
辰 寅 午 寅     戌      하니 戊戌生이 남편이다.
```

庚金 인수를 버리고 從殺格이 된다.

薛註 日主가 壬水이므로 水의 庫地인 辰을 만났습니다.
①辰을 冲하는 戌을 만나야 辰이 깨져서 壬水가 살아나는 것입니다.
②그래서 이 사람은 실제 戊戌生을 만난 것입니다.

```
乙 癸 壬 壬 (坤) 丙     ※ 癸日 辰土는 戌로 開庫
卯 卯 子 辰     戌      하니 丙戌生이 남편이다.
```

가난을 청산하고 부자가 된 좋은 인연이다.

薛註 日主가 癸水이므로 水의 庫地인 辰을 만났습니다.

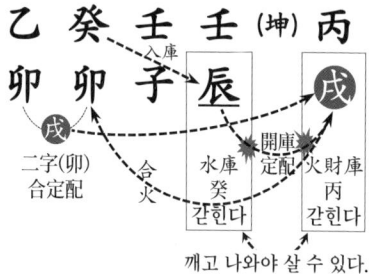

①이것을 冲하는 戌을 만나야 辰이 깨져서 癸水가 살아나는 것입니다.
②그래서 이 사람은 실제로 丙戌生을 만난 것입니다.

③그리고 無財사주가
▶旺火에 卯戌로 財庫이며
▶합이 되어 결혼하고 큰 부자가 되었습니다.

```
癸 丙 戊 丙 ㈤ 庚    ※ 丙日戌土는 辰으로 開庫
巳 戌 戌 子    辰      하니 庚辰生이 夫이다.
```
巳中庚金 吉神透出 정배에도 해당이 된다.

薛註 日主가 丙火이므로 火의 庫地인 戌을 만났습니다.
① 이것을 冲하는 辰을 만나야 戌이 깨져서 丙이 살아나는 것입니다.
② 그래서 이 사람은 실제 庚辰生을 만난 것입니다.
③ 巳中庚金 財星 透出로 ⑺ '地藏吉神 透出定配' 에도 해당 됩니다.


```
甲 戊 辛 戊 ㈢ 壬    ※ 戊日戌土는 辰으로 開庫
寅 戌 酉 子    辰      하니 壬辰生이 처다.
                      子辰으로 財星合德하여
```
평생 妻德이 좋은 사주다. 辰酉合이다.

薛註 日主가 戊土이므로 戊의 庫地인 戌을 만났습니다.
① 이것을 冲하는 辰을 만나야 戌이 깨져서 戊土가 살아나는 것입니다.
② 그래서 이 사람은 실제 壬辰生을 만난 것입니다.

```
甲 壬 庚 甲 (坤) 戊      ※ 壬日見辰하니 戌이 開庫
辰 寅 午 寅     戌      다. 고로 戊戌生이 夫다.
```

庚戌生이 아니고 戊戌生이 된 것은 戊가 官殺로 투출하기 때문이다. 冲은 合으로 決事하니 乙酉生이 아들이다.
官食化爲財命으로 破庫從殺이다.
寅午戌로 火熾나 辰時라 乘龍이다.
※壬戌 庚戌 壬午 甲辰生으로 壬日見辰하니 戌生定配로 壬戌生夫하니 夫庫夫墓가 겹쳐 어찌 해로하며 得子하리오?

薛 註 日主가 壬水이므로 水의 庫地인 辰을 만났습니다.

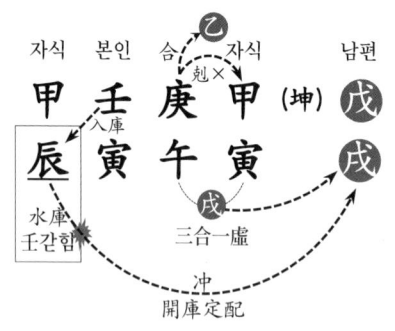

①이것을 冲하는 戌을 만나야 辰이 깨져서 壬水가 살아나는 것입니다.
②그래서 이 사람은 실지로 戊戌生을 만난 것입니다.
③庚戌生이 아니고

▶戊戌生 夫가 된 것은 '(29)법권염원(法權念願)하면 편관정배(偏官定配)한다' 하기 때문입니다.
④그리고 자식 食神이 甲庚冲을 받고 있습니다.
  ▶冲은 合으로 해결하므로 庚을 合하는 乙을 희망하므로
  ▶乙酉生이 아들 인연이 된 것이라 할 수 있는 것입니다.

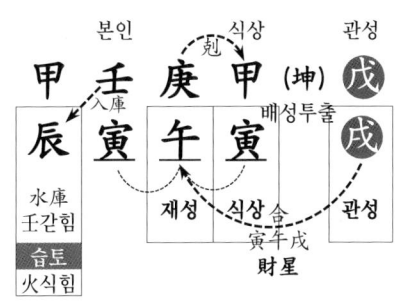

■官食化爲財命 즉 戌生과 인연이 되어
① 명조의 寅午와 함께 寅午戌 合하여 辰을 깨니 從殺입니다.
② 寅午戌로 火熾라 화기를 식혀야 하는데 辰時입니다.
그래서 乘龍이라 표현된 것입니다.

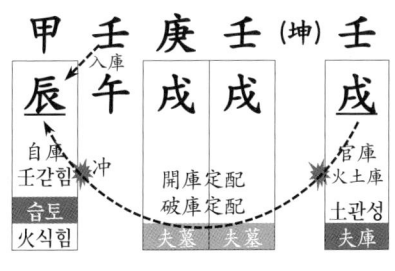

■옆 명조는 壬日主가 辰을 보아 自庫이므로
① 戌生이 배우자로서 壬戌生을 남편으로 맞았으며,
② 동시에 夫星인 土가 다시 戌庫가 되는 등 중복됩니다.
③ 설상가상 夫庫夫墓가 되어 해로가 어려우니
"어찌 자식을 보겠는가?"
하는 것입니다.

```
戊 戊 己 丙 ⁽乾⁾  甲      ※ 亥月戊日로 戌이 自庫요
午 戌 亥 午      辰         午午로 羊刃重重이다.
                            고로 開庫하는 辰生이며
羊刃을 合去하는 甲辰生이 最上 配緣이다.
```

薛註 日主 戊가 戌에 庫가 되었습니다.
① 그래서 戌을 冲하는 辰을 반기므로 甲辰生을 인연했습니다.
② 뿐만 아니라 甲辰은 己를 合去하니 최상의 배연이 된 것입니다.

(9) 배성입고(配星入庫)하면 파고정배(破庫定配)한다.

薛註 배우자의 六神이 入庫(=창고에 들어가면)하면 破庫 즉 冲하는 것이 인연이라는 뜻입니다.

```
癸 己 壬 甲 ⁽乾⁾  庚      ※ 己日辰은 처의 墓宮 財庫
酉 亥 申 辰      戌         라 戌로 破庫해야 하므로
                            庚戌生이 처가 된다.
```

薛註 이 사람에게 처는 壬水(=正財)인데 辰을 만났으니
① 창고에 갇혔죠? 그 처를 구해 내야 합니다.
② 破庫를 해야 하니 冲해 주는 庚戌生과 만났습니다.

壬 辛 甲 乙 (乾) 丙 己　※丙戌生 본처와 子得
辰 未 申 酉　　　戌 丑　　離別하고 己丑生
후처와 재혼한 전직 건설부 차관 사주다.

薛註 이분의 배우자는 甲木(=正財)입니다.

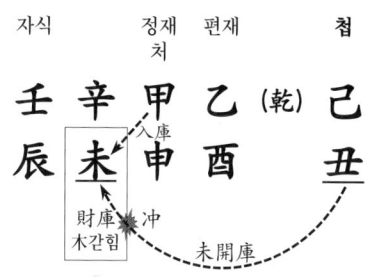

■이 甲木이 未를 보니
①庫地에 들어갔습니다.
②그러니 破庫해야 하므로
己丑生을 만났습니다.

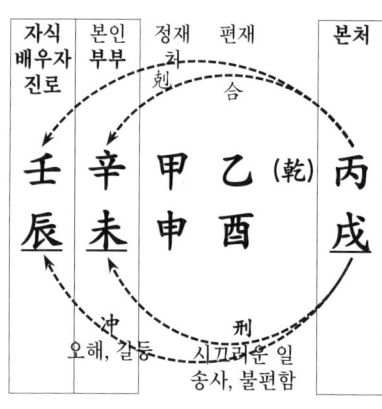

■丙戌生을 먼저 만나 子得離
別했다고 하니 왜 그럴까요?
①戌未刑(사주의 日支와 처의
年支)을 하므로 자식 얻고
나서 부부 이별이 되는 것입
니다.
②그리고 丙戌 본처는 丙壬,
辰戌冲으로 時柱인 진로의
장애 인연이라 이별한 것입
니다.

```
庚 壬 壬 己 (乾) 庚    ※ 壬日戌은 財庫라 破庫하
戌 寅 申 卯      辰      는 庚辰生이 처가 된다.
```

庚金 인수가 용신이다.

薛註 戌은 처가 되는 火의 庫입니다.
①戌을 冲하는 辰이 인연입니다.
②그래서 庚辰生과 인연이 된 것입니다.

```
壬 戊 癸 乙 (坤) 己    ※ 戊日未는 官庫라 破庫하
子 子 未 未      丑      는 己丑生이 남편이다.
```

己丑生 남편과 해로하나 桃花殺이 많다. 법학박사다.

薛註 未는 남편이 되는 木의 庫입니다.
그래서 未를 冲하는 丑이 인연이므로 해로합니다.
①도화살 子가 2개입니다. 年月에 정재, 정관을 놓아 명문가
 의 딸인데 어려서부터 성추행을 수차례 당했다고 합니다.
②日支 時支의 도화살이 원인입니다.

```
戊 辛 癸 戊 (坤) 庚    ※ 辛日戌은 官庫라 破庫하
戌 丑 亥 子      辰      는 庚辰生이 남편이다.
```

精神秀氣가 잘 짜여서 社會性이 좋은 여자다.

薛註 戌은 남편이 되는 火의 庫입니다.
그래서 戌을 冲하는 辰이 인연입니다.

```
甲 丁 癸 丁 (坤) 丙
辰 巳 丑 亥     戌
```
※ 丙戌生이 貴夫다. 巳火 透出에 配星入庫라 破庫 定配다.

그런데 丁巳 고란에 癸丑 白虎가 刑을 당하고 巳戌로 怨嗔이며 亥正官이 天乙貴人이라 極貴와 大恨을 겪는다.

薛註 辰은 남편이 되는 水의 庫입니다.

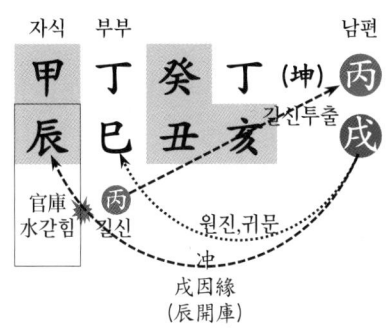

① 그래서 辰을 冲하는 戌이 인연입니다.
② 그리고 日支 巳를 보았으니
   ▶승천하는 丙이 인연이므로
   ▶丙戌生이 인연이 되었습니다.

丁巳: 고란 / 癸丑: 백호 / 巳戌: 원진 / 丑戌: 刑

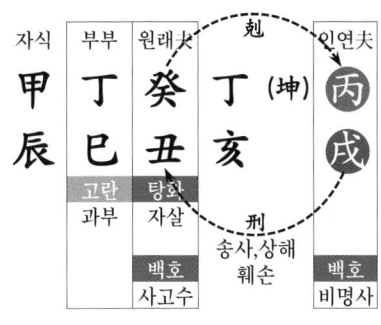

③ 왕비가 되었으나 상부하였습니다.
   ▶丑 湯火 夫가 戌로 刑殺이라
   ▶고귀한 夫君이 비명에 갔습니다.

4. 입고론(入庫論)과 진여비결(眞如秘訣)

⑩ 신약명운(身弱命運)이면 자고정배(自庫定配)한다.

薛 註 日主의 의지처가 미약하거나 日主를 생조하는 五行이 미약한 경우 이것이 身弱한 경우인데
① 비록 庫地라도 그대로 인연합니다.
② 이것을 不宜定配한다라고 했습니다.
③ 즉 맘에 안 들지만 할 수 없이 인연한다라는 의미가 됩니다.
   (= 이것을 '業緣' 이라고 합니다.)

■ 만약 甲日主인 사람이 未生을 만났습니다.
① 自庫를 만난 거죠?
   ▶ "그래 그것은 業이다"라고 합니다.
   ▶ "너는 未生에 의지해서 살아야 한다"
   ▶ 이것은 "전생의 業이다" 란 의미입니다.
② 배우자의 띠가 日主의 庫地(辰戌丑未)가 될 경우 이것은 業緣입니다.

■ 원래는 공식이 身弱이지만
① 실제는 身强이든 身弱이든 관계없습니다.
② '日主가 自庫定配하면 業緣' 이라고 판단하면 됩니다.

■ 본서 P. 367 '因緣法 庫論 業緣(火土同宮)' 참고

薛 註 : 조 언

庫에 대해서

원래 庫地는 진공청소기라 하여 빨려 들어가 창고에 저장되니 開庫를 해야 한다고 하잖습니까? 배우자星이 庫에 들어가면 庫에 들어간 천간을 구출해야 하기 때문에 破庫를 해야 한다고 이야기를 합니다.
그런데 신약이어서 庫를 찾아간다는 것은 어쩔 수 없습니다. 그렇다면 庫가 좋은 것인지? 나쁜 것인지? 혼란스럽기만 합니다.

■정리합니다! 이제부터는 庫를 이렇게 생각하십시오.
①젊은 시절에 庫를 만나면 그나마 에너지원으로써의 가치도 있습니다.
②늙은 시기에 庫를 만나면 무덤이라고 생각해야 합니다. 그래서 사주 大運을 보고 만약 20대, 30대에 庫運이 들어와 있으면 그나마 넌 생명 줄을 끌고 나갔겠다.
③60대 이후에 庫運이 들어왔다면 이것은 곤란한데 거의 죽음을 상징하고 있습니다.
④많은 책들이 庫에 대해서 '힘을 잃는다', '사망에 이르기까지 한다' 라고 기록하고 있습니다.
⑤그러나 그런 이론을 무작정 받아들이지 마시고
　▶젊은 사람들은 庫를 발판으로 하여 완전히 죽을 운명

임에도 오히려 庫를 발판으로 이어져 가는 것을 의미하므로 젊은 사람에게는 에너지원,
▶고령의 사람에게는 수명과 관계되는 등
이렇게 구분해서 유추하시면 더욱 명확할 것입니다.
■필자 사주 大運에 壬戌 大運 즉 庫運이 왔었는데 무탈하게 넘겼습니다. 아마도 50~60대 大運에서 만났더라면 위험했을 겁니다.
■命理要綱(박재완 著)을 보면 이러한 설명들이 있습니다.
① '庫運임에도 불구하고 戌中丁火의 힘을 얻어 좋았다'는 설명이 있으며
② '日主가 自庫인 戌土를 만나거나 혹은 用神이 入庫하여 절명했다든가 망했다든가' 하는 설명들이 나옵니다.
■庫가 들어와도 헤쳐 나갈 방법이 있죠?
①예. 開庫하면 됩니다.
②歲運일 때는 그 해만 그렇다는 거죠.
■庫는 창고이니 반드시 Key가 필요합니다.
①이 Key를 沖으로 생각하면 됩니다.
②刑도 되고 沖도 되지만, 여기에서는 일단 沖만 생각하라는 겁니다.
■예를 들어 庚戌 日柱의 여자라고 합시다.
①戌中丁火(正官)를 숨겨 두면서 시집을 안 가고 있다고

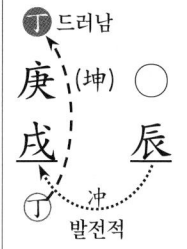

합시다.
② 만약 辰年이 온다면 辰戌冲이 되어
▶ 丁火가 드러나게 됩니다.
▶ 이 말은 공개가 된다는 말입니다.
▶ 이것은 冲이기 때문에 조용한 가운데 아름다운 것이지만
③ 만약 이것이 未年을 만나면
▶ 戌未刑을 하여 開庫되면
▶ 訟事 과정에서 나타나게(=공개) 되는 것입니다.

■참고로 보통 庫地를 말할 때 六神에서
① 財星과 官星은 지장간에 숨겨져 있어야 좋다고 하고
② 나머지는 투간되는 것이 좋다고 합니다.

문 : 生助해 주는 것은 比肩보다 印星이 더 좋은 겁니까?
답 : 生해 주는 것은 印星이 되지만 실제로 직접적으로 도움을 얻는 것은 比劫입니다.
生助의 生은 印星이 되고 助는 比劫이 되는 겁니다.

■참고 : 身强과 身旺에 대해서
① 身强은 印星이 많은 것을 의미하고, 身旺은 比劫이 많은 것을 의미합니다.
② 외울 때 '**강인한 왕비**'라고 외우면 절대 안 잊어버립니다.

| 乙 乙 庚 乙 |(坤) 癸 ※ 辰月乙日 身弱命造라 木의
| 酉 巳 辰 酉 | 未   倉庫 未生으로 인연하니

癸未生이 남편이다. 一天三地 運命이다.

薛 註 乙日主가 未庫에 의지하는 인연입니다.
①庫는 블랙홀도 되고 갇힌 창고도 되지만
②때로는 에너지의 집합처가 되기도 합니다.

| 戊 庚 甲 丙 |(乾) 辛 ※ 午月庚日 身弱命造라 金
| 寅 午 午 申 | 丑   의 倉庫 丑生으로 인연하
                           니 辛丑生이 처다.

甲寅 偏財가 化爲官이라 貧名之命이다.

薛 註 庚日主가 丑庫에 의지하는 인연입니다.
①甲, 寅 偏財가 官星 火를 生하고 있으니
②명예를 구하는 사주입니다.

| 丙 己 丁 庚 |(坤) 戊 ※ 亥月 己日 身弱하여 土의
| 寅 酉 亥 子 | 戌   庫藏인 戌生으로 인연하니
                           戊戌生이 남편이다.

薛 註 己日主가 戌庫에 의지하는 인연입니다.
①그리고 寅戌 火局을 이루기도 합니다.
②그런데 子生에게 戌生夫는 과숙살 인연이 되기도 합니다.
③酉寅으로 日時 원진이라 공방 세월이 길어야 오히려 좋을
  것 같습니다.

⑾ 배약명운(配弱命運)이면 배고정배(配庫定配)한다.

薛 註 배우자 六神이 없거나 약할 경우 배우자 六神의 庫도 인연이 된다는 것입니다.

薛 註 : 조 언

⑴ 日主無根이면 正祿定配한다.
⑵ 配星無根이면 其祿定配한다. } 같은 개념입니다.
⑽ 身弱命運이면 自庫定配한다.
⑾ 配弱命運이면 配庫定配한다.

■⑴, ⑵에서는 분명히 祿을 좇아가고 ⑽, ⑾에서는 庫를 좇아가고 있습니다. 이것을 어떻게 해결할까요?
이 네 가지를 한꺼번에 푸는 방법을 정리합니다.

① **日主나 配星이 無根일 때,**
  ▶우선 祿을 취하고
  ▶차선책으로 庫를 취합니다.
  祿은 通根處요 庫는 集合處이기 때문입니다.

② 가령,
  ▶戊日主이라고 할 때
    첫째 祿이니 巳, 둘째 庫이니 戌을 찾는 것입니다.
  ▶辛日主일 경우,
    첫째 祿이니 酉, 둘째 庫이니 丑을 찾는 것입니다.

> ▶甲日主인 경우
> 　첫째 祿이니 寅, 둘째 庫이니 未를 찾는 것입니다.
> ▶丁日主인 경우
> 　첫째 祿이니 午, 둘째 庫이니 戌을 찾는 것입니다.
> ▶壬日主인 경우
> 　첫째 祿이니 亥, 둘째 庫이니 辰을 찾는 것입니다.
> 이하 같습니다.

```
癸 壬 丁 己 (乾) 丙        ※ 壬日의 配星이 弱하므로
卯 申 卯 卯       戌           火의 창고 戌生으로 인연
                                하니 丙戌生이 처다.
```

薛註　壬日主의 배우자(처)가 丁입니다.

```
         配星    1차 其祿定配 午
    나   無根
癸  壬   丁   己 (乾) 丙
卯  申   卯   卯       戌
              戌      2차 身弱
          二字(卯)    配庫定配
          合冲定配
           合:戌
           冲:酉
```

① 丁의 庫가 戌이므로 丙戌生과 인연한 것입니다.

② 물론 午生을 만나면 좋으나 여의치 않으므로 戌生이라도 만난 것입니다.

③ 그리고 柱中에 卯가 많아 戌을 引合한 것입니다.

```
壬 壬 辛 壬 (乾) 甲     ※ 壬日로 配星이 弱하므로
寅 戌 亥 申     戌       火의 창고 戌生으로 인연
                         하니 甲戌生이 처다.
```

薛註 壬日主의 배우자(처)가 火(丙,丁)입니다.

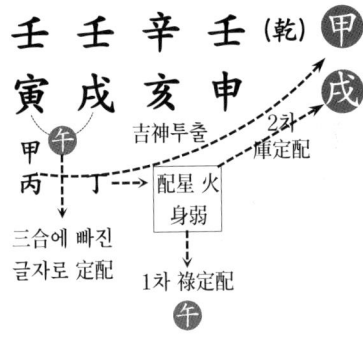

① 그러나 火가 약하므로 火의 庫인 戌生을 만나 인연한 것입니다.
② 물론 午生을 만나면 좋았겠으나 여의치 않으므로 戌生을 만난 것입니다.
③ 午生이 아니고 戌生이 된 것은 戌에 甲木이 필요했던가 봅니다. 壬水는 流水라 水生木이 좋습니다.

```
乙 壬 癸 戊 (坤) 丙     ※ 壬日로 配星이 弱하여
巳 子 亥 子     戌       土의 창고 戌生으로 인연
                         하니 丙戌生이 남편이다.
```

巳中丙火 透丙定配에도 해당된다.

薛註 壬日主의 배우자(남편)가 戌입니다.
① 그러나 戌가 왕성한 水에 무너질 듯 약하므로
② 庫 인연인 戌이라도 만나 인연이 된 것입니다.

```
丙 丁 己 丁 ㈤ 壬     ※ 丁日로 배성이 없으므로
午 未 酉 酉    辰      水의 창고 辰生으로 인연
                      하니 壬辰生이 남편이다.
```

薛註 남편인 水가 보이지 않아

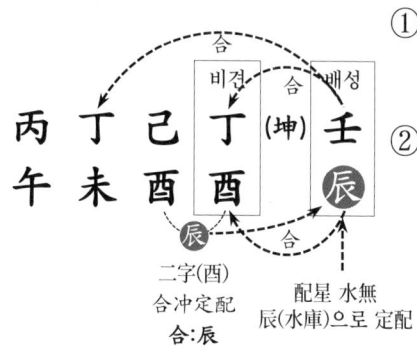

① 水의 창고인 辰生이라도 인연한 것입니다.

② 그런데 壬辰生 정관 인연을 만났으나 남편이 그리 편하지는 않아 보입니다.

③ 酉酉라 辰을 강력하게 引合 하였다고 볼 수도 있습니다.

薛註 : 조언

七殺과 羊刃 처리법

사주 명주 내에 七殺이나 羊刃이 나오면 처리법을 알고 있어야 합니다.

⑴ 七殺 처리법→ ①合去(합거) ②通關(통관) ③制殺(제살)

⑵ 羊刃 처리법→ ①合去(합거) ②退身(퇴신) ③透出(투출)

■아래 명조는 寅中에 甲木(=正官), 辰中에 乙木(=偏官), 亥中에 甲木(=正官) 또 時干에 乙木(=偏官)이니 官殺混雜이 되어 있습니다.

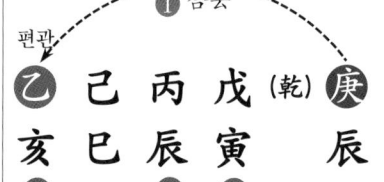

① 첫째 合去를 먼저 해라.
② 그러니 時干 乙木을 合去할 수 있는 庚辰生 처를 만났습니다.

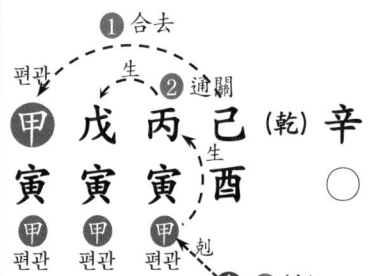

■時干 甲木(=偏官)과 地支 寅中에 甲木 3개 偏官이 많습니다.
① 合去로 처리합니다.
　年干 己土와 時干 甲木이 合去로 처리합니다.
② 通關으로 처리합니다.
많은 甲木을 月干 丙火로 通關시켜 戊土로 가는 것입니다.
木生火, 火生土입니다.
③ 年支 酉의 辛金으로 많은 甲木을 剋하여 制殺시킵니다.

■ 만약 위의 사주에

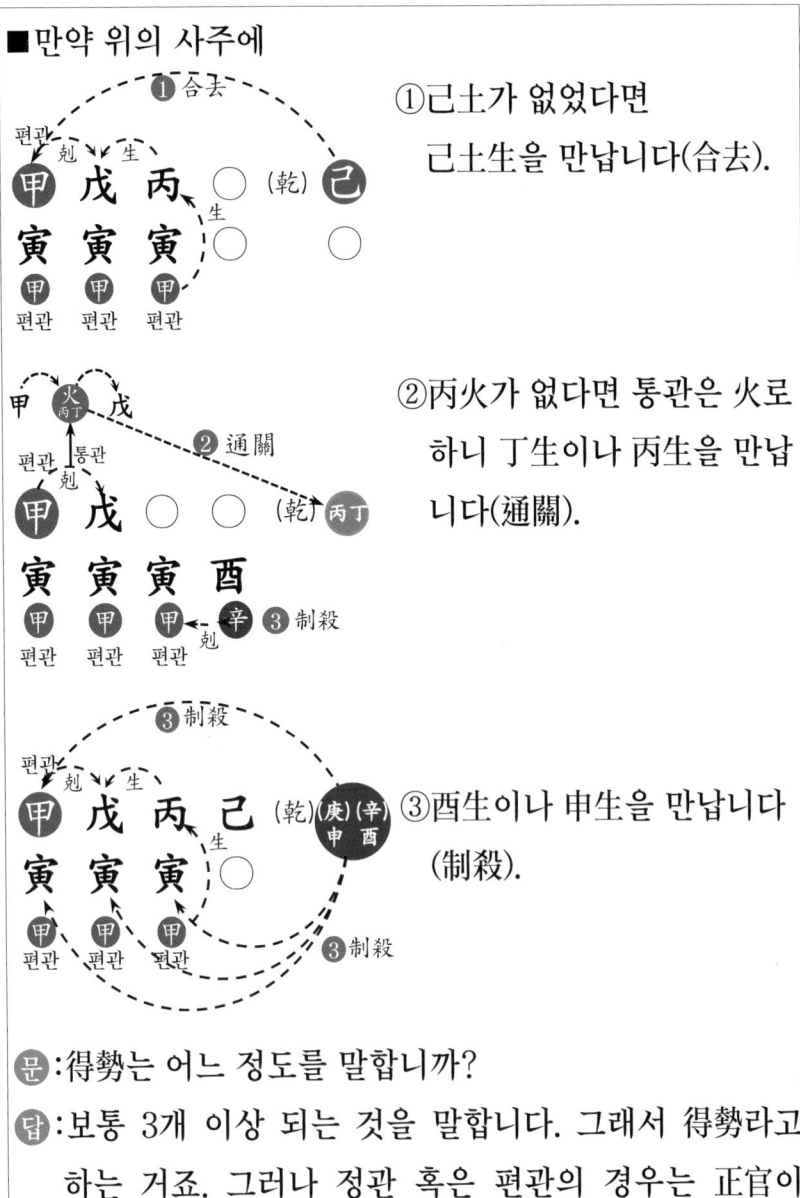

① 己土가 없었다면 己土生을 만납니다(合去).

② 丙火가 없다면 통관은 火로 하니 丁生이나 丙生을 만납니다(通關).

③ 酉生이나 申生을 만납니다 (制殺).

문:得勢는 어느 정도를 말합니까?

답:보통 3개 이상 되는 것을 말합니다. 그래서 得勢라고 하는 거죠. 그러나 정관 혹은 편관의 경우는 正官이 2개, 偏官이 1개쯤 되어도 처리해야 합니다.

5. 권인론(權刃論)과 진여비결(眞如秘訣)

⑿ 칠살득세(七殺得勢)하면 합거정배(合去定配)한다.
(羊刃合殺이다)

薛註 七殺 처리법은 合去, 通關, 制殺입니다. 때로는 正官을 처리할 수도 있습니다.

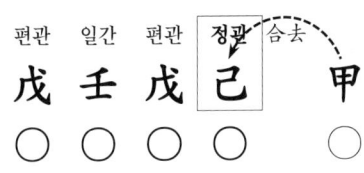

■무슨 말이냐 하면 天干이 戊 壬 戊 己(壬日主)이라면
①偏官인 戊土를 제거하기 위해 癸水로 合去하지 않고
②때로는 正官인 己土를 合去하기 위해 甲木이 인연하는 수가 있다는 뜻입니다.

乙 己 丙 戊 (乾) 庚　　※ 己日의 乙木칠살을 合去
亥 巳 辰 寅　　 辰　　하는 庚辰生이 처다.

及身而止를 해소시키는 인연이 되기도 한다.

薛註 己日主의 칠살인 乙을 合하는
①庚을 따라가니 庚辰生을 만났습니다.
②그리고 四柱의 기운이 日主 土에서 멈추어 섰으니
　▶土의 기운을 설기하는 庚辛金을 찾아가니
　▶庚辰生은 필연이었나 봅니다.

```
庚 壬 戊 庚 (乾) 戊      ※ 戊子月이 壬日의 七殺과
戌 寅 子 辰     子         羊刃이 되는데 그 처가
                          戊子生이다.
```

財庫合身에 官食化財라 안개꽃 女神이다. 朴태○

薛註 위의 사주를 보면 辰, 寅, 戌의 地支들 아래 다 偏官인 戊土가 있고 月干이 또 戊土죠, 偏官이 많은 사주입니다.

■이 명조가 戊子生을 만났습니다. 왜 그럴까요?

①사실은 어떤 生을 만나야 할까요?

②癸水를 만나면 좋을 것입니다.

▶그런데 月支 子 아래에 癸水가 있고,

▶月干 戊土와 합을 하고 있습니다.

③그렇다면 이 癸水는 무엇이 필요할까요?

▶예 戊土가 필요합니다.

▶왜 그런가 하면 壬日主가 子를 보면 羊刃입니다.

▶**羊刃 처리법은 合去, 退神, 透出입니다.**

④위의 사주는

▶偏官도 문제고

▶羊刃도 문제가 되는 사주입니다.

⑤ 그래서 戊土는 癸水가 필요하고, 癸水는 戊土가 필요하니 戊子生을 만난 것입니다.

⑥ 이 사주는 특이하게 인연법 공식 중 偏官 공식과 羊刃 공식이 둘 다 섞여 있는 것입니다.

■ 즉 偏官은 羊刃이 필요했고, 羊刃은 偏官이 필요한 사주가 되었습니다.

본처 해로가 분명한데 戌財庫에 합이 들어 여복이 많은 사주입니다.

乙 庚 丙 乙 (坤) 辛　　※ 丙火七殺을 合去하는
酉 申 戌 未　　 卯　　　 辛卯生이 지아비이다.

白虎官殺이라 癸未年에 남편이 電氣感電으로 死亡했다.
夫星入墓다.

薛註 이분은 月干 丙火가 偏官이구요, 戌 아래에 正官인 丁火, 未 아래에 正官인 丁火가 있습니다.

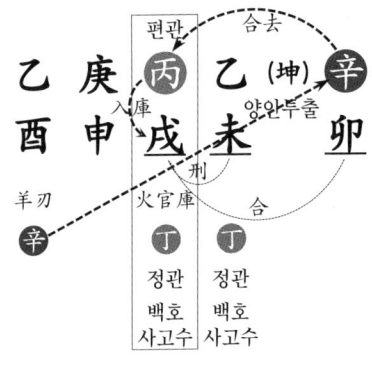

■ 正, 偏官 합쳐서 3개 이상이면 많다고 했습니다.
① 2개면 괜찮습니다.
② 3개 이상 되면 무조건 처리해야 합니다.
③ 그런데 庚日主에게

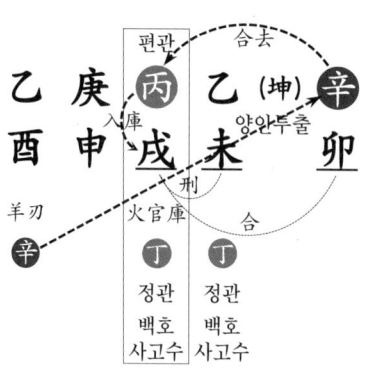

▶ 丙火가 나쁠까요?
▶ 丁火가 나쁠까요?
④ 象論으로 보면
▶ 丙火가 나쁜 것입니다.
▶ 가을 껍데기죠. 석류가 터지는 형상을 생각하면 되는 것입니다.

▶ 그러니 丙火를 合去해야 합니다.
▶ 그러니 乙未年 위로 辛○生을 찾으면 됩니다.
▶ 그래서 辛卯生 남편이 들어온 것입니다.

庚 丙	丙 - 庚과 동일함. 봄, 여름에는 吉함, 가을, 겨울에는 무장 해제다. 옷을 벗어야 함(퇴진, 퇴직)
庚 丁	庚金 + 丁火 = 辛(보석)이 된다. 고귀해진다. 관직으로 나가면 좋은데 아니면 운수업[庚(차량)+丁(시동)]과도 인연이 있다.

辛 乙 戊 甲 ⑷ 丙　　※ 日支傷食 丙火가 七殺을
巳 巳 辰 申　　戌　　合去하므로 2세 년하
　　　　　　　　　　丙戌生이 남편이다.

자식 셋이 훌륭하다. 坐下傷食 투출에도 해당된다.

薛 註 위의 사주는 偏官인 時干 辛金과 日支, 時支 巳中의 庚金과 年支 申中의 庚金해서 官殺混雜(관살혼잡)이 되어 있습니다.

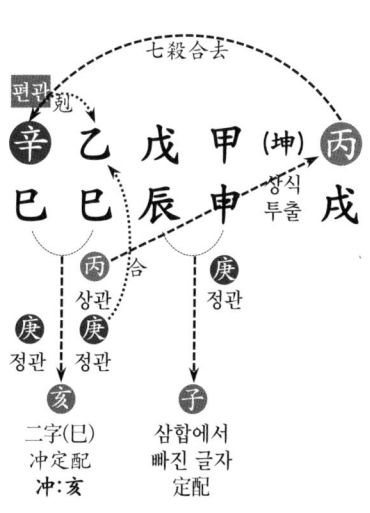

■그러니 乙日主 입장에서
　辛金이 나쁠까요?
　庚金이 나쁠까요?
①辛金이 나쁜 것입니다.
②白虎猖狂이 되니
　▶그래서 辛金을 合去해야
　　되므로
　▶甲申年에서 밑으로 2세
　　아래인 丙戌生을 만난 것
　　입니다.

■辛金은 乙木을 잘라 버리는 형상이고
　庚金은 乙木을 보호하는 그림인 것입니다.
　그러므로 辛金이 乙木에게는 훨씬 나쁜 것입니다.

乙庚	새(乙木)가 새장(庚)에 갇혔다. 날아가는 새가 큰 바위에 머리를 부딪쳤다. → 장애 발생. 庚에 의해 짓눌렸다(통제를 받아 날 수 없다).
乙辛	새(乙木)가 화살(辛)에 맞는다. 예리한 칼날(辛金)로 잘랐다. 상해당하다, 상처받다. → 돈이 나간다. 乙日主(坤)이 辛年生(乾)을 만나면 신세 망친다. [얼씬(乙辛)거리면 안 된다]

薛 註 : 조 언

■여기서 사주를 보면 丙火가 나오는 眞如秘訣(因緣法) 공식이 성립되는 게 또 보일 것입니다.

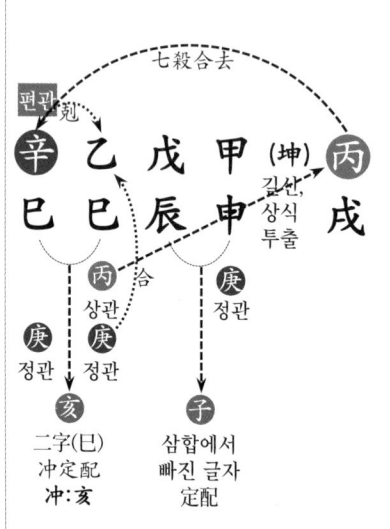

①巳中丙火가 透丙定配한다. 는 공식이 있습니다.

'(5)巳火吉神이면 透丙定配한다.' 이분은 丙火를 만날 이유가 2개 더 있었습니다.

②또 어떤 띠가 오겠습니까? 年支와 月支가 申과 辰이니 申子辰 三合으로 子生이 올 수가 있습니다.

③또 있습니다. 많은 庚金과 乙木을 소통시키면 七殺 처리법 중 통관을 이용해서 壬水生이나 癸水生이 올 수 있습니다. (金生水 水生木)

■위와 같을 경우는 眞如秘訣(因緣法) 공식이 2~3회 이상 적용되는 것을 바로 인연으로 찍어도 무방할 것입니다.

```
丙 庚 壬 戊 (坤) 丁    ※ 拱挾되는 酉羊刃이 合殺
戌 申 戌 戌     酉      하므로 丁酉生이 남편이다.
```

그러나 夫星入墓가 많은 사주다.

[薛註] 위의 사주가 女命으로 가을 庚金인데, 丙火가 해로울 것입니다.

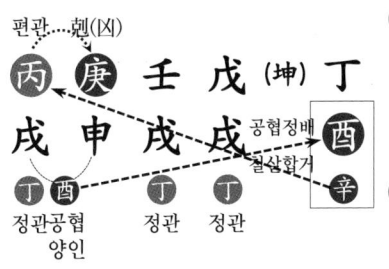

①그러면 丙火를 잡아 주는 글자는 辛金입니다.
(=丙辛合)

②그런데 日支와 時支인 申과 戌 사이에

▶酉가 拱挾이 됩니다. '⑿七殺得勢이면 合去定配한다'

▶그리고 酉中辛金이 있습니다(∵丙辛合을 할 수가 있음).

③그러므로 酉가 결정되는 공식이 중복으로 적용되니 酉生을 만나는 것입니다.

■이렇듯 앞에서 설명했듯이

偏官 丙火와 羊刃 辛金이 合을 하는 형태로 모두 해결되니 최선이라 할 수 있습니다.

④또 가능한 띠가 용띠 辰生입니다.

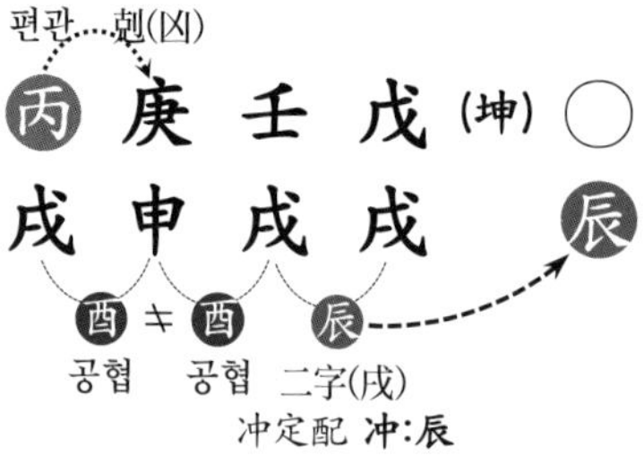

왜냐하면 戌戌이 있으니 (30) 柱中二字이면 合冲定配 합니다.

⑤나아가서 月支와 日支인 戌과 申 사이에도 酉가 拱挾이 됩니다.

▶日支와 時支 사이에 拱挾된 酉와 같은 것일까요?

▶서로 다른 것입니다.

▶이 사주 주인공에게는 酉生이 한 사람 더 있을 수 있는 것입니다.

乙 甲 己 庚 (坤) 己 **※ 甲日의 庚七殺을 合去하는**

丑 子 丑 辰 卯 **己卯生 夫君을 만났다.**

羊刃合殺이 되어 殺化爲權이다.

薛註 甲日의 칠살 庚이

①土의 助力을 받아 강인하여 日主를 위협하고 있습니다.

②그래서 양인 卯가 칠살 庚을 合해 주는 己卯生을 만나게 된 것입니다(羊刃合殺).

⑬ 칠살득세(七殺得勢)하면 통관정배(通關定配)한다.
(殺印相生이다)

薛 註 살인상생(殺印相生)하는 印星이 인연이 된다는 의미입니다.

```
壬 丙 丙 甲 (坤) 乙    ※ 丙日壬時 七殺을 乙木이
辰 寅 寅 申     亥      통관하고 寅寅이 亥를 引合
                        하므로 乙亥生이 남편이다.
```

丙日夫星 壬官無根 亥生定夫에도 해당이 된다.
이 여인은 子生夫君 戌生夫君 인연도 있다.
검증 결과 亥生이 最善의 만남인 것은?

薛 註 年支 申 아래에 偏官 壬水와 時支 辰 아래에 正官 癸水 또 時干 偏官인 壬水해서 官이 3개가 있습니다.
① 여기에서 丙日主에 가장 해로운 글자는 癸水입니다.

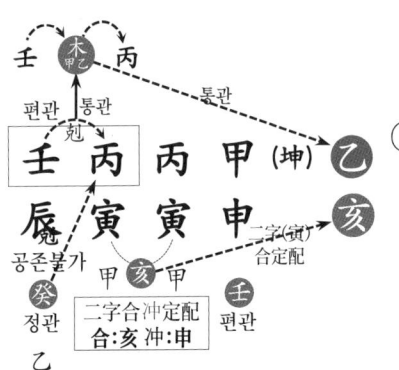

일반적으로 사람들은 壬水가 가장 나쁘다고 합니다.
② 위의 사주에서 日主에게 해로운 것이 癸水인데
▶ 다행히도 辰 속에 있으니
▶ 戌이 와서 冲하지 않는 한 그것이 닫혀 있으니 직접적인 애로 사항은 아닙니다.

丙壬	태양(丙火)이 바다(壬水)에서 떠오른다. 시작, 출발의 의미, 잘나간다, 승진, 발전, 희망차다. [丙戌는 액션이지만] 丙壬은 계기, 발판, 터전이 된다.
丙癸	태양(丙火)과 비구름(癸水)은 공존이 안 된다. 도중 하차, 스톱을 의미, 회사 같은 데는 임시 휴업, 하던 일의 도중하차를 의미한다.

③그렇다면 그 다음에 偏官인 壬水가 많기 때문에 처리를 해야 합니다.

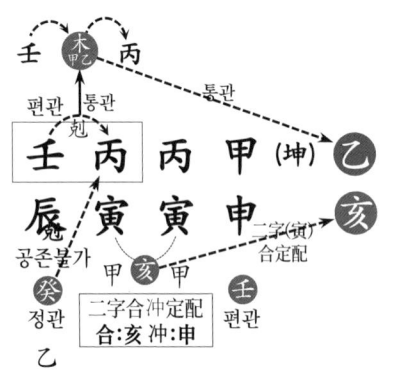

▶時干에 偏官 壬水와 日主 丙火가 이런 식으로 가까이 붙어 있을 때는 通關(通關)을 생각해야 합니다.
▶通關(通關)시키는 것이 木(甲木, 乙木)이죠. 둘 모두 됩니다.
▶甲生이 온다면 동갑인 甲申生, 乙生이 온다면 乙酉生이 올 수 있습니다.

④그런데 둘을 비교해 보면 본 사주에서
 ▶月支와 日支가 寅이므로 合하는 亥生이 올 수도 있고
 ▶또는 冲을 하는 申生도 올 수 있습니다.

▶ '㉚柱中二字면 合冲定配한다' 그러므로 동갑인 甲申生을 만난 줄 알았는데
▶ 실제 9살 위의 乙亥生을 만났습니다.
⑤ 이분은 甲申生, 乙酉生, 乙亥生을 만날 수 있는데, 실제는 乙亥生을 최선으로 선택한 것입니다.

甲 戊 戊 辛 ㈜ 丙　※ 戊日甲時 七殺을 丙火가 통관
寅 午 戌 巳　　子　　하므로 丙子生이 夫君이다.

羊刃 冲은 좋지 못하다. 災殺作用은 別個다.

薛 註　日主 戊土가 日支 午를 보니 양인입니다.
■ 戊土가 12운성으로 日支 午에서 旺 즉 羊刃의 특성을 가지게 됩니다.
이 배우자의 직업이 軍 수사관입니다.

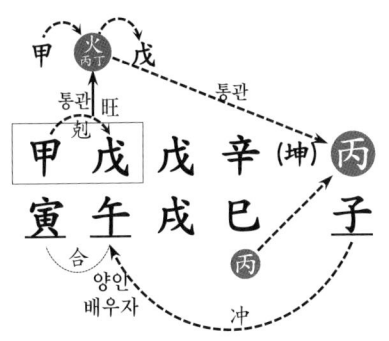

① 위의 사주는 일단 偏官 甲木이 時干에 있어 日主를 剋하므로 통관을 시켜 주어야 합니다.
② 그러므로 통관시키는 것이 火(丙火, 丁火)이므로 이분이 여자이니 辛巳生 위로 따져 보면 丙子, 丁丑이 됩니다.
③ 이 둘 중에서 어떤 것이 올까요? 日支 午가 羊刃이니 보통

羊刃 처리법으로 하면 合去, 退神, 透出로 하는데 위의 丙子나 丁丑 중에서 해당 사항이 없습니다만,
③丙子의 子와 戊午의 午가 冲을 하니 그래도 좀 건드려 주는 것이 좀 더 낫지 않겠는가 해서 丙子生이 인연 되었고
④또 年支 巳가 있으니 巳中丙火는 透丙定配한다에서 丙火가 올라오니
⑤丙火는 2개의 인연으로 다가오니 丙子生이 丁丑生보다 더 인연이 되는 것입니다.

薛 註 : 조 언

■만약 앞의 사주에 月柱가 丁酉라면

①丁火(=正印=모친)가 되고 酉는 將星殺이니 '네 집에는 엄마가 대장이네, 가권을 쥐고 있네' 라고 할 수 있는 것입니다.

②酉 자체의 성격을 넣어 너의 모친이 닭처럼 쪼아 대는구나(콕콕 쪼아 대는 모습), 酉의 성질이 욕설 혹은 독설이 되는 것입니다.

장성살	1설	무관(무예=학창 시절은 학업 중단)
	2설	중심인물, 주체, 전문가(프로)

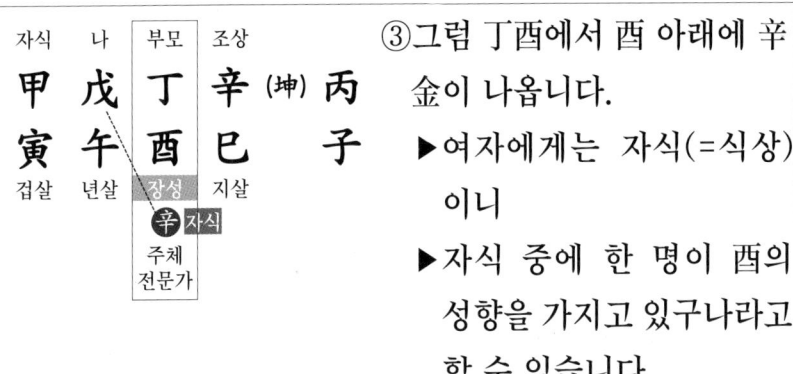

③ 그럼 丁酉에서 酉 아래에 辛金이 나옵니다.
▶ 여자에게는 자식(=식상)이니
▶ 자식 중에 한 명이 酉의 성향을 가지고 있구나라고 할 수 있습니다.

④ 만약 위의 사주가 남자고 丁酉生 마누라를 만났다면 '네 처가 모친 역할(=丁火가 正印)을 하구나' 라고 할 수 있다는 것입니다.

■ 그러니 天干에만 六神을 붙이고 地支에는 六神을 붙이지 말고 地支의 성향과 12신살, 12운성을 붙여서 해석하는 것입니다.

다시 예를 한 번 들어 보겠습니다.

■ 옆과 같은 사주에 자식 두 명 중
① 한 명은 戌 성향을 가지고 있고
② 한 명은 酉 성향을 가지고 있습니다.

▶ 한 명은 불교적(戌)이며 차분한 편입니다.
  * 개(戌)는 집을 지킵니다.
   그래서 **戌이 때로는 공무원을 의미**하기도 합니다.
▶ 또 다른 한 명은 자존심 강하고 급합니다(酉).

薛註 : 한담

■언제인가 제가 길거리를 지나가는데 유독 그해에 강아지 사체를 많이 봤어요. 강아지가 집을 지키는데 나라로 말하면 국가를 지키는 겁니다. 그래서 강아지가 많이 죽는 걸 보니 조만간에 공무원들이 많이 다치겠구나 하고 생각했습니다. 그해 많은 공무원들이 옷을 벗었습니다. 당시 세상을 떠들썩하게 했던 수서 비리 사건으로 기억합니다.

■6.25 사변 즈음 우리나라 전역에 손으로 만지면 화약 같은 냄새를 내면서 터져 죽는 벌레들이 그해에 굉장히 많아졌답니다. 그해에 전쟁이 났답니다. 또 한일 합방이 될 때에 어린이들 사이에 땅따먹기 놀이가 유행이었답니다. 그런 것이 암시를 하고 있는 거죠.

■만약 아래 사주에 年支가 丑이라면 丑 아래에 또 辛金이 있습니다.

자식은 허리 아프구나.

丑 즉, 소는 일을 많이 하기 때문에 허리가 아픈 것이 특성입니다.

```
乙 己 ○ ○ (坤) 庚
亥 酉 戌 丑      子
역마 장성 반안 화개
        辛  辛  辛
```

① 그렇다면 큰아들은 허리 아프고,
② 둘째는 목사나 스님이네,

③셋째는 자존심이 세어서 자기 사업을 한다고 할 수 있습니다.

■여기다가 12신살을 붙이면

乙	己	○	○	(坤)	庚	丑은 華蓋殺,
亥	酉	戌	丑		子	戌은 攀鞍殺,
역마	장성	반안	화개		육해	酉는 將星殺입니다.
	辛	辛	辛			
	중심	종교	허리			
	인물	천문	再, 舊			

①첫째는 허리가 아프면서 華蓋殺이니 절과 인연이 있는 것이죠.

②둘째는 攀鞍殺이니
  ▶보디가드로 지키는 거죠. 종교와 관련된 지켜 주면서 지원해 주는 일입니다. 가령 절의 종무소 같은 곳.

| 반안살 | 1설 | 보디가드, 비자금, 비밀 창고와 관련된 자 |
| | 2설 | 말안장, 高官(관용차를 타는 사람), 출세와 승진. |

③그러니 막내는 자기 사업을 하거나
  ▶將星殺이니 공무원을 할 수도 있고,
  ▶사업을 할 경우에는 군납 등 정부와 관련된 일을 하기도 한다 라고 판단할 수 있습니다.

■만약 위의 사주에서 남편은 庚子生입니다.
  庚金은 傷官이 되고 子는 六害殺이 됩니다.
①그러니 신랑이 아이 같습니다(=食傷이니).

②처가 보기에는 남편이 진짜 큰아들이 되어 버립니다.
③六害殺이니 성질이 매우 급하기도 합니다.
통변은 최소한 이렇게 하는 것입니다.

己 丙 壬 壬 (乾) 乙   ※丙日壬年月 칠살을 乙이
亥 辰 寅 申   亥   통관하고 己土傷官을 乙이
                         制하므로 乙亥生이 賢妻다.
절묘하다.

薛註 丙日主와 年月의 칠살 壬이 서로 충돌하여
①이를 중간에서 소통해 주는 甲, 乙이 필요하므로 乙亥生이 인연이 된 것입니다.
②다행인 것은 乙亥生 乙이 時干 己를 제거해 주므로 현처가 된 것입니다.

甲 戊 甲 甲 (坤) 丙   ※戊甲칠살은 丙火가 通關하
寅 申 戌 午   子   므로 丙子生夫 인연이다.

戊土는 喜丙忌丁하니 참조하라.

薛註 戊日主가 年月時 甲에 에워싸여 있는 중
①丙이 중간에서 소통하여 木生火 火生土로 순환되므로 丙子生 남편이 인연이 된 것입니다.
②그리고 戊土는 丁火보다 丙火를 더욱 기뻐합니다.

⑭ 칠살득세(七殺得勢)하면 제살정배(制殺定配)한다.
(傷食制殺이다)

```
辛 乙 庚 己 (乾) 丁      ※ 正偏官이 得勢하니 丁火로
巳 酉 午 亥     未         食神制殺해야 하므로 丁未
                           生이 처다.
```

薛註 七殺 처리법을 合去, 通關, 制殺이라고 했습니다.

■그런데, 이것을 꼭 偏官만 다스리느냐? 아닙니다. 正官을 다스리는 경우도 있습니다.

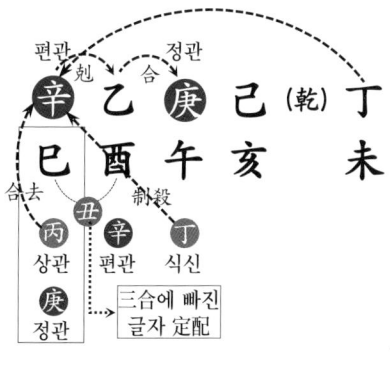

절대 착오 없으시기 바랍니다. 위의 명조에서 보니

① 月干 庚金과 時干 辛金이 있고, 日支 酉中에 辛金과 時支 巳中에 庚金이 있습니다. 官星이 4개나 있습니다.

② 여기에서 乙木 입장에서

▶辛金이 괴로울까요? 庚金이 괴로울까요?

▶辛金입니다.

乙 庚	새(乙木)가 새장(庚)에 갇혔다. 날아가는 새가 큰 바위에 머리를 부딪쳤다. → 장애 발생. 庚에 의해 짓눌렸다(통제를 받아 날 수 없다).

乙 辛	새(乙木)이 화살(辛)에 맞는다. 예리한 칼날(辛金)로 잘랐다. 상해입다, 상처받다. → 돈이 나간다. 乙日主(坤)가 辛年生(乾)을 만나면 힘들어진다. [얼씬(?)(乙辛)거리면 안 된다.]

③그러니 乙木 입장에서는 庚金보다 辛金을 제거해 주는 것이 더 좋습니다.

▶여기에서는 制殺 즉 剋해 주는 방법으로 剋해 주는 인연을 만나면 되겠습니다.

▶그러니 火中에서 丙火와 丁火가 있는데 둘 다 가능성이 있습니다. 그런데 이분은 丁火를 만난 것입니다.

④여기서 보면 辛金을 제거하기 위해서
合去가 가능하고(丙辛合) 制殺도 가능하고(火剋金)
또 時支 巳에 의해서 [(5) 巳火吉星이면 透丙定配한다.]
丙火 인연이 훨씬 좋겠습니다.

⑤이 丙火는 아마도 비하인드 스토리겠죠. 진여비결(인연법) 공식이 2~3회 걸리면 일단 찍으라고 했습니다.
또 이 분은 丑(巳酉丑 三合)도 인연이 됩니다.

⑥그래서 이분의 입장에서 丙午生과 丁未生이 인연이 될 수 있지만 실제 결혼은 丁未生과 했고 분명히 공식에 의하면 丙午生도 인연이 있었을 것이라고 추리할 수 있는 것입니다.

薛 註 : 조 언

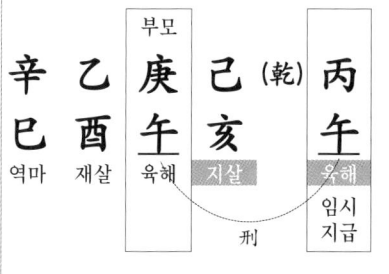

문: 丙午生은 윗분과 月支 午와 自刑을 하니까 부모님의 반대로 결혼을 못했다 할 수 있지 않겠습니까?
답: 그럴 수 있습니다. 만약

① 丙午生은 윗분 사주의 年支 亥에서 보면 12신살이 六害殺이 됩니다.
② 그럼 급히 만나서 급히 마무리 되었다고 볼 수 있습니다.
③ 불같이 타올랐다가 빨리 꺼진 것입니다.

```
甲 戊 丁 壬 (坤)  庚
寅 寅 未 寅      子
```

※ 庚子生이 지아비가 되는 것은 甲을 庚이 制殺하기 때문이다.

薛註 강한 甲을 제거하는 庚이 필요했습니다.
① 그래서 庚子生이 남편 인연이 된 것입니다.
② 子가 조후 역할도 하는 것입니다.

⒂ 양인득세(羊刃得勢)하면 합거정배(合去定配)한다.

薛 註 羊刃이 得勢하면 합하는 자가 인연이 됩니다.

羊刃處理法
① 합거 : 만약 卯가 羊刃이라면 庚生을 만나는 것.
② 퇴신 : 만약 卯가 羊刃이라면 寅生을 만나는 것.
③ 투출 : 만약 卯가 羊刃이라면 乙生을 만나는 것.

■위에서 羊刃이 得勢하면 인데 실제로는 '得勢' 라고 보지 말고
① **羊刃이 있으면(즉 더 나아가서 旺地가 있으면)** 으로 생각 하십시오. 즉 羊刃(=旺地)이 있으면 合去定配입니다.
② 羊刃은 **반드시 地藏干에서 天干으로 合을** 합니다.

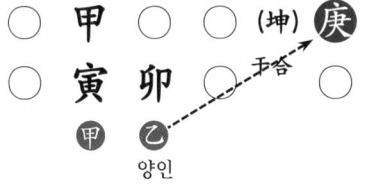

▶예를 들어 卯가 羊刃이면 卯의 地藏干은 乙이므로
▶乙庚合을 하는 庚生이 인연이 되는 것입니다.
▶만약 羊刃이 子이면 戊生이 인연 되겠습니다(戊癸合).
▶支合이나 三合 되는 인연이 아닙니다.

```
庚 壬 辛 丙 (乾) 戊    ※ 壬日生이 子年子時로 羊刃
子 辰 卯 子     寅      殺이 득세하여 戊生 처(戊寅)
                        을 만났다.
```

薛註 子가 羊刃입니다.

```
庚 壬 辛 丙 (乾) 戊    ①그러니 戊癸合이 되어 戊寅
子 辰 卯 子  合去 寅    生이 인연이 되었습니다.
          合火
  癸        癸        ②戊癸는 合火하여 처(財)가
  양인      양인         되기도 합니다.
```

```
丁 甲 丁 己 (乾) 庚    ※ 甲日生이 卯年卯時로 羊刃
卯 子 丑 卯     辰      殺이 중첩하여 庚辰生 처를
                        만나 해로를 하였다.
```

薛註 卯가 羊刃이며 旺地입니다.
①合去하므로 庚辰生이 因緣이 됩니다.
②원문에는 日支가 戌로 되어 있는데 실제는 子입니다.

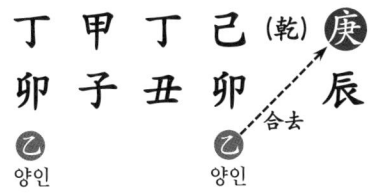

戊 丙 庚 甲 (坤) 壬　※ 壬辰生이 지아비이다.
戌 午 午 午　　　辰　　午午午 羊刃을 壬이 合去
　　　　　　　　　　　　하고 自庫戌을 辰이 開庫
하는 인연이다. 甲日이 아니나 火熾乘龍도 된다.

薛註　午가 羊刃이며 旺地이니

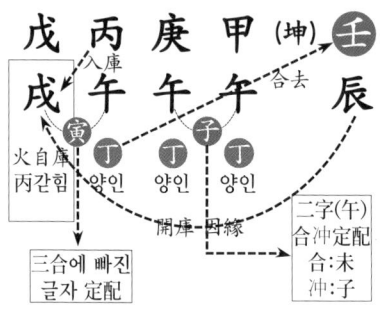

① 丁壬合을 하면 合去가 되니 壬辰生을 만났습니다.
② 火庫 戌時라서 辰 冲開도 의미가 있습니다.

(16) 양인득세(羊刃得勢)하면 퇴신정배(退神定配)한다.

薛註　羊刃이 得勢하면 羊刃을 뒤로 물리는 글자로 인연합니다.

壬 壬 丙 己 (乾) 乙　※ 壬日의 羊刃 子를 退神시켜
寅 辰 子 巳　　　亥　　乙亥生 처를 만났는데 乙이
　　　　　　　　　　　　傷官이라 그만 자식 하나를
잃었다. 자신은 발복하여 富를 이루었다.

薛註　이분은 子가 羊刃이며 旺地입니다. 이분은 合去 인연, 透出 인연, 退神 인연이 모두 올 수 있습니다.

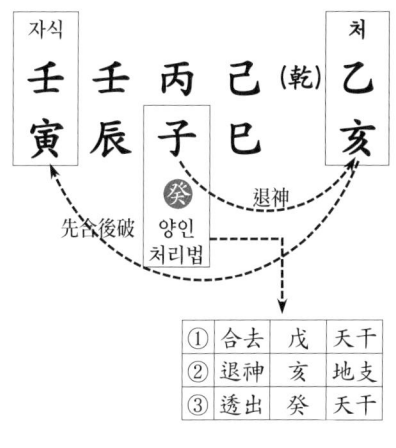

■그러나 이분은 그중 退神 인연을 만났습니다.
① 子의 바로 뒤가 亥입니다. 그러므로 乙亥生을 만난 것입니다.
② 그런데 가만히 보면 윗분의 時支 寅과 처의 亥가 先合後破의 관계가 됩니다.
③ 그러면 자식 인연에 문제가 있는 것입니다.
  ▶실제로 이분이 자식 하나 잃어버렸습니다.
  ▶원문에서는 '자식인 官星(年干 己土)을 乙亥生 처의 乙木(傷官)이 剋을 해서 자식을 잃었다.'라고 설명하고 있습니다.

薛註 : 조언

■여기 羊刃 처리법 중에서
① **合去**는 **말리기 위해서** 하는 것이고
② **退神**은 **힘을 빼기 위한** 것입니다.

```
庚 壬 庚 庚 (乾) 丁   ※甲戌生 처는 産亡했고 丁亥
子 子 辰 午      亥    生과 재혼해 득남하였다.
                      癸巳生 여인이 나타나면
```
삼혼이 두렵다. 戌은 自庫開庫요, 亥는 羊刃退神이며, 癸는 羊刃透出이다. 진단하고 분석하여 검증하고 선악을 리딩하여 미래까지 예측하라.

薛註 子 즉 羊刃(=旺地)이 2개나 있습니다.
①退神을 하면 亥가 됩니다.
②원문에서는 癸巳生 여인도 나타날 수 있다고 한 것은
   子中에 癸水가 透出된 것입니다.

```
甲 丙 丁 丁 (乾) 辛   ※辛巳生이 처다. 地藏吉神
午 午 未 丑      巳    丑中辛金의 투출과 동시에
                      丙日午羊刃의 退神이 巳가
```
되므로 辛巳生이 처다. 丑搖巳이다.

薛註 午가 羊刃입니다.
①이게 天干으로 올라가 合을 하면(丁壬合) 壬水가 되겠고,
②午中의 丁火를 透出하려니 본 사주에 있습니다.
   그러면 올라올 필요가 없는 것입니다.
③그런데 이분은 午의 退神인 巳를 따라 辛巳生이 인연
   되었습니다.

```
戊 甲 丙 己 (坤) 戊     ※ 戊寅生이 지아비다. 甲의 卯
辰 午 子 卯      寅        양인이 寅으로 退神하여 寅
                          生이 지아비다.
```

薛註 卯가 羊刃이 되죠.

```
자식                    남편   ①退神을 하면 寅입니다.
戊 甲 丙 己 (坤) 戊          ②이분은 戊寅生 인연을 만났
辰 午 子 卯      寅            습니다.
    丁       乙  퇴신
    상식    양인
           처리법
  ① 合去  庚  天干
  ② 退神  寅  地支
  ③ 透出  乙  天干
```

薛 註 : 조 언

문 : 羊刃得勢하면에서 예를 든 것이 전부 陽干 日主입니다. 陰干은 보지 않는가요?

답 : 예, 陰干은 보지 않습니다.

* 일반 명리 서적의 羊刃表에 의하면
  乙木의 羊刃을 辰, 丁火의 羊刃을 未라 하여 음인이라고도 합니다. 그러나 진여비결(眞如秘訣)에서는 음인의 활용 빈도는 적습니다.

(17) 양인득세(羊刃得勢)하면 투출정배(透出定配)한다.

薛註 羊刃이 得勢하면 羊刃을 투출한 것이 인연이 됩니다.

■羊刃 處理法(양인 처리법)을 合去, 退神, 透出이라고 했습니다.

①특히 合去할 적에 地支에 羊刃이 있으면 그 地支의 正氣를 天干에 合去시키라고 설명했습니다. 가령 子가 羊刃이라면 正氣가 癸水이므로 戊土로 合去시키고,

②退神은 地支 子 바로 뒤에 있는 亥로 退神하는 겁니다.

③羊刃인 子의 正氣인 癸水로 透出합니다.

薛 註 : 조 언

■보통 羊刃은 子 午 卯 酉만 됩니다(=旺地이므로).

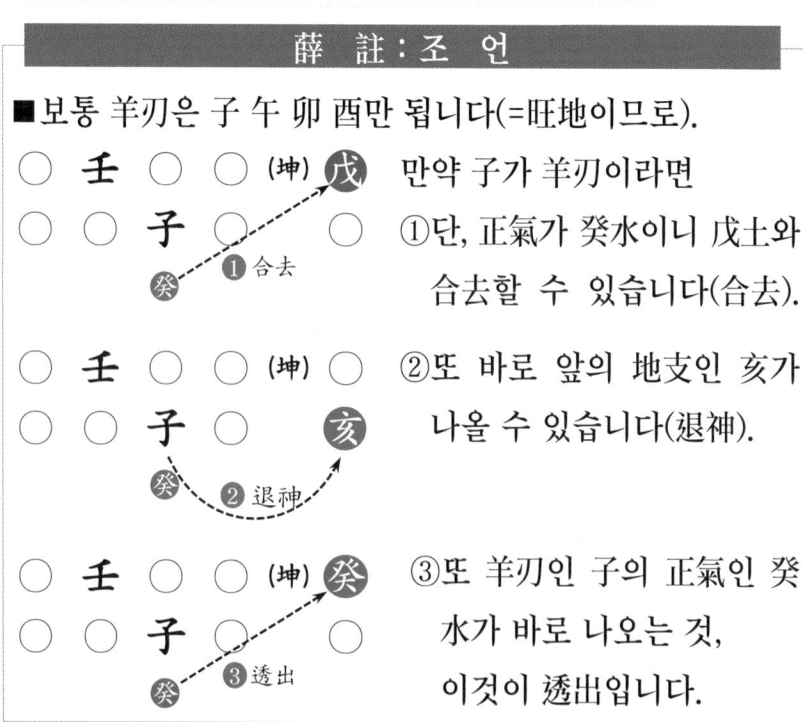

만약 子가 羊刃이라면
①단, 正氣가 癸水이니 戊土와 合去할 수 있습니다(合去).

②또 바로 앞의 地支인 亥가 나올 수 있습니다(退神).

③또 羊刃인 子의 正氣인 癸水가 바로 나오는 것, 이것이 透出입니다.

```
癸 戊 戊 癸 ㈦ 丁   ※ 戊日의 午가 羊刃인데 午中
亥 午 午 未    亥     의 丁火本氣가 天干으로
                    透出하여 丁亥生 처다.
```

薛 註 日主 戊土입장에서 午는 羊刃입니다. 즉 12운성에서의 旺地입니다. 旺地 자체가 바로 羊刃입니다.

■위의 예에서 午가 羊刃이니

①合去로 하면 午의 正氣인 丁火가 壬水와 합하는 방법 (合去)

②또 午의 바로 앞인 巳가 오는 방법(退神)

③그리고 마지막 방법이 午의 正氣인 丁火가 그대로 올라가는 방법(透出)이 있습니다.

■예를 들어 陰干인 乙木에서 旺地는 寅입니다.

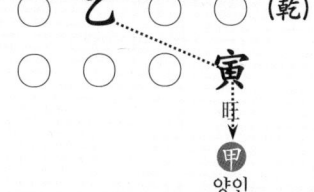

그러나 시중의 易書를 보면 乙木의 羊刃을 전부 辰으로 되어 있습니다. 이 부분은 조만간 개선되어야 할 부분입니다.

■「旺地는 羊刃이다」라는 공식으로 알고 있으면 실수하지 않습니다. 그러므로 위의 소제목을
'帝旺地支이면 透出定配한다' 라고 해도 무방합니다.

薛 註 : 조 언

문 : 合去나 退神을 하면 開運이 된다는 의미(羊刃을 처리하므로)로 보면 이해가 되는데 透出은 좀 이해하기가 어렵습니다.

답 : 강한 기운을 發散한다는 의미로 보면 됩니다.
하늘로 기운이 빠져나가는 것으로 보면 될 것입니다.

■ 七殺 처리법과 羊刃 처리법만 잘 알아도 세인들로부터 인정받는 역학인이 될 수 있습니다.

庚 壬 辛 辛 (乾)   癸   ※壬日의 羊刃 子가 透出하여
子 子 丑 丑   卯   癸卯生 처를 만났는데 子卯

로 刑殺이 성립되어 처가 약사다. 처는 陰地苦痛이다.

薛註 子에서 日主 壬水는 12운성의 旺입니다. 旺을 羊刃이라 합니다. 그러므로
① 첫째 合去를 하면 戊土가 됩니다.
② 그 다음에 退神을 하면 亥가 됩니다.
③ 그 다음엔 透出하면 癸水가 됩니다.
④ 그래서 두 살 아래 癸卯生 처가 왔다고 합디다만
▶ 子卯刑이 되어 형벌이 됩니다.
▶ 또 불륜도 되고 도덕적 해이 즉, 불효가 됩니다.
※ 子, 卯라는 因子는 의약도 되므로 이 처가 藥師입니다.

```
丁 甲 丁 己 (坤) 乙    ※ 乙酉生이 지아비다. 官庫
卯 寅 丑 丑    酉      合德이 酉生夫君으로써
                      火傷食의 死宮이다.
자식(丁丑) 하나 잃고, 둘째(丁卯)는 健在하다.
```

薛註 이분은 日主 甲木의 羊刃이 卯입니다.

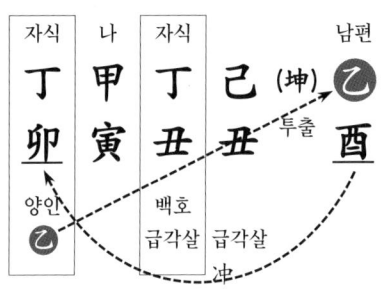

① 羊刃 卯의 正氣인 乙木이 올라가서(透出) 乙酉生이 남편이 되었습니다.

② 月干 丁火는 이분에게 자식(=傷官)이 됩니다.

▶그런데 月柱 丁丑이 白虎殺이 됩니다.

▶하필 丑月(겨울)에 丑(급각살)이 앉아 있습니다.

③ 그러니 자식이 白虎殺에 急脚殺이 있는 것입니다.

▶이분의 자식이 정신 박약으로 태어났습니다.

▶그리고 16세에 사망했습니다.

▶또 乙酉生을 만나서 자식 자리인 卯와 沖도 하고 있습니다.

癸 戊 己 丙 ⁽乾⁾ 丁　※丁卯生이 처다. 戊午日은
亥 午 亥 寅　　　卯　　羊刃이 午中己土이나

冬節戊土는 午中丁火를 더 요긴하게 쓴다.

薛註 日支 午가 羊刃입니다. 그래서 그 羊刃을 투출하면 丁이 되겠습니다.

癸 戊 己 丙 ⁽乾⁾ 丁　①그래서 가장 근접한 나이인
亥 午 亥 寅 ⁻⁻투출⁻⁻ 卯　　丁卯生이 인연 된 것입니다.
　　양인
　　丁

庚 丙 辛 丙 ⁽乾⁾ 丁　※丁亥生이 처다.
寅 午 丑 子　　　亥

用神寅木을 亥는 合德하기도 한다.

薛註 日支 午가 羊刃입니다.

庚 丙 辛 丙 ⁽乾⁾ 丁　①그래서 그 羊刃을 투출하면
寅 午 丑 子 ⁻⁻투출⁻⁻ 卯　　丁이 되겠습니다.
　　양인　　　②그래서 가장 근접한 나이인
　　丁　　　　丁亥生이 인연 된 것입니다.

6. 일주론(日主論)과 진여비결(眞如秘訣)

(18)갑목활용(甲木活用)이면 경금정배(庚金定配)한다.
(劈甲引火다)

薛 註 일반적으로 설명하는 것을 보면

①甲木은 庚金을 이용해 잘게 쪼개서 丙火나 丁火를 살리는(生하는) 용도로써 기능입니다.
(劈甲引火라는 말로 표현되는 공식입니다.)

②일단 이 劈甲引火라는 공식은 명조 내에 甲木이 丙火나 丁火로 불을 뿜을 필요가 있을 때 庚金을 이용한다는 것입니다.

```
甲 丁 壬 丁  (乾) 庚     ※ 丁日이 身弱하므로 甲을
辰 丑 子 丑       辰        쓰고자 劈甲引火 하는
                             庚辰生이 처가 된다.
```
財庫를 開庫하는 未生이 될 수도 있다.

薛 註 이 명조는 子月에 丁火입니다.

①겨울에 출생하였기에 時干 甲木이 丁火를 뿜어내기에는 甲木이 너무 크므로 쪼갤 필요가 있습니다.

②이 甲木을 쪼갤 수 있는 것이 庚金이므로 그래서 庚金이 인연이 된다는 것입니다.

■위의 사주를 「⑷ 配星不見이면 正引定配한다.」 보면

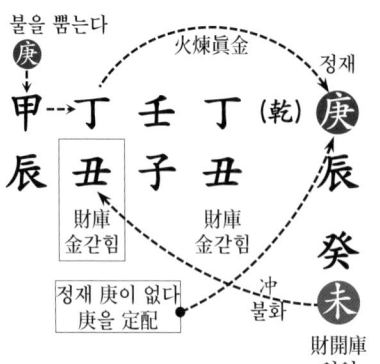

① 丁火 입장에서 庚金이 正財가 되므로 ⑷ 配星不見이면 正引定配한다는 반면
② ㉘ 火煉眞金으로 丁生定配한다는 공식은
庚年生에서 丁火를 본 것 입니다. (庚辰生 인연-처)
③ 그렇다면 庚金하고 丁火는 묶음으로 보면 되겠습니다.
庚金은 丁火를 만나 辛金으로 변하니 빛이 나는 것이고 丁火 입장에서는 庚金을 만나야 할 일이 생깁니다.
이렇게 보면 庚金과 丁火는 묶음인 것입니다.
④ 그러니 위의 사주에서 丁日主가 庚金을 만나야 자기 할 일이 생긴다고 보면 되는 것입니다.
⑤ 癸未 開庫 인연은 日支와 冲하므로 꺼립니다.

薛 註 : 조 언

■象論 四柱學의 입장에서 이 명조는 겨울에 불이 잘 일어나므로 丁火가 旺하다고 봅니다.
① 그러므로 旺한 丁火로 庚을 보면 庚을 辛으로 만들어 줄 수 있습니다.
② 즉, 丁火 기운을 사용하여 보석을 만들어 내는 느낌으로 해석하면 庚金이 인연이 된다는 것을 설명할 수 있습니다.

| 甲 | 甲 | 丙 | 甲 | (坤) | 庚 | ※ 甲日이 신왕하므로 丙을 |
| 子 | 子 | 寅 | 申 | | 辰 | 쓰고자 劈甲引火하는 庚辰生이 지아비가 된다. |

薛註 이 명조를 책에서는 甲木이 3개나 되고 寅月에 태어났으니 旺하다고 보아 庚金이 와서 쪼개어서 불을 生해 주어야 한다고 봤습니다.

그러므로 실제로 庚辰生 남편을 만났다고 설명하고 있습니다. 그러나 좋은 인연이라고 보기는 어렵습니다.
日主가 甲木이기 때문에 庚金을 만나면 得보다 失이 많기 때문입니다(=飛宮破伐).

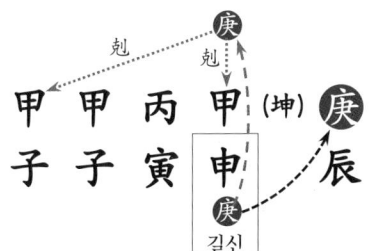

① 위의 명조는 申子辰 三合이 되는 것입니다.
'(31) 三合一虛이면 虛一定配한다'로 판단하면 되는 것입니다.

② 그리고 '(7) 地藏吉神이면 透出定配한다'로 申中庚金을 투출하여 七殺을 定配해도 신왕하여 감당할 수 있습니다.

乙	丁	甲	戊	(坤)	庚	※ 劈甲引火하는 庚寅生이
巳	卯	子	子		寅	지아비다.

[薛註] 丁日主이니 庚金 따라가면 되겠습니다.
丁火와 庚金은 묶음입니다.
① 그러나 결혼을 하게 되면 이분의
   ▶ 時柱인 乙巳와 庚寅이 寅巳刑을 하므로
   ▶ 자식 자리에 문제가 생기겠습니다.
   ▶ 그러므로 불임 또는 낳아도 건강한 아이는 아니겠지만
② 단, 庚의 나라 미국에서 키운다면 터의 이로움으로 건강할 것입니다.

癸	癸	丙	甲	(坤)	庚	※ 劈甲引火하는 庚寅生이
亥	丑	寅	午		寅	지아비다.

[薛註] 癸水가 寅月에 生하여 조후됨이 필요합니다.
① 그래서 丙火가 절실하므로 庚金이 甲木을 쪼개어 丙火를 지켜 내므로 劈甲引火가 된 것입니다.
② 그래서 庚寅生을 인연했습니다.

甲	甲	甲	丁	(乾)	庚	※ 劈甲引火하는 庚寅生이
子	申	辰	丑		寅	처다.

[薛註] 辰月의 旺木이므로 庚金으로 木을 쪼개어 劈甲引火가 된 것입니다. 그래서 庚寅生을 인연했습니다.

(19) 갑일화치(甲日火熾)시는 승룡정배(乘龍定配)한다.
(他 日主에도 적용가능)

薛註 적천수에 이르기를
① 火가 성하면 용(辰)을 타야 하고[화치승용(火熾乘龍)],
② 水가 창궐하면 호랑이(寅)를 타야 한다[수탕기호(水蕩騎虎)]고 했습니다.
③ 그래서 火가 왕성하면 辰生을 인연하는 것입니다.

```
丙 甲 丁 戊 (乾) 壬    ※ 巳月丙火 透出로 火熾乘龍
寅 辰 巳 子     辰      이다.
```

壬辰龍이 火 기운을 머금고 甲木을 보좌하므로 현처다.

薛註 巳月 丙火가 투간되어 火가 성합니다.

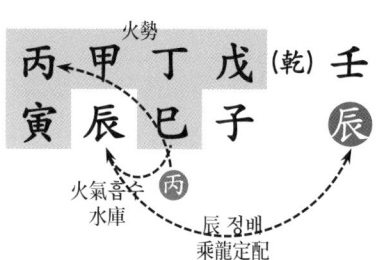

① 그래서 火氣를 잠재우는 辰이 火氣를 잠재우고,
② 동시에 日主인 木을 보좌하고 있습니다.
③ 壬辰生이 인연입니다.

```
甲 甲 戊 丙 (乾)     ※ 午戌合局하고 水가 없으나,
戌 辰 戌 午            甲木이 青龍을 타고 火氣를
                      다스리니 대성하였다.
```

薛註 午戌로 合하면서 丙火가 투간되어 火가 성합니다.

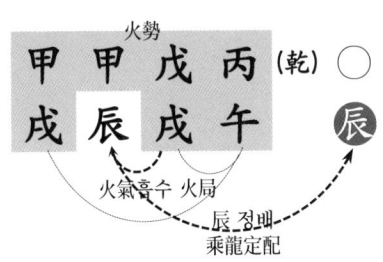

① 그래서 火氣를 잠재우는 辰이 火氣를 잠재우고
② 동시에 日主인 木을 보좌하고 있습니다.
③ 辰生이 인연입니다.

```
庚 甲 丙 乙 (乾)     ※ 午未戌合局 火局이나 辰
午 辰 戌 未            龍을 타고 亥水를 부르니
```
서양에 나가 잘 먹고 잘사는 사주다.

薛註 午未戌로 火局으로 이루면서 丙火가 투간되어 火가 성합니다.

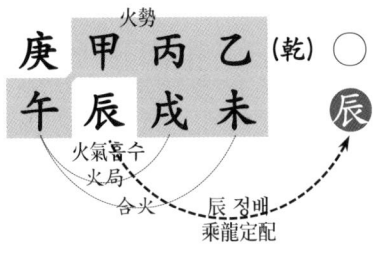

① 그래서 火氣를 잠재우는 辰이 火氣를 잠재우고
② 동시에 日主인 木을 보좌하고 있습니다.
③ 더욱이 申子辰하여 서양으로 나가니 더욱 발전한 사주입니다.

```
癸 甲 甲 甲  (乾) 丙    ※ 寅午戌局을 놓은 甲木이 癸
酉 午 戌 寅       辰      水로는 부족하여 配星으로써
```

辰용을 타고 대성하니 丙辰生이 처가 된다.

薛註 寅午戌로 火局이 이루어진 甲이
① 時干 癸水만으로는 부족하여
② 辰을 만나 甲을 보좌하니
③ 丙辰生 처를 만나 더욱 대성했습니다.

(20) 갑일수탕(甲日水蕩)시는 기호정배(騎虎定配)한다.

薛註 적천수에 이르기를
① 火가 성하면 용(辰)을 타야 하고[화치승용(火熾乘龍)],
② 水가 창궐하면 호랑이(寅)를 타야 한다[수탕기호(水蕩騎虎)]고 했습니다.
③ 그래서 水가 왕성하면 寅生을 인연합니다.

```
乙 甲 辛 壬  (乾) 壬    ※ 亥月 甲木으로 착근하였지
丑 子 亥 寅       寅      만 亥子丑 水局을 이루어
```

水蕩騎虎格으로 壬寅生이 처다. 寅木이 用神이다.

薛註 甲木이 亥子丑 水局을 만나
① 寅에 祿하는 것이 우선입니다.
② 그래서 壬寅生을 인연한 것입니다.

甲 甲 癸 壬 (乾)　甲　　※壬癸水가 透出하고 子子辰
子 子 卯 辰　　　午　　　水 合局을 하여 旺水 범람
　　　　　　　　　　　　이라 寅中甲透 인연 甲午生
처다. 庚辰年은 불행한 일이 있었다.

薛註 壬癸 子子辰 水局을 만나 水가 범람하므로

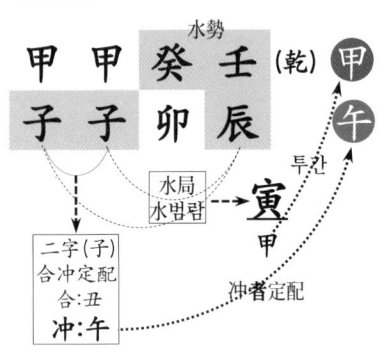

①寅을 따라가고 寅中甲이 투간되어 甲午生이 처가 된 것입니다.
②그리고 子子가 午를 불러오므로 午生이 인연이 되었던 것이므로 甲午生을 만난 것이 결코 우연이 아닌 거죠.

乙 甲 丙 己 (坤)　　※78세 丁巳年에 別世한 중앙
亥 子 子 亥　　　　　대학 설립자 임영신 총장
　　　　　　　　　　　사주다.
亥亥가 暗中에 寅亥合인데 巳年에 瓦解되고 拔根했다.

薛註 亥亥가 寅을 불러와 吉緣이었으나,
①巳年에 亥를 冲하며 寅을 刑하므로 와해(瓦解)되고 발근(拔根)한 것입니다.
②甲의 남편 官星 金이 子에 死宮이라 혼인 않고 독신으로 일을 남편 삼아 살았습니다.

```
庚 甲 甲 戊 (乾) 壬    ※ 子月子日로 子午冲을 받아
午 子 子 戌      寅      水氣가 범람하고, 甲木은
                          표류하기 쉬운데 壬寅生
```
처를 만나 水蕩騎虎로 大吉이다.

薛註 月支의 힘을 얻은 旺한 子子와 午가 冲하여 水氣가 범람하여 자칫 甲이 표류하기 쉬운 상황입니다.

```
庚 甲 甲 戊 (乾) 壬    ①다행인 것은 壬寅生을 만나
午 子 子 戌      寅         대길한 사주입니다.
      冲   日主無根  祿定配   ②寅午戌 火局을 이루고 財庫
                 寅    一虛定配   와 合德하여 CFO(재무담당
                 火局              최고 경영자)로 대성하였습
              三合一虛
              寅定配               니다.
```

③삼성 SDS 상장 결과 2천억 이상을 스톡옵션으로 수익을 올렸습니다.

(21) 을일등라(乙日藤蘿)이면 계갑정배(繫甲定配)한다.

薛註 乙木은 甲木에 의지합니다.(藤蘿繫甲)
그래서 乙日主는 甲 인연을 맞이한다는 것입니다.
①乙이 甲을 타고 올라갑니다.
　또는 乙이 새(鳥)이므로 새는 나무(甲木)에 보금자리를

마련합니다. 그러니 乙木은 甲木을 필요로 합니다.
즉, 새는 나무를 찾아갑니다.
②그래서 庚金하고 丁火가 묶음을 이루는 것처럼
▶乙木은 甲木과 묶음을 이룹니다.
▶단, 甲木은 乙木을 묶음으로 보지 않습니다.

薛 註 : 조 언

■또 다른 것은 辛金과 壬水인데
  ▶辛金은 壬水를 묶음으로 보는데(淘洗珠玉)
  ▶壬水는 辛金을 묶음으로 보지 않습니다.
  ▶즉 乙木 ➡ 甲木 [⑵)乙日藤蘿이면 繫甲定配한다.]
       丁火 ⬌ 庚金 [⑵)火煉眞金으로 丁生定配한다.]
       辛金 ➡ 壬水 [⑵)淘洗珠玉으로 壬生定配한다.]
위와 같이 되는 겁니다.
(=화살표 방향대로 의지하는 관계임)
■또 하나가 있습니다.
 '⑵) 辛庚欣接으로 庚生定配한다.' 인데 辛金은 庚金을 자석처럼 잘 만난다는 의미입니다.
 이것도 辛金 ➡ 庚金의 관계이지 庚金은 辛金을 원하는 것이 아닙니다.
 辛金이 칼이라면 庚金을 칼집으로 봅니다.

甲 乙 壬 庚 (乾) 甲　※ 乙日이 藤蘿繫甲을 좋아하
申 巳 午 辰　　 申　　므로 甲申生이 처가 된다.
　　　　　　　　　　현처를 얻은 경우이다.

[薛註] 위의 명조는 乙日主이므로 甲木에 의지하니

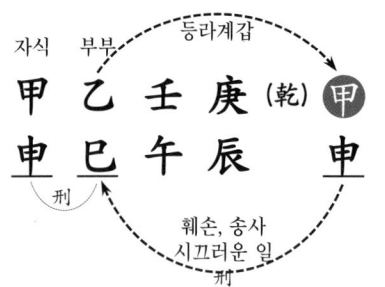

①甲申生 처를 만난 것입니다.
②만나니 日支와 申巳合刑이 걸립니다.
③결국은 해로하지 못할 것입니다.

庚 乙 壬 甲 (乾) 甲　※ 壬辰生은 통관하고 甲辰生
辰 丑 申 申　　 辰　　은 藤蘿繫甲하므로 절묘한
　　　　　　　　　　인연이다.
黑龍을 버리고 靑龍을 취했다.

[薛註] 위의 명조는 역시 日主 乙木이 甲木을 의지하니

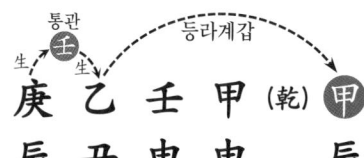

①동갑인 甲申生을 만나거나 10년 위 아래로 가능합니다.
②그런데 20년 어린 甲辰生을 만난 것입니다.
③壬辰生이 통관한다는 말은 時干 正官인 庚金을 壬水가 통관을 시켜 준다는 것입니다.

```
丙 乙 庚 戊 (乾)  甲    ※ 壬辰生은 開庫하고 甲辰生은
戌 亥 申 子      辰       藤蘿繫甲하므로 取捨選擇이
                         불가피하다.
```

黑龍은 헤어졌다.

薛註 위의 명조도 乙木이 甲을 의지한 것입니다.

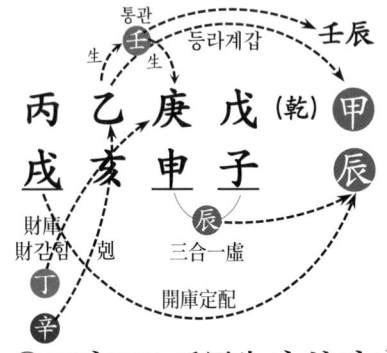

① 그러므로 甲辰生 처를 만났습니다.
② 月干 庚金을 통관시켜 준다고 壬辰生도 만났습니다.
■ 위와 똑같은 원리가 되는 것입니다.

③ 그러므로 壬辰生이 본처이고 甲辰生이 애인입니다.

▶ 순서를 달리하여 인연이 될 수도 있습니다.

▶ 아무튼 둘 다 辰(용띠)입니다.

④ 時支 戌土와 辰戌冲을 합니다.

▶ 그러므로 戌中의 丁이 투간되어 官인 庚金을 다스려 줍니다.

▶ 이분은 이 배우자를 만나면 辰戌冲하므로 처음에는 혼란이 옵니다만 곧 庚金을 잡아 줄 수 있는 것입니다.

새(乙木)가 새장(庚金)에 갇힌 꼴이니 丁火가 새장을 열어 주는 역할을 하는 겁니다. 그러나 辛金이 나타나게 되면 乙木이 다치기는 합니다.

(22) 을목동결(乙木凍結)이면 병화정배(丙火定配)한다.

薛註 겨울 乙木 日主는 丙을 인연합니다.
乙木 花草가 추운 시절에는 꽃을 피울 수 없으니 따뜻한 丙火를 필요로 하기 때문입니다.

```
丙 乙 辛 丁 (乾)   丙    ※ 亥月乙日로 金水 기운에 눌
戌 巳 亥 亥         戌    려도, 丙戌時에 丙戌生 처를
```
만나 비록 羅網官災는 겪어도 세상의 태양이 된다. 孫鶴○

薛註 乙木 花草가 亥月에 꽃을 피울 수 없습니다.

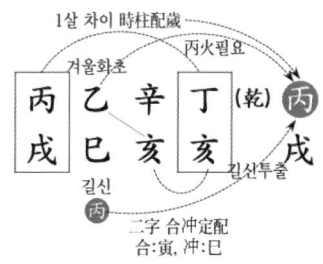

① 그러니 따뜻한 丙火를 필요로 하는 것입니다.
② 그래서 丙戌生이 인연이 된 것입니다.

```
丁 乙 丁 庚 (乾)   ※ 水木凍結이니 丁火가 冬日
亥 丑 亥 子         可愛다. 丙火 처를 만나면
                    삶이 大人의 길이다.
```
아니면 陰地苦行이 따른다. 巳年?

薛註 겨울의 花草는 달(丁)은 필요 없으니
① 태양(丙)을 처로 맞이하면 대발할 것이지만
② 그렇지 못하다면 분명히 어두운 삶이 그려질 것이니
③ 인연이 얼마나 중요한지 확인되는 것입니다.

```
己 乙 壬 己 (乾)      ※無火 金水多逢으로 冷寒하니,
卯 酉 申 丑           평생 丙火 하늘과 사랑을 위
                     해 헌신하는 聖職者 삶이다.
李仁○ 신부
```

薛註 乙木 花草가 申月에 태어나 金水를 많이 만났으니
①평생 丙火 하늘과 사랑을 위해 헌신하는 성직자의 사주 입니다.
②보통 日時 卯酉는 부부가 해로하기 힘든 삶입니다.

```
乙 乙 壬 壬 (坤) 丙    ※年下 丙辰生이 남편이다.
酉 亥 子 子      辰    辰亥怨嗔에 辰酉合德이다.
```
水木凍結에 丙火 태양이 아름답다.

薛註 겨울 乙木 花草가 태양 丙을 기다리던 중,

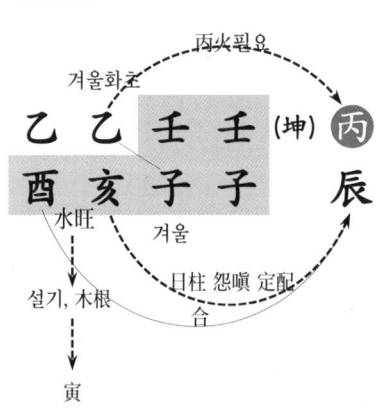

①시지 酉와 합하며 日支 亥와 怨嗔하는 年下의 丙辰生과 인연했습니다.
②水旺에 日主의 根이 될 수 있는 丙寅生 인연을 만났더라면 더 좋았을 것을 하는 아쉬움이 남습니다.

```
庚 乙 丁 庚 (乾)   丙    ※ 乙庚金에 化神不足이라 印
辰 卯 亥 子       午    綬를 쓰는데 眞空에 急殺을
                        맞아 障碍者다.
```
丙午生 처를 만났으나 一場春夢이다.

[薛 註] 乙庚이 合을 하여 化하는 五行 金이 사주에서 부족하므로,
①결국은 印星 水를 필요로 합니다.
②그런데 子가 제대로 된 空亡이므로 쓸 수가 없습니다.
③그래서 비록 겨울 花草에 丙午生을 만났지만
　▶子가 空亡이므로 겨울 화초의 수명이 짧으니
　▶그 인연이 오래가지 못한 겁니다.

(23) 일주원진(日柱怨嗔)이면 불의정배(不宜定配)한다.

[薛 註] 日柱 원진도 인연이 된다는 것입니다.

　　怨嗔殺 : 子未, 酉寅, 卯申, 辰亥, 戌巳, 丑午

①일단 자기 日支에서 怨嗔 띠를 만나면 불같은 사랑이 일어납니다.
②그러나 곧 사랑은 식고 원망만 안고 헤어지는 것이죠.
　다시는 서로 안 보는 사이가 되는 것입니다.
③또한 명조 안에 日支와 怨嗔이 있으면 그 怨嗔 띠를 인연하지 않는다고 하나 혹시 만나면 怨嗔의 작용은 그대로 일어납니다.

薛 註 : 조 언

문: 저의 日支가 巳이고 개(戌)띠입니다(=巳戌 怨嗔).
그러면 나의 동갑 친구들하고는 별로 좋지 않는 관계가 됩니까?

답: 그런 관계는 동업을 한다든가 하면 결과가 안 좋죠.

■ 日支가 丑이면 ○午生 남편을 만나고(丑午),
　日支가 巳이면 ○戌生을 만나고(巳戌),
　日支가 辰이면 ○亥生을 만나고(辰亥),
　日支가 申이면 ○卯生을 만나지만(卯申)
　모두 다 怨嗔 관계라서 오래가지 못합니다.

丙 乙 庚 戌 (乾) 壬　　※ 乙亥日이라 壬辰生이 인연
戌 亥 申 子　　 辰　　이다.

薛註 이 분은 日支가 亥이니

① 怨嗔 되는 壬辰生이 왔지만
② 地支끼리 申子辰 三合이 되니 필연입니다.
③ 그러나 용신 丙戌을 天冲地冲하니 결국 헤어졌습니다.

薛 註 : 조 언

문: 怨嗔殺에서 내가 가해자가 됩니까? 아니면 상대방이 가해자가 됩니까?

답: 들어오는 띠가 가해자이죠. 怨嗔 띠가 가해자가 됩니다. 다시 말해서 사주가 아래와 같다고 합시다.

```
○  癸  ○  ○  (乾)    ○
○  卯  ○  ○         申
         ↑_____怨嗔_____|
```

① 그러면 申生이 怨嗔殺이죠.
② 그러므로 申生 여자가 癸卯 日柱 남자를 밀어내는 것입니다.
③ 남자가 버림받는 것입니다.

■ 참고로 비록 怨嗔의 인연이나 그것이 三合一虛와 중첩이 될 경우 이별을 면하는 경우를 간혹 경험하고 있습니다. 그러니 三合이 되는지를 살펴보시기 바랍니다.

丁 癸 甲 戊 (坤)　丙　※ 癸丑日의 怨嗔은 午가 되므
巳 丑 寅 申　　　午　　로 戊申 태세에서 가장 가까
　　　　　　　　　　　운 丙午生이 지아비가 된다.

薛 註 日支가 丑이니 怨嗔되는 午 즉, 丙午生 남편을 만났습니다.

辛 乙 甲 癸 ㈜ 丙 壬　※丙戌生이 巳戌 怨嗔에 辛金
巳 巳 子 巳　　戌 午　　七殺을 合去하므로 지아비가
되지만 傷官太旺이라 偕老가 어렵다. 壬午生과 再婚이다.

薛註 日支가 巳이니
①怨嗔 되는 戌 즉, 丙戌生을 만났습니다.
②辛巳時에 丙火가 柱中 三巳에 놓았으니 십중팔구가
　부처를 모시는 삶을 살고 있습니다.

甲午年 己巳月 辛巳日 癸巳時 큰스님 사주입니다.

甲 甲 戊 丙 ㈎ 辛　※甲辰日生이라 辛亥生이 처다.
戌 辰 戌 午　　亥　　火熾乘龍으로 辰土가 기특하
　　　　　　　　　　고 得比理財라 水木運에 발복
한다. 자미두수 대가 사주다.

薛註 日支가 辰이니 辛亥生을 만난 겁니다.

丙 戊 甲 壬 ㈎ 辛　※戊申日生이라 辛卯生이 처가
辰 申 辰 午　　卯　　된다. 총체상은 羊刃退神
巳生이나 配庫를 開庫하는 戌生도 인연이 있다.

薛註 日支가 申이니 辛卯生 처를 만났습니다.

辛 甲 丙 甲 ㈇ 癸　※甲午日生으로 癸丑生이 夫가
未 午 子 寅　　丑　된다. 丑은 自庫를 開庫하는

인연도 된다. 配弱 명운이라 配庫 인연도 된다. 癸丑生 夫는
丑未 刑殺이라 의사요, 本人은 癸 印綬 祿으로 대학교수다.

薛註　日支가 午이니 怨嗔 인연이므로

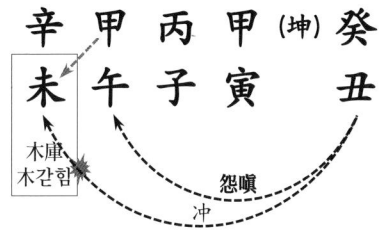

　　　　　　　　印綬　①癸丑生 남편을 만났습니다.

　　　　　　　　　　　②그런데 時支 未가

　　　　　　　　　　　▶日主의 庫가 되므로

　　　　　　　　　　　▶그 庫를 冲開하는 丑生이
　　　　　　　　　　　　인연이 되기도 합니다.

　　　　　　　　　　　▶그래서 癸丑生 남자와 인
　　　　　　　　　　　　연이 아름답습니다.

③癸丑生 남편 인연이 남편과 자신 직업을 예시하고 있습
　니다.

　▶남편 癸丑은 丑未 刑殺로 의사요,

　▶日主 자신은 癸水 印綬 인연으로 만났으니 대학교수입니다.

7. 길신론(吉神論)과 진여비결(眞如秘訣)

(24)귀인독행(貴人獨行)이면 동반정배(同伴定配)한다.

薛註 사주 내에 天乙貴人이 하나만 있는 경우에 나머지 하나를 찾아 인연한다는 것입니다.

■貴人獨行이면 同伴定配한다란 말은
'명조 내에 天乙貴人이 한 개만 있을 때 나머지 짝을 찾아 인연이 된다.'라는 뜻입니다.

■天乙貴人 : 日主를 기준으로
甲戊庚 → 丑未 : 갑무경(甲戊庚)은 축미(丑未)요
乙己　 → 申子 : 을기(乙己)자신(子申)있다.
丙丁　 → 亥酉 : 병정(丙丁)놀이 해유(亥酉)~~
辛　　 → 寅午 : 축구선수 신인오(辛寅午)와 같이
壬癸　 → 巳卯 : 임(壬)이 계(癸)시면 사모(巳卯)하는
　　　　　　　　마음이 생긴다.

戊 辛 戊 癸 (乾)　甲　※ 철쇄개금 놓아 의사다. 辛日
戌 卯 午 丑　　　 寅　　午貴 獨行이라 同伴貴人 寅
　　　　　　　　　　　生이 처다.
甲寅生 처는 교수다. 眞如秘訣이 맺어 준 인연이란다.

[薛 註] 卯酉戌 3자가 모이면 철쇄개금이라는 말로 전해져 옵니다. 2자만 있어도 작용력이 있다고 보아 의사, 약사, 한의사, 종교인, 성직자, 역술인과 인연 있다고 합니다.

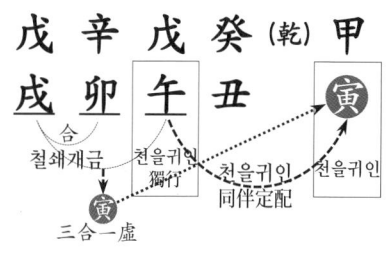

①辛日主에 天乙貴人 午를 홀로 보아
②寅을 동반하여 甲寅生과 天乙貴人 인연이 된 것입니다.

*앞의 甲寅年 丙子月 甲午日 辛未時 生과 부부입니다.

癸 癸 甲 辛 (乾) 辛　※辛巳生이 처다. 癸日의
丑 卯 午 未　　 巳　　天乙貴人은 卯巳인데

柱中에 卯만 있으므로 巳生을 정배한다.

[薛 註] 위의 예는 癸日主이니

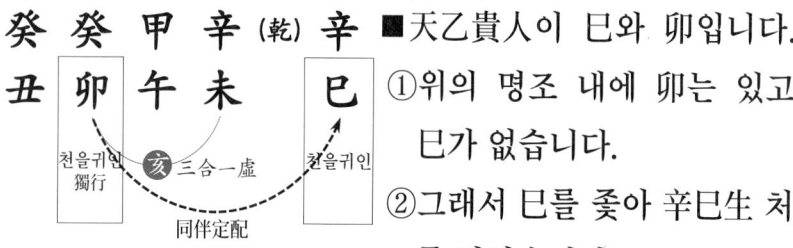

■天乙貴人이 巳와 卯입니다.
①위의 명조 내에 卯는 있고 巳가 없습니다.
②그래서 巳를 좇아 辛巳生 처를 만났습니다.
③만약 헤어진다면 亥生을 만날 것입니다.

| 庚 丙 辛 丁 (乾) | 癸 | ※ 丙日柱로 亥 天乙貴人이 있
| 寅 午 亥 丑 | 酉 | 으므로 그 짝이 되는 癸酉生
| | | 이 처가 된다.

薛註 이 명조는 丙日主이니 天乙貴人이 亥와 酉입니다. 亥는 가지고 있고 그러므로 癸酉生 처가 인연으로 들어온 것입니다.

薛註 : 조언

문 : 만약에 위 사주가 ○ 丙 辛 丁
　　　　　　　　 ○ 午 亥 亥 라면 酉生이 옵니까?

답 : 예. 마찬가지입니다. 獨行이란 말은 亥와 酉가 짝이니 亥가 몇 개 있어도 獨行이 되는 겁니다. 총각 둘이 한집에 살아도 독신이라고 합니다. 그것과 마찬가지입니다.

문 : 그렇다면 위의 예처럼 亥가 2개인 貴人과 亥가 1개인 貴人은 해석에 차이가 있습니까?

답 : 아닙니다. 관계가 없습니다.
만약 亥가 2개 있다면 위의 공식대로 酉生이 오고
또 '(30) 柱中二字이면 合冲定配한다.'에서 巳生도 올 수 있습니다.
또 冲하는 인연 외 合하는 인연도 올 수 있습니다.
그래서 寅生도 올 수 있다는 것입니다.

| 乙 癸 癸 壬 (坤) | 乙 | ※ 乙巳生이 지아비다. 巳丑으
| 卯 卯 丑 子 | 巳 | 로 印綬合局 하여 傷食을
| | | 制止하고 食神生財하므로
좋은 인연이다. 丑遙巳다.

[薛 註] 위 명조는 癸日主이니 巳와 卯가 貴人입니다.
巳가 없으니 乙巳生 늙은 남편을 만났습니다.
8세 위를 만난 것도 癸日 여인의 운명입니다.

薛 註 : 조 언

■ 아래의 분이 丁亥生 처를 만났습니다.

| 壬 癸 甲 癸 (乾) | 丁 |
| 子 卯 寅 未 | 亥 |

달려감 / 달려감
亥 三合一虛
丁 재성

① 이분이 남자이기 때문에 丁火(財星=未中丁火)를 찾아서 갔다라고 하면 됩니다.
② 癸水라는 글자가 2개나 있는데 癸水라는 글자에 자연스럽게 丁火 나방이 따라옵니다.
③ 癸水가 당겼습니까? 아닙니다. 丁火 스스로 온 것입니다.
* 그래서 癸日主는 좋습니다. 만약 내가 癸日主라면 丁未生, 丁亥生, 丁丑生 등에게 윙크만 딱 한 번하고 지나가면 내일 문자 메시지 옵니다.
'선생님 뵙고 싶습니다. 시간 있습니까?' 등.
이게 癸日主의 매력입니다.

* 위의 사주에서 癸水 한 개만 있어도 丁火가 인연 되는데 2개나 있으니 丁火와 인연이 될 수밖에 없습니다.
* 그러니 남녀를 불문하고 癸日主치고 못사는 사람이 없습니다(財가 끌려오니…). 어떻게 하든 재복은 있습니다.
* 癸日主는 본인이 능력이 없어도 마누라가 벌어주든지 자식이 벌어 주든지 돈은 들어오게 되어 있습니다.

④또 위의 사주에서 地支를 중심으로 보면
  ▶丁亥生 처이니 亥卯未 三合으로 引合되어 들어온 것입니다.
  ▶이렇게 판단하면 인연이 보입니다.

丁 丙 乙 丁 (乾) 己 ※ 丙日主로 酉가 天乙貴人이
酉 午 巳 酉   亥   므로 그 짝이 되는 己亥生이
                       처가 된다.

薛註 위 명조는 丙日主이니 亥와 酉가 貴人입니다. 그런데 亥가 없으니 己亥生 처를 만났습니다.

庚 丙 丁 己 (坤) 丁 ※ 丁酉生이 지아비다. 丙日
寅 午 丑 亥   酉   亥貴人이 있으므로 酉生이
                       남편 配星이다.

薛註 위 명조는 丙日主이니 亥와 酉가 貴人입니다.
①그런데 酉가 없으니 丁酉生 남편을 만났습니다.

| 辛 | 壬 | 戊 | 乙 | ⁽坤⁾ | 癸 | ※癸卯生이 지아비다. 壬日
| 丑 | 寅 | 子 | 巳 | | 卯 | 巳貴人이 있으므로 卯生이
| | | | | | | 남편 配星이다.

薛 註 위 명조는 壬日主이니

辛 壬 戊 乙 ⁽坤⁾ 癸 ①巳와 卯가 貴人입니다.
丑 寅 子 巳   卯 ②그런데 卯가 없으니 癸卯生
                      남편을 만났습니다.
                    ③癸는 羊刃 투출이 됩니다.

壬 丙 戊 丁 ⁽坤⁾ 乙 ※乙酉生 의사가 지아비다.
辰 戌 申 亥   酉   申酉戌로 酉가 공협되어
                      貴人獨行의 同伴者가 된다.

乙通關에 辰酉合德이다.

薛 註 위 명조는 丙日主이니 亥와 酉가 貴人입니다.

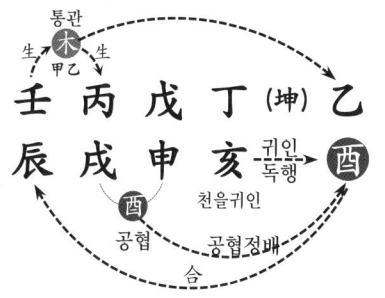

①그런데 酉가 없으니 乙酉生
 남편을 만났습니다.
②남편이 의사인 것은 酉와 戌
 이 철쇄개금이 되기 때문입
 니다.
③日時 辰戌冲을 酉가 해소시
 키니 좋은 인연입니다.

乙	癸	壬	甲 ⁽坤⁾	辛
卯	酉	申	申	巳

※ 辛巳生이 지아비로 언론계 기자다.

薛註 위 명조는 癸日主이니 巳와 卯가 貴人입니다.
①그런데 巳가 없으니 辛巳生 남편을 만났습니다.
②인수 남편으로 언론계 기자입니다. 柳○○ 씨입니다.
③巳申 刑殺이 있으니 巳生 부군이 위암 수술했습니다.

(25) 도세주옥(淘洗珠玉)이면 임생정배(壬生定配)한다.

薛註 辛金 日主는 壬生을 인연한다는 의미입니다.
淘洗珠玉이란 辛金을 壬水로 씻어 내기 때문입니다.
①辛金 日主가 癸年을 만나면 癸水로 인하여 辛金이 녹슬게 되어 누명을 쓴다거나 억울한 일을 당한다는 것을 추리할 수 있습니다.
②그래서 辛金은 壬水로 씻어 주어야 하고 이것을 淘洗珠玉 이라고 합니다.
③또 辛金은 地支인 亥를 만나도 괜찮죠. 亥 아래에 壬水가 있으니 역시 씻어 주고요. 그러므로 辛金은 깨끗이 씻어 주면 영롱한 빛을 내는 보석이 되는 겁니다.
④그래서 辛日主는 壬水를 보지 못하면 그 그릇이 작다고 합니다.

⑤辛金은 土 집안(戊土와 己土)과 분리되어야 하는데 이것을 분리시키는 데 一助를 하는 것이 壬水로써 土를 씻어내 분리시켜 주는 것입니다.
⑥또한 辛金은 土의 결정체가 되는 것입니다.
　土 자체보다도 더 응결되어 있는 결정체가 庚金, 辛金인 것입니다.
⑦그러므로 庚金도 壬水가 필요하지만, 丁火가 있어야 합니다.

```
戊 辛 壬 壬 (坤) 壬    ※ 辛日에 壬이 淘洗珠玉
子 卯 子 辰      午       이고 子子가 있으므로
```
午 天乙貴人이 冲하여 壬午生이 지아비가 된다.

薛 註 辛金은 壬水로 씻어 주어야 합니다.
①그래서 壬水로 淘洗珠玉하면서
②子子를 보았으니 壬午生이 남편이 된 것입니다.

```
己 辛 庚 丙 (乾) 壬 乙 癸   ※ 초혼은 壬申生 처요 중혼은
丑 巳 寅 寅      申 亥 巳      乙亥生 처이며 三婚은 癸巳
              초혼 중혼 삼혼      生이었다.
```
壬午生 처를 만났어야 본처 해로다.

薛註 ①초혼인 壬申生은 辛日主가 도세주옥(淘洗珠玉) 인연으로 만났습니다.

②乙亥生은 '(30) 柱中二字이면 合冲定配한다.' 로 寅亥合으로 만난 것입니다.

③癸巳生은 (37) 及身而止하면 食神(=실제로는 食傷)定配한다에서 癸水가 食神이 됩니다.

④그리고 壬申生은 (37) 及身而止하면 食神定配한다에 의해서도 나올 수 있는 인연입니다.

己 辛 辛 戊 (乾) 壬
丑 丑 未 戌 寅

※ 壬寅生이 처다. 土多金埋인데 壬水를 만남으로 及身而止가 淘洗珠玉으로 빛이 난다.

薛註 辛日主가 淘洗珠玉으로 壬寅生과 인연했습니다.

① '(37)及身而止하면 食神定配한다' 는 것은 내 몸(=日主)에서 五行의 相生이 멈춘 것을 말합니다.

②위의 예에서 보면 戊土나 己土가 土生金하여 辛日主에서 멈춘 것입니다.

③만약에 地支에 亥나 子가 있다 하더라도 金生水로 생각하면 안 되고 오로지 天干에서만 살펴봅니다.

④그러니 辛金이 水를 따라가기 위해서 壬水나 癸水로 따라가게 됩니다.

⑤실제로 辛金인 경우는 壬水로 많이 따라갑니다.
또 이상하게도 甲木은 丁火를 잘 따라갑니다.

⑥이러한 及身而止는 내 日主에 와서 막혀 버린 겁니다.
그래서 이것을 뚫어 주어야 합니다.
그래서 食神으로 定配하는 것입니다.

⑦만약 위의 예에서 天干과 地支를 모두 이용해서 다 통해 주는 것(=모두 相生으로 연결되는 것)을 순환상생(循環相生)이라고 합니다. 이것은 及身而止와 다른 것입니다.

```
庚辛壬丁 (坤) 壬 庚      ※ 壬申生 남편을 死別하고
寅卯寅丑     申 午         庚午生 남편과 재혼하여
            사별 재혼      행복하게 사는 이유가 午가
```
天乙貴人이기 때문이다. 한복집

[薛 註] 도세주옥(淘洗珠玉)하는

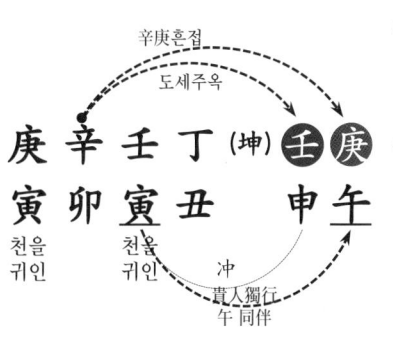

①壬申生을 만나 寅申沖하여 사별하였지만,

②庚午生 남편과는 '㉖辛庚欣接庚生定配' 하면서 天乙貴人 동반이 되므로 행복하게 산 것입니다.

```
庚 辛 庚 戊 (坤) 壬    ※ 壬辰生이 지아비다.
寅 酉 申 戌     辰
```

薛 註 辛日主는 壬水로 씻어 주어야 합니다.
①그래서 壬水로 淘洗珠玉하는 壬辰生이 남편이 된 것입니다.
②官庫 戌을 開庫하는 인연이 辰이기도 합니다.

```
辛 辛 壬 丙 (乾) 壬    ※ 壬午生이 처다.
卯 巳 辰 子     午
```

薛 註 辛日主는 壬水로 씻어 주어야 합니다.
그래서 壬水로 淘洗珠玉하는 壬午生이 처가 된 것입니다.

(26) 신경흔접(辛庚欣接)으로 경생정배(庚生定配)한다.

薛 註 辛日主는 庚金을 인연한다는 의미입니다. 이것의 欣接(欣=joy, 接=사귀다)은 '즐겁게 사귀다'란 의미입니다.
①그러므로 辛金과 庚金은 잘 사귑니다. 칼인 辛金이 칼집인 庚金에 의지하듯 항상 자석처럼 잘 붙는 사이입니다.
②그러나 庚金은 辛金을 잘 따라가지 않습니다.
③그러니 辛日主가 나오면 淘洗珠玉으로 壬水와 辛庚欣接으로 庚金을 먼저 생각하는 것입니다.

```
壬 辛 戊 庚 ⁽坤⁾   庚   ※ 庚申生 동갑과 결혼한 사주
子 酉 子 申        申     다. 庚生이 辛生을 만나면
```
凶하고 辛生이 庚生을 만나면 吉하다.

薛 註 이분 四柱 原局에 庚金이 있어도 庚生을 따라갑니다.
① 이 명조의 배우자 六神인 正官(丙)이 보이지 않습니다.

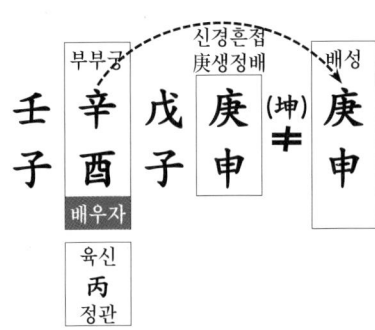

② 그러나 日主 辛金이므로 庚生을 인연으로 맞이합니다.
③ 庚申生을 만났다 하여 四柱 原局에 있는 年干 庚金이 배우자일까요? 아닙니다.
年柱의 庚申과 배우자 庚申은 달리 보아야 합니다.

薛 註 : 조 언

이분의 배우자는 六神상으로 丙火(=正官)입니다.

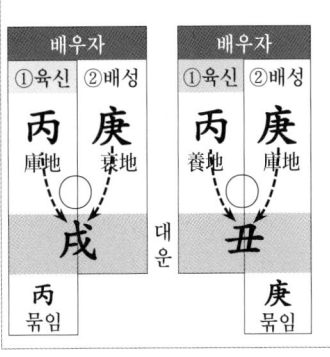

만약 위의 분의 大運이 戌, 丑으로 흘러간다고 합시다.
▶ 戌大運이 왔을 때는 丙火의 庫地가 되죠? 그럼 남편이 묶입니다.
▶ 또 丑大運으로 흘러가면,

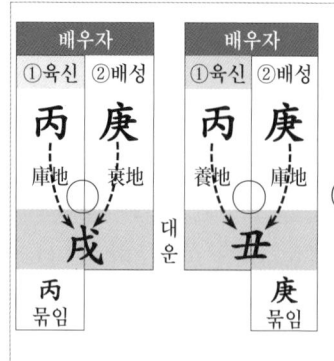

丙火의 입장에서는 養地이지만 역시 남편인 庚申生의 庚金의 庫地가 되는 것입니다.

③ 이렇듯
- ▶ 六神으로 남편인 丙火도 봐야 하고
- ▶ 그 남편의 年柱도 봐야 합니다.

둘 다 따져야 하는 것입니다.

庚 辛 壬 壬 (坤)　庚　※ 庚寅生이 지아비다. 時柱가
寅 巳 寅 辰　　　寅　　配歲와 近側定配에도 해당
　　　　　　　　　　되는 사주다.

薛註 칼인 辛金이 칼집 庚金에 의지하듯
① 庚寅生을 남편으로 두었습니다.
② 그리고 時柱 庚寅이 年柱 壬辰에서 2살 위에 해당하므로 바로 인연이 된 것입니다.

己 辛 辛 乙 (乾)　庚　※ 庚寅生이 처다. 辛庚欣接에
亥 亥 巳 酉　　　寅　　亥亥와 寅의 引合이 겹치는
　　　　　　　　　　사주다.

薛註 辛金이 庚金 칼집에 의지하듯
① 庚寅生을 처로 두었습니다.
② 寅亥合이 아름다운데 寅巳 官星 刑殺로 자식을 제왕 절개로 출산했습니다.

```
癸 辛 乙 戊 (坤)  庚    ※庚寅生이 지아비다.
巳 丑 卯 戌       寅
```

[薛註] 칼인 辛金이 칼집 庚金에 의지하듯
① 庚寅生을 남편으로 두었습니다.
② 寅 天乙貴人이 戌과 合되어 아름답습니다.

(27) 무기희구(戊己希求)하면 갑을정배(甲乙定配)한다.

[薛註] 戊, 己 日主는 甲, 乙을 인연한다는 의미입니다.
① 흙은 나무(=식물)를 키우는 것이 본능입니다.
   즉 甲木, 乙木이라는 것은 생명체의 대표격입니다.
② 甲, 乙木은 흙(=戊, 己 土)에 뿌리를 내리기 때문에 戊土나 己土 日主은 甲木이나 乙木 年干을 반가워합니다.
③ 그래서 '戊己日主이면 甲乙定配한다' 라고 이해하는 편이 좋습니다.

```
丙 戊 壬 癸 (乾)  丁 甲 庚   ※본처는 丁亥生이었고 후처
辰 午 戌 未       亥 午 子    는 甲午生으로 해로하는데
           본처 후처 스쳐      庚子生이 스쳐가는 명조다.
               가는
壬癸年月 戊日生은 바람둥이다.
```

[薛註] 戊日主이니 위의 공식에 의해서 甲午나 乙未生을 만나겠지만 실은 甲午生을 만났습니다.

그런데 丁亥生 본처는 어떻게 만났겠습니까?

① 이분의 사주에 年干과 月干인 癸水와 壬水가 있습니다.
▶ 즉 正財와 偏財가 혼잡 되어 있습니다.
▶ 正, 偏官이 혼잡 되어 있을 때 合去를 합니다.

▶ 이와 마찬가지로 여기서는 偏財인 壬水를 合去하기 위해 丁亥生이 온 것(=丁壬合)입니다.

② 또 지나가는 인연으로 庚子生을 만났다고 했습니다. 왜 만났을까요?
▶ '(2)配星無根이면 其祿定配한다.' 에서
▶ 配星의 祿인 子가 와서 庚子生을 만난 겁니다.

③ 또 어떤 인연이 올 수가 있겠습니까?
寅午戌 三合으로 寅生을 만날 수 있겠습니다.

조언

■ 여기서 우리가 알아야 할 것은 戊土나 己土 日主는 볼 것도 없이 나무(=甲木, 乙木)를 쫓아갑니다.

*眞如秘訣(因緣法)의 46가지 공식은 본능을 말하고 있으므로 필수적으로 암기해야 합니다. 선택의 여부에 따라

운명은 개운이 됩니다. 일반적으로 인연이 들어온다고 해서 다 배우자가 되는 것은 아닙니다.
가령 乙卯生과 맞선을 본다고 하면 이상하게 계속해서 乙卯生이 인연으로 옵니다.

직원을 채용하려는데도 계속 乙卯生이 인연이 되어 옵니다. 때로는 나를 따르는 후배는 乙卯가 많습니다. 그러나 인연을 내가 선택할 것인지는 '나의 의지' 입니다. 그래서 진여비결(眞如秘訣)이 본능이라면 선택은 '나의 의지' 입니다. 행운을 유인하는 진여비결(眞如秘訣)은 현명한 선택이 중요하며 의도된 신념 의지가 필요합니다.

```
己 己 壬 壬 (乾) 乙     ※ 乙未生이 처다. 겨울 밭에는
巳 丑 子 辰     未        보리(乙木)가 자라야 하기
                         때문이다.
```

薛 註

① '戊己希求하면 甲乙定配한다' 라고 했습니다만
   단, 겨울(亥子丑月)의 己日主는 乙木만 취합니다.
② 이것은 경험칙입니다. 이때 乙木은 보리의 관점이 됩니다.
③ 보리는 밭(己土)에 자라지 산(戊土)에 자라지는 않죠.
   겨울 밭은 보리를 구한다라는 의미가 됩니다.

己 己 甲 丁 (乾) 乙 丙　　※ 戊己日主가 甲乙을 희구하
巳 巳 辰 亥　　　未 申　　　여 乙未生 처를 얻었으나
　　　　　　　　　　이별 재혼
이별하고 丙申生 처와 재혼을 했다.

薛註 이분은 공식에 의해서 乙未生을 만났습니다.

① 이 사주를 보니 巳가 地支에 보이니 丙火도 인연이 되겠습니다.
② 乙未生과 이혼했지만, 丙申生과 재혼을 했습니다.

薛 註 : 조 언

문: 인연에서 위 사주와 같은 경우에 만약 처음에 丙申生을 만나 申巳刑이 되어 이혼을 했다고 가정하는 경우 4~5년 뒤에 또 다른 丙申生을 만난 경우 이 결혼은 해도 됩니까? 보통은 한 번 이혼을 하면 액땜을 했다고 하니 괜찮은 것인가요?

답: 아닙니다.
　　마찬가지입니다.
　　부부간 불안합니다.

丁	己	庚	乙	(坤)	庚	※ 戊己日은 甲乙希求라 庚寅
卯	亥	辰	未		寅	生 지아비를 만났다.

寅中甲木이 正官이므로 선연이다. 年上七殺은 乙庚合去다.

薛 註 己土는 寅을 따라 庚寅生을 인연했습니다.
① 庚寅生은 庚이 七殺 乙을 合去하면서
② 그 동시에 寅中甲은 正官이 되므로 善緣이 된 것입니다.

(28) 화련진금(火煉眞金)으로 정생정배(丁生定配)한다.

薛 註 庚日主는 丁을 인연한다는 것입니다. 이것은 庚金이 있으면 무조건 丁火로써 다듬어 주어야 한다는 말입니다.

薛 註 : 조 언

그런데 어떤 책에는 庚金이 있으면 丙火가 와서 다듬어 주어야 한다고도 하는데, 그것은 아니고 丁火가 와야 다듬을 수 있습니다. 丙과 丁의 기능이 엄격히 구분됩니다.
庚金하고 丙火의 관계는 象論으로 설명을 드리겠습니다.

답 : 庚金은 과일로 보시고,
　　辛金은 이미 상품화된 것이라고 보시기 바랍니다.

> 봄의 庚은 약하므로 丙을 필요로 하지만, 가을의 庚은 旺하므로 丙을 꺼려 한다는 것을 꼭 기억하시기 바랍니다.
> 단, 권력 의지가 강하거나 조상의 권력 발원의 업력이 강하면 七殺定配하는 경우도 있습니다.
> 다음 '(29)法權念願하면 偏官定配한다'에서 설명합니다.

壬 庚 甲 甲 (乾) 丁 ※ 丁卯生 처와 부귀영화를
午 午 戌 子   卯   누리고 자손들까지 크게
                        번창한 사주다.

薛 註 庚日主이므로
① 丁火로써 다듬어 줘야 합니다.
② 그래서 丁을 찾아 丁卯生과 인연된 사주입니다.

辛 庚 戊 己 (乾) 壬 ※ 丁火가 午에 祿根하므로
巳 寅 辰 卯   午   午生 처를 만나 寅午로
合德하여 부와 귀를 누린 사주다.

薛 註 庚日主이므로 丁火로써 다듬어 주어야 합니다.
① 비록 명조 내에 丁火가 보이지 않지만 丁火가 午에 祿根하므로 午生을 인연했고
② 寅午 合德하므로 富와 貴를 누린 사주입니다.

(29) 법권념원(法權念願)하면 편관정배(偏官定配)한다.

薛 註 권력 지향적인 사람은 편관 인연을 맞이한다는 것입니다. 평소에 성장하면서 법률, 권력 등을 지향하는 사람들은 배우자로 偏官星을 찾아간다는 의미입니다.

①이것은 그 사람의 내면적 정서를 말합니다.
②이것은 사실 가려내기가 어렵습니다.
③그러므로 배우자 띠를 보고 역추적이 가능한 반증 자료로 사용되기도 합니다.

```
丁 庚 乙 甲 (乾)  丙     ※戌亥天門格 사주로 權을
亥 戌 亥 戌       子      좇는 사주라 그 처가 丙子
                          生이다.
```
오래토록 국무총리에 재임했다. 李한○

薛 註 위 사주에 戌과 亥는 천문성이다.

①임금님 앞에 나가 본다는 의미가 있고 권력 지향적입니다. 또 원래 庚日主이니 丁火를 따라가야 하는데 丙火를 따라갔으니 공식에 없는 이례적인 일입니다.
②또 겨울의 庚金이 丙火를 보니 쉽게 터지지는 않습니다.
③그러나 가을의 庚金이 丙火를 보았다면 庚金은 쉽게 터져버릴 것입니다.
④이것이 象論의 원리인 것입니다.

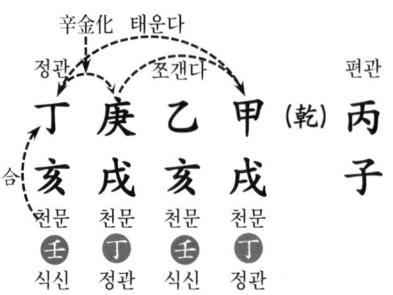

■ 이 丙火가 偏官이므로 이 사람은 결혼 전부터 권력 지향적인 사람이구나 하는 것을 알 수 있습니다. 오히려 역추적해서 아는 겁니다.

이분은 국무총리를 했었던 이○○ 씨입니다.

■ 그래서 이런 것을 역추적해 보면 만약 어떤 남자가 甲日主인데 庚金 年干의 여자를 사귀고 있다고 하면(=즉 偏官을 따라간다는 의미) 이 친구가 권력 지향적인가? 고시나 공무원 시험치려나? 하고 추리해 볼 수 있는 것입니다.

辛 壬 辛 丁 (乾) 戊   ※ 月時에 正祿을 놓은 建祿格
亥 戌 亥 丑   寅   사주로 戊寅生 처를 만나

행정가로 최고의 권세를 누린 사주다. 高○

薛 註

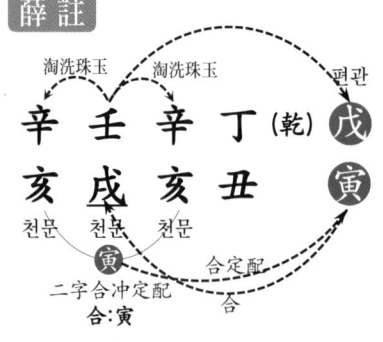

① 壬日主가 戊寅生 七殺 인연을 만나

② 행정부 최고위까지 올랐던 사주입니다.

```
戊 癸 辛 辛 (乾) 己    ※己卯生 처를 만나 大權을
午 酉 丑 未      卯      잡은 명조다.
                        災殺은 亂兔이다. 전○○
```

薛註 癸日主가 己卯生 七殺 인연을 만나 殺印相生이 되어 최고 통치자의 자리에까지 오른 사주입니다.

■상기 명조의 처 사주입니다.
①卯中乙木正財 위에 丁火正官이 있어 명관과마(明官跨馬) 되고
②남편 辛未生이 天乙貴人입니다.

```
辛 辛 辛 辛 (乾) 丁    ※丁亥生 처를 만나 부와 귀
卯 未 丑 巳      亥      는 물론 大權을 잡았다.

(命運 작용도 중요하나 一貫된 신념이 있었다.) 李○○
```

薛註 辛日主가

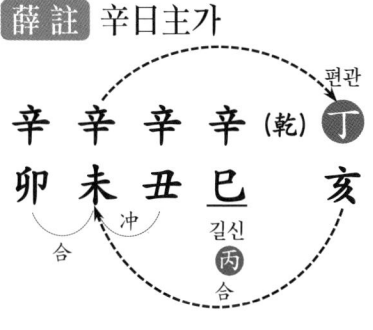

①丁亥生 七殺 인연을 만나
②대권을 잡은 사주입니다.

8. 성격론(成格論)과 진여비결(眞如秘訣)

(30) 주중이자(柱中二字)이면 합충정배(合冲定配)한다.

薛 註 柱中에 二字가 있으면 그 二字의 合 혹은 冲 되는 인연을 맞이한다는 것입니다.

```
辛 辛 辛 癸 (乾)   己    ※ 辛未日에 癸未年이라 未가
卯 未 酉 未        丑      두 자로 冲하는 己丑生이
                           처다.
```

財庫를 열어야 하기 때문이다.

薛 註 年支와 日支에 未土가 2개이니 冲하는 丑을 따라갑니다. 또 天干에 보면 辛金이 2개 이상이 있으니 丙火도 인연이 될 수 있습니다. 가까이 있는 丙戌生도 가능합니다.

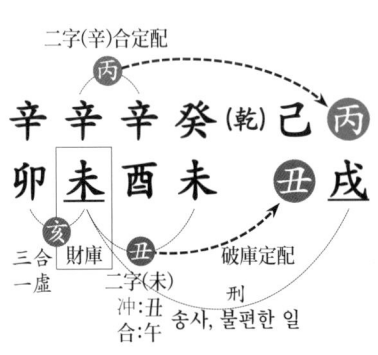

① 己丑生과 丙戌生을 비교해 보니

② 丙戌生은 戌未刑이 되니 곤란하지만

③ 己丑生은 丑未冲으로 財庫를 열어 주므로 상대적으로 이익이 크다고 볼 수 있습니다.

④丑戌未는 三刑이라고 합니다.
  ▶그러면 丑과 戌, 戌과 未는 刑이고,
  ▶그러나 丑과 未는 刑이 아닙니다.
⑤또 寅巳申도 三刑이라고 합니다.
  ▶그것도 寅과 巳, 巳와 申은 刑이고,
  ▶그러나 寅과 申은 刑이 아닙니다.
⑥그래서 이것은 순서대로 외워야 합니다.
  丑未와 寅申은 冲이 됩니다.
⑦또 未가 2개니 支合으로 午生이 올 수도 있고,
  亥卯未 三合으로 亥生도 올 수가 있습니다.

```
己 辛 己 乙 (坤)   丁    ※ 丁丑生이 지아비다. 未中丁火
亥 未 卯 未        丑     가 관살이 되어 丑生中에
                          丁丑生이 인연이다.
```

薛註 地支에 未가 2개니 丁丑生 남편을 맞았습니다.
이 남편은 유명한 영화감독 정○○입니다.

①남편 입장에서 보면 겨울 己土는 보리를 기른다고 했습니다.
②또 남편 입장에서 丑이 2개니 乙未生을 만난 것도 설명이 됩니다.
위의 乙未生이 처가 됩니다.

```
甲 甲 己 庚  (乾) 己   ※ 甲甲木이 두 자라 去留舒配
子 午 卯 子      亥      하는 己亥生이 처가 된다.
```

薛註 天干에 甲木이 2개니 己亥生을 만났습니다.
또 地支에 子가 2개니 午生도 만날 수 있는 것입니다.

```
丁 己 庚 丁  (乾) 壬   ※ 丁丁이 있어 合이 되는
卯 卯 戌 酉      寅      壬寅生이 처가 된다.
```

薛註 丁丁이 壬과 合하므로 壬寅生이 인연 된 경우입니다.

```
庚 丁 丁 庚  (乾) 壬   ※ 丁丁이 있어 합이 되는
子 卯 亥 子      寅      壬寅生이 처가 된다.
```

薛註 丁丁이 壬과 合하므로 壬寅生이 인연된 경우입니다.

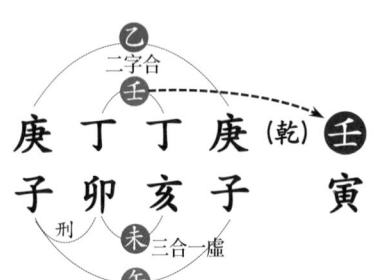

① 天干 丁火가 2개이니 壬寅生을 만났습니다.
② 또 庚金이 2개이니 乙木이 인연일 수 있습니다.
③ 地支에 子가 2개이니 午生과
④ 亥卯未 三合으로 未生도 인연이 될 수 있습니다.

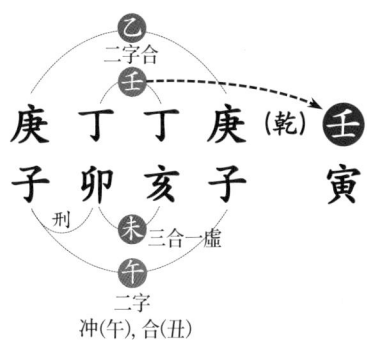

⑤이분의 사주를 보면
▶日支 卯와 時支 子가 刑을 하고 있으니 자식하고의 관계에 문제가 있을 수 있습니다.
▶그런데 만약 丑生 부인이 왔다면 時支 子와 子丑合을 해 주니 비록 刑은 있지만 조금 나아질 수 있습니다.

薛註조언

문: 刑은 三合만이 해소할 수 있지 않습니까? 그래서 丑生이 아니라 亥卯未 三合을 이용해서 未生이 오는 게 좋지 않나요?

답: 조금 완화될 뿐입니다.
　①支合과 더불어 어떤 것으로도 해소(=완전히 소멸)할 수는 없습니다. 조금 완화할 뿐입니다.
　②즉, 地支의 刑이 있을 때 三合이나 支合이 와도 소멸되는 것이 아니고 조금 완화할 뿐입니다.
　③가령 칼(=辛)만 잡으면 子卯 刑이 되어 부부간 갈등과 구설이 끊이질 않았습니다.
　④그런데 子나 卯의 支合이나

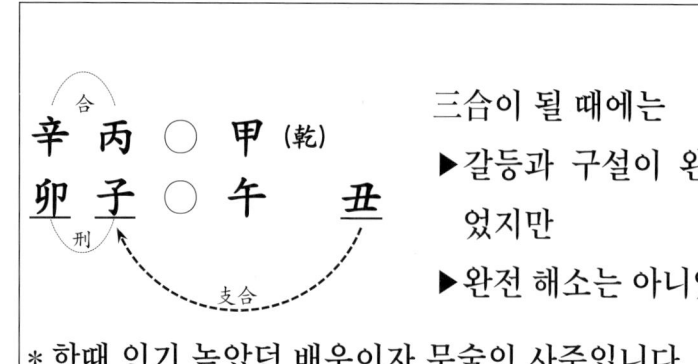

三合이 될 때에는
▶갈등과 구설이 완화는 되었지만
▶완전 해소는 아니었습니다.

＊한때 인기 높았던 배우이자 무술인 사주입니다.

薛 註 조 언

제왕 절개 등 아이 출생의 날을 잡아 줄 경우 刑이 되는 경우는 피해 줍니다.

象論의 관계와 地支의 관계를 중요한 결정요소로 판단합니다.

丙 庚 己 辛 (乾)　甲　※亥亥가 있어 寅生이 처다.
戌 子 亥 亥　　　寅　　亥中甲木이 配星으로 透出
　　　　　　　　　　　　하니 甲寅生이 처다.

金水雙淸으로 두뇌가 좋아 의사다.

薛註 亥亥가 寅과 합하므로 甲寅生이 인연된 경우입니다.

丙 庚 己 辛 (乾)　甲　　金水雙淸에 戌亥 天門이 있어
戌 子 亥 亥　　　寅　　의사입니다.
천문　　천문 寅 천문
의학　　　二字
종교　　冲(巳), 合(寅)
역학

丙 庚 庚 戊 (坤) 壬　※ 申申申이 3개나 있어 寅生이
戌 申 申 申　　寅　　夫다. 申中壬水 傷食透出로
　　　　　　　　　　 壬寅生이 夫가 되기도 한다.

丙壬冲은 어떻게 볼 것인가?

[薛註] 申申申이 3개나 있어

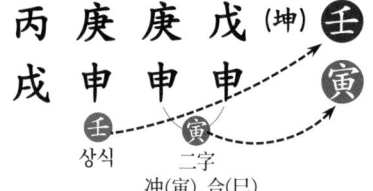

①寅과 冲하므로 壬寅生과 인연 되고,
②日支 申中 傷食 壬水가 있어 투간하여 壬生이 인연 되므로
壬寅生 인연을 만날 가능성이 높아진 것입니다.
③丙火는 壬水를 두려워 하지 않고 寅戌로 財印化爲官이 아주 좋습니다.

(31) 삼합일허(三合一虛)이면 허일정배(虛一定配)한다.

[薛註] 三合 中 一字가 빠진 경우 그 빠진 一字가 인연입니다. 子丑寅卯辰巳午未申酉戌亥 12가지 글자입니다.

대표적으로 寅午戌이 三合을 하고 있습니다.

이 글자들을 연결해 보면 내각의 각도가 60도가 되어 우주에서 가장 안정된 상태인 삼각형을 이룹니다.

■필자가 寅이고 독자가 午라면 서로 외로워서 뭔가 불안하고 들뜬 상태가 됩니다. 그러면 안정된 상태가 되기 위해서 戌을 당겨 옵니다.

그래서 '三合一虛하면 虛一定配한다'는 말은 나머지 하나를 당겨 와서 그것을 인연으로 한다는 의미입니다.

■그런데 寅午戌 중 가운데 午가 없으면 寅과 戌은 서로 합이 안 된다는 주장이 있지만 그건 잘못된 생각입니다.

■뿐만 아니라, 方合에서 옆에 있는 짝지를 당겨 오는 것도 당연한 것입니다. 짝이 없으면 불안하니까요. 같은 이치입니다.

薛 註 : 조 언

[연구: 三合에 있어 五行]

三合에 있어 五行은 목적을 의미합니다. 예를 들어 申子辰 水局이라면 申은 金이고 子는 水이고 辰은 土인데

①이 五行들은 그대로 존재하고 변하지 않는데
②水局을 위해서 合을 한 것이지
③申子辰 각각의 五行이 水로 바뀌는 것은 아닙니다.
　세간에 알려진 '모두 水로 변한다.'라고는 **판단하지 마시기 바랍니다.**
④水의 영역권이라는 의미로만 받아들이면 됩니다.

己 己 庚 癸 (坤)　丁　※丁酉生이 지아비다. 傷官進
巳 丑 申 卯　　　酉　　神이므로 子得夫別한다고
　　　　　　　　　　　본다.

그리고 卯酉로 偏官과 冲이다.

薛 註 時支 巳와 日支가 丑이니 巳酉丑 三合에 의해서 酉生을 당겨 오니 丁酉生 남편을 맞았습니다.

■그런데 명조를 가만히 보면
①丁酉生 남편을 맞이하여 年支 卯와 冲을 합니다.
②그러면 卯中에 乙木(偏官)이 튀어 나가서 月干 庚金과 合을 합니다.
③즉 乙木이 庚金에 갇혀 버립니다.
그러면 남편이 자기 할 일을 못하는 것입니다.
④또 年干 癸水가 乙木을 시들게 합니다.
"아니! 偏官 乙木이 남편이 아니지 않습니까?" 하고 되물을 수 있습니다.
⑤그러면 正官인 甲木이 사주 명조에는 없지만 꺼내 봅니다

남편甲 ← 剋
己 己 庚 癸 (坤)　丁
巳 丑 申 卯　　　酉
　　　　酉
　　三合一虛
　　虛一定配

▶이 甲木은 月干 庚金에게 비궁파벌(飛宮破伐)로 파극 됩니다.

▶또 이 부인이 자식을 낳으면

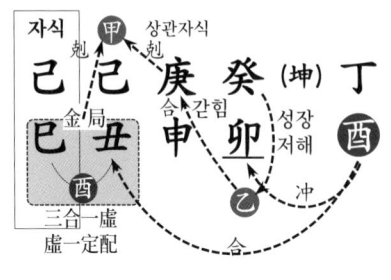

巳와 丑이 酉를 끌어들여서 巳酉丑 三合이 되어 金局이 더욱더 왕성해져 남편 甲木은 파극 됩니다.

▶그래서 이것을 子得別夫라고 합니다.

생이별과 사별을 둘 다 생각할 수 있습니다.

⑥이 사주의 時支인 己巳의 巳는

▶자식이 있든 없든 간에 작용을 하지만

▶자식을 낳으면 더욱더 왕성해져서

▶日支 丑이 있으니 자동적으로 酉를 끌어들여 巳酉丑의 金局(=傷官星)이 되는 겁니다.

⑦金 기운이 왕성해지면 12운성으로

▶甲木은 絶地가 되니 이별입니다. 申에서 본 甲木은 絶地입니다. 혹은 대표적인 것이 陽胞胎이므로 陽胞胎로 보면 絶地가 됩니다.

▶또 자식 자리인 巳火에서 甲木을 보면 病地가 되니 남편이 유순합니다.

```
┌─────────────────────────────┐
│        薛 註 : 조 언         │
├─────────────────────────────┤
│■앞의 사주 天干만 보면 어떤 것이 용신(=활동성)일까요? │
│①天干만 살펴보면 癸水(陰) 庚金(陽), 己土(陰) 己土(陰) │
│  연월일시로 나열되지요              │
│②그러니 陽인 庚金이 가장 활발한 것입니다.   │
│  이런 식으로 분석하는 방법도 있습니다.    │
└─────────────────────────────┘
```

己 庚 壬 丁 ⁽坤⁾　癸　※ 亥卯로 半三合局을 이루니
卯 寅 子 亥　　　未　　柱中에 없는 虛一字인 未生

즉 癸未生이 배우자 인연이다.

薛 註 사주 내 亥卯合으로 三合이 되려면

己 庚 壬 丁 ⁽坤⁾　癸　①부족한 글자인 未를 불러옵
卯 寅 子 亥　　　未　　니다.
　　　　　　　　　　　②그래서 癸未生과 인연이 된
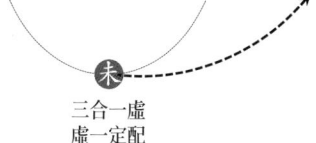
　　三合一虛　　　　　　사주입니다.
　　虛一定配

乙 乙 乙 丙 ⁽坤⁾　己　※ 巳酉 半三合局에 丑이 引合
酉 巳 未 申　　　丑　　되어 己丑生이 夫君이었으나

견겁이 많아 이별하고 치킨집하며 산다.

薛註 사주 내 巳酉合으로 三合이 되려면
①부족한 글자인 丑을 불러옵니다. 그래서 己丑生과 인연 된 사주입니다.
②여자 사주에 比劫이 많을 경우 남편과의 인연이 약하다고 봅니다.
③그리고 巳가 酉와 合하여 오므로 치킨집을 한 것이라 볼 수 있는 것입니다.

乙 戊 辛 己 (乾) 己   ※ 亥卯未 三合이므로 柱中에
卯 午 未 丑   亥   없는 己亥生이 처다.

薛註 사주 내 卯未合으로 三合이 되려면
①부족한 글자인 亥를 불러옵니다.
②그래서 己亥生과 인연이 된 사주입니다.

戊 甲 己 甲 (乾) 戊   ※ 戊子生 처다. 申辰이 있으므
辰 午 巳 申   子   로 子生이 배우자 인연이다.

薛註 사주 내 申辰合으로 三合이 되려면
①부족한 글자인 子를 불러옵니다.
②그래서 戊子生과 인연이 된 사주입니다.

己 壬 癸 丙 (坤) 己　※ 己丑生이 지아비다. 善緣이
酉 寅 巳 申　　 丑　　백년해로하며 相扶相助한다.

[薛 註] 사주 내 巳酉合으로 三合이 되려면
① 부족한 글자인 丑을 불러옵니다.
② 그래서 己丑生과 인연이 된 사주입니다.
③ 正官 인연이라 좋은 인연으로 봅니다.

庚 甲 甲 戊 (乾) 壬　※ 子月甲日로 냉한한데, 午戌
午 子 子 戌　　 寅　　이 寅을 引合하고, 壬이 甲庚

冲을 통관하는 壬寅生 처를 만났다. 金인○

[薛 註] 사주 내 午戌合으로 三合이 되려면

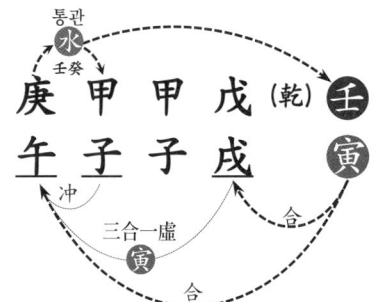

① 부족한 글자인 寅을 불러옵니다.
② 그래서 壬寅生과 인연이 있던 중 甲庚이 충돌하고 있어
③ 이를 통관하는 壬水를 찾아가니 壬寅生이 인연이 된 것입니다.

* 木日이 寅午戌 三合을 이루면 木火通明으로 전기, 전자, 정보 통신 업계 CFO로 출세한다고 봅니다.

(32) 삼형일허(三刑一虛)라도 허일정배(虛一定配)한다.

薛 註 '(31) 三合一虛이면 虛一定配한다.'와 같은 이치입니다. 즉 삼형이 되는 글자 중 한 글자가 빠진 경우 그 빠진 글자를 인연으로 불러온다는 말입니다.

```
丁 戊 己 庚 (乾) 丙 壬    ※丙午生 처 이별하고
巳 申 卯 子     午 寅      壬寅生 처 재혼이다.
              이별 재혼    과연 해로할까? 安계○
```

薛 註 용신인 巳가 天干으로 투간 되어 丙과 인연이면서, 用神 巳가 進神하여 午生과 인연이 되어 丙午生을 만났으나 午卯破로 이별했습니다. ①그 후 사주 내 ○巳申刑으로 三刑이 되려면 부족한 글자인 寅을 불러옵니다.

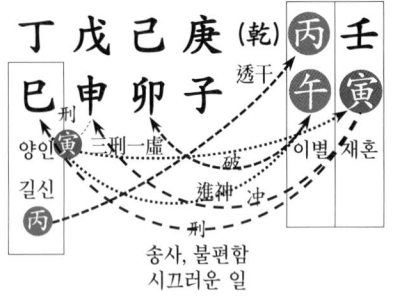

②그래서 壬寅生과 다시 인연이 된 사주입니다.
③그러나 백년해로는 어렵다고 봅니다.

```
癸 乙 癸 丁 (乾) 壬       ※丑未가 있으니 戌生이
未 酉 丑 巳     戌         인연이다. 壬戌生이 처다.
                          三刑一虛 代用이다.
```

[薛註] 사주 내 丑○未刑으로 三刑이 되려면

癸 乙 癸 丁 (乾)　壬　①부족한 글자인 戌을 불러옵
未 酉 丑 巳　　　戌　　니다. 그래서 壬戌生과 인연
　　合　　　　　　　이 된 사주입니다.
　戌
三刑一虛　　　　②일찍 어머니를 여의고 財多
하여 큰댁으로 입양된 사주입니다.

庚 丙 己 乙 (乾)　己　※ 寅申이 있으니 巳生이 처다.
寅 申 丑 丑　　　巳　　己巳生이 정경부인이 된다.

[薛註] 사주 내 寅○申刑으로 三刑이 되려면
①부족한 글자인 巳를 불러옵니다. 그래서 己巳生과 인연이 된 사주입니다.
②三刑이 성립되면 재난도 되지만 권력도 되고 정의 구현 의지도 됩니다.

壬 戊 甲 己 (乾)　乙　※ 乙未生이 처다.
戌 戌 戌 丑　　　未　　안팎으로 재벌이다.

[薛註] 사주 내 丑戌○刑으로 三刑이 되려면
①부족한 글자인 未를 불러옵니다. 그래서 乙未生과 인연이 된 사주입니다.
②재벌가의 후계자로 살다가 그만 비명에 가고 말았습니다.

```
庚 壬 壬 庚 (乾)  癸    ※癸巳生이 처다. 인쇄업과 목욕
戌 申 午 寅       巳     탕 사업으로 成財하였으나
                        중풍 혈전을 4번이나 겪었다.
```
생명 의지가 매우 강하다.

[薛 註] 사주 내 寅○申刑으로 三刑이 되려면

```
庚 壬 壬 庚 (乾)  癸    ①부족한 글자인 巳를 불러옵
戌 申 午 寅       巳     니다. 그래서 癸巳生과 인연
   역마   지살   천을     이 된 사주입니다.
        巳       귀인
        三刑一虛          ②癸巳生과 살면서 신액, 재난
         刑              의 고통을 겪으나
      훼손, 불편한 일
```
③巳가 천을귀인이라 현모양처의 은덕 또한 많습니다.

```
丙 乙 庚 戊 (坤)  乙 乙   ※乙未生夫와 이별하고 乙亥
子 丑 申 戌       未 亥    生과 해로한다. 源頭는 戊戌
                 이별 해로
```
이고 流住는 丙火라 오직 丙火 자식에게 헌신적이다.

[薛 註] 사주 내 丑戌○刑으로 三刑이 되려면

①부족한 글자인 未를 불러옵니다. 그래서 乙未生과 인연이
   되었으나 이별하고,

②年柱 戊戌로부터 土生金, 金生水, 水生木, 木生火로 시간
   丙火 傷官으로 머물렀으니 그 자식에게 헌신적입니다.

③官庫日 여인이 더욱이 肩劫 夫君을 만나면 孤寒의 삶을 사는 경우가 많습니다.

```
丙 癸 戊 乙 (坤)  丙    ※ 寅卯辰 木局이 官食合化食
辰 卯 寅 巳       申       이라 오직 자식을 위해 산다.
```

寅巳와 三刑되는 丙申生을 만나 아들을 얻었다.

薛註 사주 內 寅巳○刑으로 三刑이 되려면

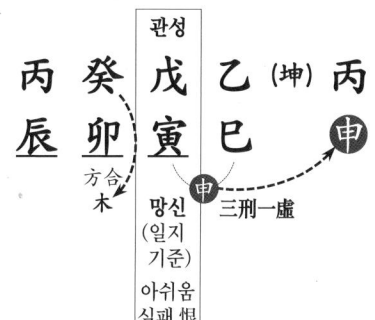

①부족한 글자인 申을 불러옵니다. 그래서 丙申生과 인연이 된 사주입니다.
②그리고 官食(寅卯辰)이 合化 木 食神하므로 자식 위해 산다고 하는 것입니다.

③부부는 사별하고 자식 키우는 여인인데 다시 재혼한다고 봅니다.

관성과 망신이 동주하면 사연 많은 연애나 결혼을 한다고 전합니다.

```
丙 庚 己 己 (乾)  戊    ※ 戊申生 처다. 羊刃退神에 庚
戌 子 巳 酉       申       祿在申이고, 月巳와 寅(韓國)
                          과 申生 처와 三刑이다.
```

申(美國)에서 살면 七殺爲權이다.

[薛 註] 日主의 祿으로 申과 인연이며, 사주 내 羊刃 酉가
①巳酉로 旺하므로 이를 退神하는 申이 역시 인연이 되어 戊申生 처를 얻었고,
②月支 巳와 韓國 寅 그리고 처 申이 三刑을 이루었습니다.

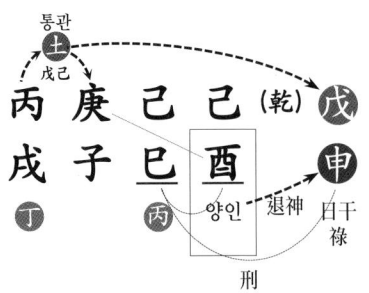

(33) 용신합덕(用神合德)이면 합자정배(合者定配)한다.

[薛 註] 사주 내 '좋게 작용하면 그대로 인연한다'로 해석합시다. 즉 그 四柱 내 吉 작용하면 그 인자로 바로 인연이 되기도 한다는 것입니다.

薛 註 : 조 언

[用神이란?]

■用神이 무엇일까요? 用神이란 정해진 개념이 아닙니다.
① 日主를 도와주는 것이 用神입니다.
② 格을 잡아 주는 대상이 用神이 되기도 합니다.
③ 氣運을 통하게 하는 것이 用神입니다.
④ 吉神을 돕는 자 혹은 살리는 자가 用神입니다.
⑤ 목적의 대상 혹은 문제 그 자체를 用神이라고 합니다.
⑥ 기타

```
丙 戊 己 乙 (坤) 丙    ※丑月戊日로 日出이 필요하므
辰 子 丑 酉     子     로 丙子生이 지아비가 된다.
                      調候用神이 그대로 지아비다.
```

薛 註 丑月의 戊土이기 때문에 한겨울이므로 매우 추운 계절입니다.

①그래서 時干인 丙火가 調候의 역할을 합니다.

②丙火가 필요하기에 그대로 丙○生이 인연이 되어 丙子生을 만났습니다.

```
戊 庚 丁 壬 (坤) 乙    ※未月庚日로 身弱하고 乾燥
寅 午 未 辰     酉     하므로 乙酉生이 지아비가
```
된다. 火熾乘龍하니 辰酉가 合德이다(生合 가운데 辰은 酉를, 酉는 辰을 강력하게 合德하며, 寅은 亥를, 亥는 寅을 강력하게 合德한다).

薛 註 庚金이 未月에 태어났으니 사주가 전반적으로 건조합니다.

①여기서 보면 年支 辰에 의지하면 건조한 것이 좀 줄어들므로 辰에 의지할 수밖에 없습니다.

②그래서 ○辰生을 인연하기도 합니다.

③그런데 辰과 合을 하는 것이 酉인데, 이 酉도 인연할 수 있습니다. 그래서 실제 乙酉生과 인연했습니다.

```
癸 癸 乙 丙 (乾)  乙     ※ 巳丑과 合德하는 乙酉生이
丑 巳 未 子      酉        三合成局에 印綬用神局을
                           이루므로 현처다.
```

薛註 未月에 출생하여 日支에 巳가 있으며 年月에 丙乙이 자리 잡아 사주가 건조합니다.
①그런데 日支 巳와 時支 丑이 巳酉丑 三合해서 金生水 하게 되면서 건조한 것을 제어할 수 있습니다.
②그래서 乙酉生이 인연입니다.

```
癸 己 丙 甲 (乾)  丙     ※ 통관하는 丙午生이 현처가
酉 酉 寅 辰      午        된다.
```
源遠流長하여 癸水偏財에 流住하니 억만장자 사주다.

薛註 官印이 相生하는 丙午生을 만났으니 현처가 되었고, 源遠流長 즉, 年干 木生火, 火生土, 土生金, 金生水 즉 癸水 偏財로 방점을 찍으니 억만장자가 된 사주입니다.
時上偏財格이 부자인 경우에 해당되는 사주입니다.

(34) 용신부실(用神不實)이면 진신정배(進神定配)한다.

薛註 用神이 不實하면 그 힘을 강화시키기 위해 用神을 進神하여 인연을 하게 된다는 것입니다.

丙 甲 庚 丙 (乾) 丁　※ 身旺好洩에 庚申金 官殺에
戌 寅 子 申　　　酉　　聚氣하니 申金官이 進神하
　　　　　　　　　　　는 丁酉生이 처가 된다.

寅酉 怨嗔도 된다.

薛註 用神 申이 부실하므로

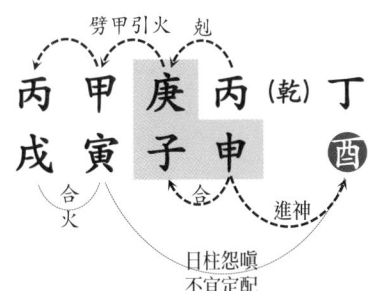

① 이를 강화하는 進神인 酉가 인연입니다.
② 그리고 寅酉가 怨嗔 인연으로 역시 酉가 인연입니다.

戊 丁 己 甲 (乾) 乙　※ 傷食太旺 하므로 甲寅이
申 未 巳 寅　　　卯　　進神한 乙卯로 制食하므로
　　　　　　　　　　　乙卯生이 좋은 처가 된다.

薛註 부실한 甲寅을 강화시키기 위한 進神인 乙卯가 인연이 된 것입니다.

丙 戊 庚 戊 ㈤ 己 ※ 身旺하고 傷食太旺하므로
辰 戌 申 寅   卯   弱한 官星을 進神시켜 쓸 수

밖에 없으므로 己卯生이 지아비다.

[薛註] 身旺 사주에 官星 寅이 부실하므로

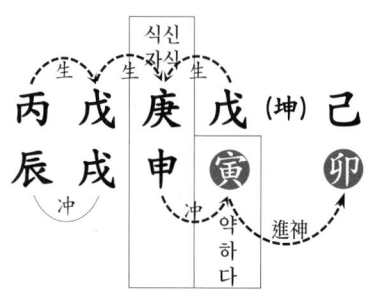

①이를 강화하는 進神인 卯가 인연 됩니다.
②그런데 이런 사주가 庚申生을 지아비로 섬기면 아들 낳고 夫君과 生離死別하게 됩니다.

*申生 역술 대가는 공교롭게도 위 사주와 동일한 사주를 가진 여성과 재혼하여 아들 낳고 9년 만에 子得死別하였으니 아무리 역술 대가라 할지라도 진여비결(眞如秘訣)을 알지 못하면 이처럼 불운을 피할 수 없는 것입니다.

(35) 성격유병(成格有病)이면 제병정배(制病定配)한다.

[薛註] 格을 이루어야 하는데 病이 있어 格을 이룰 수 없는 경우, 그 病을 除去해 주는 요소가 인연입니다.

辛 庚 乙 乙 ㈦ 庚 ※ 乙庚化格이 年柱 乙亥로
巳 寅 酉 亥   辰   부터 爭合되므로 舒配하는

庚辰生이 처가 된다(酉는 辰을 부른다).

[薛註] 乙庚 化格을 이루어야 하나

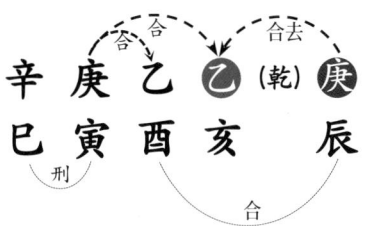

辛 庚 乙 乙 (乾) 庚
巳 寅 酉 亥   辰

① 乙乙이 다투어 合하므로,
② 그중 乙 하나를 庚이 合하여 다툼을 除去하므로
③ 5살 아래 庚辰生이 처가 된 것입니다.

辛 辛 庚 辛 (乾) 丁
卯 丑 子 巳   亥

※ 丁은 制劫하고 亥는 傷食生財로 用神成局하는 丁亥生 처를 얻어 크게 귀한 사주다.

法權念願 偏官定配도 된다.

[薛註] 丁火는 劫財를 제거하고 亥는 亥卯(未) 三合으로

辛 辛 庚 辛 (乾) 丁
卯 丑 子 巳   亥

① 傷食이 財(卯)를 生하여 用神이 局을 이루므로 丁亥生 처를 만난 것입니다.
② 황룡의 대권을 잡은 것은 丑日 卯時로 寅 녹마귀인이 공협된 격국의 공덕이 큽니다.

```
己 丙 乙 庚  (坤)  乙    ※ 女命에 官食同柱를 大忌하
亥 寅 酉 辰       亥      는데 乙亥生 부군을 만나니
                         乙이 己를 制病하게 된다.
```

薛註 女命에 官食이 同柱하면
① 부부의 인연이 약하고 자식을 낳은 후 부부의 인연이 멀어지는 등 부부의 인연이 불운하므로
② 乙 印綬가 傷官인 己를 제거해 주니 좋은 인연이 됩니다. 그래서 乙을 찾아가서 乙亥生을 남편으로 맞이한 것입니다.

(36) 거류서배(去留舒配)하면 성격정배(成格定配)한다.

薛註 여기에서 去는 合去를 말하고 留는 머무르는 것을 말합니다.
① 쉽게 얘기하면 官殺 처리법과 같은 개념입니다. 오히려 官殺 처리법에 포함되는 내용이라 해도 무방합니다.
② 그런데 여기에서는 官殺만 말하는 것이 아니고
  ▶ 男命에서 偏財, 正財(처), 偏官, 正官(자식)이
  ▶ 女命에서 偏官, 正官(남편), 食神, 傷官(자식)이
  ▶ 혼잡 되어 있을 때 合去(=舒配)하는 者가 인연이 된다는 의미입니다.

```
辛 庚 丁 丙 (乾)  壬    ※ 柱中에 官殺混雜인데
巳 子 酉 戌      辰      丙辛合去하므로 壬辰生
                         妻가 인연이 된다.
```

丁壬으로 舒配하기 때문이다.

薛註 年干, 月干인 丙火, 丁火가 관살혼잡이 되어 있으며
① 年干 丙火와 時干 辛金이 이미 丙辛合을 하고 있습니다.
② 그런데 正官인 丁火도 合(丁壬合)을 하여 壬辰生 처를
　맞이합니다.

```
壬 乙 丁 丁 (坤)  壬    ※ 火土조열하므로 丁壬合이
午 酉 未 未      寅      좋다.
```

인연도 舒配하는 壬寅生 지아비를 만나 금상첨화다.

薛註 여기서 보면 食傷이 많죠. 실제로는 地支의 午中에
丁火, 未中의 丁火 등,

```
    合   식신 식신  舒配
壬 乙 丁 丁 (坤)  壬
午 酉 未 未        寅
丁            丁 丁
식신         식신 식신
```

① 이미 사주 天干에 丁壬合이
있지만
② 또다시 丁壬合을 하기 위해
壬寅生 남편을 맞이합니다.

薛 註 : 조 언

다음 사주는 남자인데 年干 丁火(正財)와 時干 丙火(偏財)

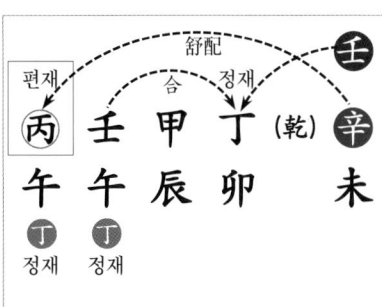

가 있으므로 즉 財星이 혼잡되어 있는 겁니다.

① 時干인 丙火가 辛金을 만나 丙辛合을 합니다.

② 실제로 이분은 辛未生 처를 만났습니다.

③ 그러나 年干인 丁火는 壬水를 만나 丁壬合을 못하란 법이 없죠? 그러므로 壬申生을 만날 수도 있습니다.

④ 실제 辛未生을 만났습니다만 어째든 丁火도 제거하고 싶은 것입니다.

⑤ 그런데 偏憎正愛로 편재를 合去시키고 정재를 살려 두었습니다.

■ 이 여자는 年干과 時干에 癸水와 壬水인 관살혼잡이 되어 있습니다.

① 이분은 실제 偏官인 癸水와 戊癸合을 하여 戊戌生을 만났습니다.

② 丁壬合을 못하란 법도 없지만요.

▶ 대체적으로 보면 偏官, 偏財처럼 偏字와 합을 많이 하는 것 같습니다.

▶ 실제 공식에서 正字를 두고 偏字와 합하는 것은 偏은 미워하고, 正은 사랑하기 때문인가 봅니다.

9. 통기론(通氣論)과 진여비결(眞如秘訣)

(37) 급신이지(及身而止)하면 식신정배(食神定配)한다.

薛註 기운이 일주(日主) 즉 일간(日干)에 정체된 경우 그 정체된 기운을 설기시켜 주는 食神을 인연한다는 의미입니다.

```
癸 戊 丁 戊  (乾) 庚    ※ 火土기운과 癸亥水기운을
亥 午 巳 子       寅       庚이 통관하고 戊土의
```

급신이지 기운을 庚寅生 처가 간단히 뚫어 준다.

薛註 火生土로 氣運이

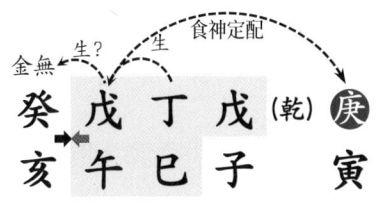

① 日主에서 정체되어 水로 이어지지 않으니

② 이를 통관시켜 주는 食神 庚金이 인연이 된 것입니다.

③ 그래서 庚寅生을 만난 것입니다. 처덕이 많은 사주입니다.

薛 註 : 조 언

이분이 김완규 선생님으로, 진여원 현정 신수훈 선생님의 진여비결 庚申錄을 부산의 모모 한의사와 모모 역술인에게 전한 사람입니다. 영주 사람으로 서울에서 살다가 지금은 울산에 거주합니다.

```
戊 己 丙 戊 (乾) 辛    ※ 강왕한 土기운이 辛巳生
辰 巳 辰 寅      巳     처를 만나 설기가 되므로
                        及身而止를 면하였다.
```

薛註 木生火, 火生土로 氣運이 日主에 정체되어 있으니
①이를 설기시켜 주는 食神 辛金이 필요했습니다.
②그래서 辛巳生을 만난 것입니다.

```
辛 庚 庚 庚 (乾) 壬    ※ 壬寅生 처를 만나 食神生財
巳 辰 辰 子      寅     가 완벽하게 이루어지므로
                        財滋弱殺까지 가능하다.
```

薛註 왕성한 金 氣運이 日主에 정체되어 있으니
①이를 설기시켜 주는 食神 壬水가 필요했습니다.
②그래서 壬寅生을 만난 것입니다.

```
乙 甲 戊 乙 (乾) 丙    ※ 丙戌生이 처다. 食神生財라
亥 寅 寅 酉      戌     及身而止를 모면했다.
```

身太旺에 配星 甚弱 者는 配庫인연이 좋다.

薛註 旺한 木氣가 日主에서 정체되어 있으니
①이를 설기시켜 주는 食神 丙火가 필요했습니다.
②그래서 丙戌生을 만난 것입니다.
③戌은 甲日身旺 配庫定配에 해당됩니다.

```
己 庚 乙 丁 (坤) 癸    ※ 癸未生이 지아비가 되므로
卯 戌 巳 亥     未      조후 균형이 이루어지나,
```

庚金이 癸를 만나면 金水傷害라 불미하다.

薛註 金氣가 日主에서 정체되어 있으니

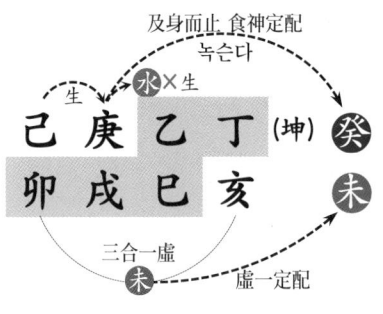

①이를 설기시켜 주는 傷官 癸를 만나 조후의 균형을 이룹니다.

②그러나 庚金은 癸水를 좋아하지 않아 곤란한 인연이 되고 마는 것입니다.

③여기서 十干의 관계가 중요하다는 것을 엿볼 수 있는 것입니다.

④亥卯(未)로 未生 인연이 필연입니다.

*비록 金水傷害가 癸水이나 岩間藥水가 되기도 합니다.

```
癸 戊 甲 丙 (坤) 辛    ※ 辛未生이 지아비다.
亥 寅 午 子     未      水生木生火生土한
```

及身而止 氣運을 辛金이 설기로 통관을 시킨다.

薛註 木生火 火生土로 土氣가 日主에 정체되어 있으니

①木生火, 火生土로 土氣가 日主에 정체되어 있으니, 이를 설기시켜 주는 傷官 辛이 필요했습니다.
②그래서 辛未生을 만난 것입니다.
未는 천을귀인이 되기도 합니다.

```
壬 甲 甲 戊 (乾)   丙    ※ 丙申生이 처가 되므로 태양
申 申 子 子        申      의 조명이 아름다워 언제나
                         대명으로 승부할 수가 있다.
```

[薛註] 旺한 木氣가 日主에 정체되어 있으니
①이를 설기시켜 주는 食神 丙火가 필요했습니다. 그래서 丙申生을 만난 것입니다.
②冬生 甲乙木日이 丙火를 만나면 인생 한마당 크게 조화를 부려 볼 수 있습니다.

(38) 기운정체(氣運停滯)하면 통기정배(通氣定配)한다.

[薛註] 殺印相生의 경우와 같이, 殺이 日主를 剋할 때 印星이 들어가서 서로 소통시켜 줍니다. 이것을 通氣라고 합니다. 만약 日主가 甲木일 때 殺 庚金이 剋해오면 日主가 힘들어지죠. 이 두 개 관계를 소통 즉 이어 주는 것을 찾아봅니다.

즉 壬水나 癸水가 通氣시켜 주니 인연이 된다는 뜻이 됩니다. 또는 絶處逢生도 같은 의미가 됩니다.

①이와 같은 관계를 크게 그려 보면 '㉮와 ㉯ 사이의 관계에서 소통시켜 주는 것이 인연이다' 란 의미가 되는 것입니다.

②이것은 日主만 보는 것이 아니고 天干 전체 관계에서 일어납니다.

癸 甲 甲 乙 (乾) 壬   ※ 申中壬水가 絶處逢生으로써
酉 寅 申 酉   辰   金木을 通氣하는 壬辰生 妻
                        를 만났으나

通氣定配하는 인연이다. (酉는 辰을 引合한다)

薛註 木氣와 金氣 사이를

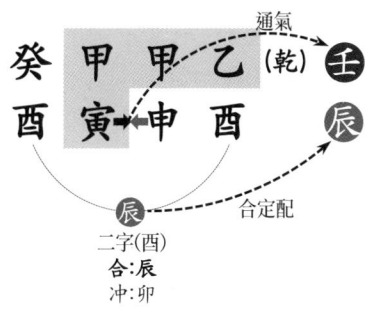

①이어 주는 壬을 만나고, 酉酉가 辰을 引合하고 있으니
②壬辰生 인연이 뚜렷해지는 것입니다.
③그러나 壬만으로는 秋生甲木에 火가 없어 大器無用이 염려가 됩니다.

| 壬 | 戊 | 丁 | 甲 | (乾) | 丁 | ※ 七殺을 통관시켜 주는 丁亥
| 戌 | 寅 | 卯 | 申 | | 亥 | 生이 처다.(殺印相生이다)

薛註 七殺 木氣와 日主 土를 이어주는 즉,

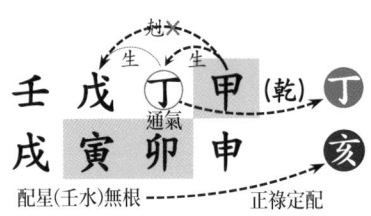

① 殺印相生을 시켜 주는 丁이 인연입니다.
② 그래서 丁亥生을 인연한 것입니다. 참 좋은 인연입니다.
③ 配星 壬水가 亥生을 正祿으로 통근하니 금상첨화입니다.

| 丙 | 壬 | 辛 | 壬 | (乾) | 甲 | ※ 甲寅生이 좋은 처다. 甲寅生
| 午 | 子 | 亥 | 子 | | 寅 | 처를 만나 처덕이 태산 같은
| | | | | | | 치과 의사 사주다.

薛註 旺한 水氣가 時干 丙火 사이를 이어 주는

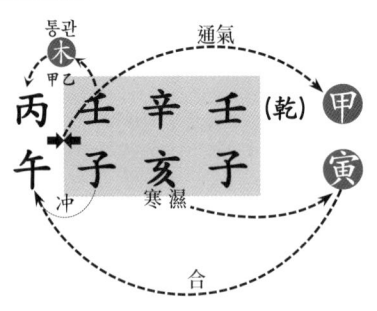

① 甲寅 食神을 만났습니다.
② 그 食神 甲寅이 丙火 財를 生助하므로 처덕이 크다고 할 수 있는 것입니다.
③ 身旺에 食旺이고 財旺이니 참 아름답습니다.

壬 戊 丁 己 ⁽坤⁾ 庚   ※ 庚子生이 지아비다. 戊壬이
戌 戌 丑 亥   子   庚을 통관하므로 庚子生이
                        좋은 인연이다.

薛註 旺한 土氣가

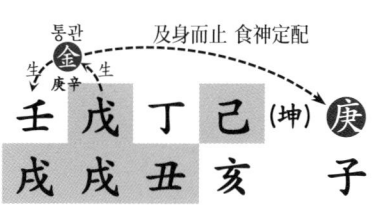

① 日主에 정체되어 있고 壬水에 부딪혀 있습니다.
② 그러므로 이들 사이를 통관하는 庚金이 필요했습니다.
③ 그래서 庚子生을 만난 것입니다.

丁 丁 癸 壬 ⁽坤⁾ 乙   ※ 乙巳生이 지아비다. 壬癸水
未 未 丑 子   巳   와 丁火를 乙이 통관시켜

주므로 乙巳生이 좋은 인연이다.

薛註 壬癸水와 丁火가 서로 통관되지 않아

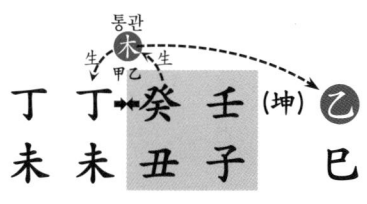

① 그 둘 사이를 이어 주는 偏印 乙을 필요로 했습니다.
② 그래서 乙巳生이 인연이 된 것입니다.

10. 배성론(配星論)과 진여비결(眞如秘訣)

(39) 시주배세(時柱配歲)이면 근즉정배(近則定配)한다.

薛註 年柱와 時柱의 차이가

① 위 아래로 5~6년 이내에 있으면 時柱가 바로 배우자인 경우가 많다는 것입니다.

② 요즘 결혼하는 연령 차이를 감안하여 5~6년까지로 잡겠습니다.

③ 물론 결혼을 안 하면 연애하는 친구일 수도 있겠습니다.

```
癸 丙 癸 己 (坤)  癸      ※ 癸巳生이 지아비다.
巳 申 酉 亥       巳
```

薛註 時柱가 癸巳인데

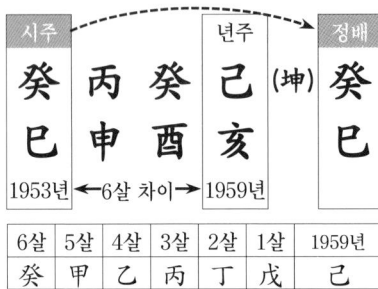

① 年柱인 己亥와의 차이가 6년 차이입니다.
  (癸巳에서 출발하여 甲午 乙未 丙申 丁酉 戊戌 己亥까지이니 6년 차)

② 실제 癸巳生을 만났습니다.

③ 年柱와 時柱 차이가 6년입니다.

■또 다른 예시입니다.

① 甲寅生과 인연이 된 적이 있습니다.
② 이 사주는 時柱配星은 아니지만 年柱와 時柱의 차이가 위아래로 5~6년 안에 있으면 時柱가 인연이 되는 경우도 있다는 것입니다.

壬 壬 壬 戊 ㈜ 壬　※ 壬寅生이 지아비다.
寅 申 戌 戌　寅

薛 註 戊戌에서 壬寅까지 몇 년 차이인가요?
① 4살 차이네요. 그래서 壬寅生이 인연이 됩니다.
② 요즘은 연상, 연하 부부도 많으니까 위아래로 5~6년 차이를 봐 줘야 합니다. 아주 잘 맞는 것 중의 하나입니다.

丙 癸 辛 丙 ㈜ 丙　※ 丙辰生이 지아비다. 太歲와
辰 未 卯 辰　辰　　時柱와 같으면 배우자 인연
　　　　　　　　　　이다.(食神制殺이다)

薛 註 年柱와 時柱가 동일한 丙辰입니다.
① 그래서 丙辰生을 인연한 것입니다.
② 그리고 진여비결 인연법대로 自庫를 여는 戌生, 귀인동반 巳生, 日主正祿 子生 등도 연애해 볼 수 있습니다.

```
癸 庚 庚 甲 (坤) 癸    ※癸未生이 지아비다.
未 戌 午 申     未
```

薛註 年柱 甲申과 時柱 癸未가 1년 차이입니다.
그래서 癸未生을 인연한 것입니다.

```
戊 乙 乙 壬 (乾) 戊    ※戊寅生이 처다.
寅 亥 巳 申     寅
```

薛註 年柱 壬申과 時柱 戊寅이 6년 차이입니다.
그래서 戊寅生을 인연한 것입니다.

```
己 甲 丁 丁 (乾) 己    ※己巳生이 처다.
巳 辰 未 卯     巳
```

薛註 年柱 丁卯와 時柱 己巳가 2년 차이입니다.
그래서 己巳生을 인연한 것입니다.

```
丁 甲 乙 己 (坤) 丁    ※丁卯生이 지아비다.
卯 子 亥 巳     卯
```

薛註 年柱 己巳와 時柱 丁卯가 위로 2년 차이입니다.
그래서 丁卯生을 인연한 것입니다.

```
己 辛 乙 辛 (坤) 己    ※ 己亥生이 지아비다. (시력
亥 丑 未 丑     亥      고생이고, 자식 둘과 미국
                       에 장기 거주이다. 陰地
애정으로 불편하나 해로 부부이다)
```

薛註 年柱 辛丑과 時柱 己亥가 위로 2년 차이입니다. 그래서 己亥生을 인연한 것입니다.

(40) 배성합덕(配星合德)이면 합자정배(合者定配)한다.
(특히 辰酉合德)(오로지 地支에만 적용)

薛註 사주 명조에서
① 배우자 六神이 되는 그 자체이거나,
② 배우자 六神星에 합이 되어 오는 자를 배우자로 한다는 것입니다.

```
辛 戊 庚 戊 (乾) 壬    ※ 申子辰, 辰酉合德하므로
酉 子 申 子     辰      壬辰生이 처다.
```

大地玄妙에 名山採金이나 金多土變이 염려된다.

薛註 이 사람에게 배우자의 六神인 財星은 무엇인가요?
① 子中癸水가 財星입니다.
② 그리고 子와 합을 하고 있는 상황이 아래와 같습니다.

辛 戊 庚 戊 ㈎ 壬　　▶丑, 辰, 申입니다.
酉 子 申 子　　辰　▶그래서 이분은 壬辰生 처
　　　　　　　　　　를 만났습니다.
　丑 처 辰　　　　③위의 공식은
　六合　三合一虛　一虛定配

▶배우자 六神 그대로(1번) (正, 偏 구분 없음)
▶六合이나 三合으로 정리됩니다(2번).

④다시 정리하면,
▶1번으로는 子生,
▶2번으로는 丑生, 辰生, 申生이 나오게 됩니다.

⑤또 '㉛ 三合一虛이면 虛一定配한다.'에 의해 또 辰生이 나오니 辰生이 중복되어 실제로 壬辰生을 만났습니다.

薛 註 : 조 언

＊土金水로만 짜인 명조는 구도자나 기인의 삶을 사는 경향이 많습니다.

丙 乙 戊 乙 ㈏ 庚　※子辰合德하므로 庚辰生이
子 亥 子 酉　　辰　지아비다. 태양의 은덕으로
　　　　　　　　　　동백꽃이 만발했다.

薛註 사주 명조에서 배성 酉에
①合하여 오는 辰이 인연입니다.
②그래서 庚辰生과 인연이 된 것이라고 볼 수 있는 것입니다.

乙 癸 丁 己 ㈦ 乙　※ 巳酉丑으로 合德하는 乙巳
卯 卯 丑 酉　　 巳　　生이 남편이나 乙이 己를

剋하므로 자득부별이 당연하다.

薛註 이분을 보면 丑이 官星이 되니

乙 癸 丁 己 ㈦ 乙
卯 卯 丑 酉　　 巳
　　　酉　子 관성 巳
二字(卯) 六合 三合一虛 一虛定配
合冲定配
冲: 酉

① 1번으로 丑生, 2번으로 보면 子生, 巳生, 酉生도 나타날 수 있죠.
② 또 '㉛ 三合一虛이면 虛一定配한다.' 공식에 의거

▶ 巳生이 나오니 중복입니다.
▶ 그래서 실제 乙巳生 남편을 만났습니다.
③ 또 '㉚ 柱中二字이면 合冲定配한다.'는 공식으로 卯酉冲이 되니 酉生도 나올 수 있습니다.

庚 丙 戊 丙 ㈦ 戊　※ 戊子生이 지아비다. 자성
寅 子 戌 申　　 子　　(子星) 戊土와 배성(配星)

子水가 合德하여 만남이니 陰德으로 만난 妙緣이다.

薛註 일지에 배성인 子 官星이 있어
① 그 자체 子를 배우자로 맞이한 것입니다.
② 그래서 戊子生과 인연한 것입니다.

```
乙 壬 戊 庚 (乾)  戊    ※ 戊子生이 처다. 七殺 合去요
巳 寅 子 辰       子     羊刃合殺을 겸한 인연인
                        戊子生 처다.
```

[薛 註] 羊刃 子는 七殺 辰을 合하여 七殺合去요,
①동시에 七殺 辰과 羊刃 子가 합하므로 羊刃合殺입니다.
②그래서 月柱 戊子가 그대로 배우자가 된 경우입니다.

(41)배성다봉(配星多逢)이면 조화정배(調和定配)한다.

[薛 註] 사주에 배우자성에 해당하는 五行이 많이 있을 경우 이를 모아서 대표 선수를 골라서 인연한다는 의미입니다.

```
庚 甲 己 己 (乾)  戊    ※ 身旺財旺이므로 戊寅生
午 子 巳 卯       寅     이나 壬寅生이 처가 된다.
```

양인이 있으므로 退神하는 戊寅生이다.

[薛 註] 배우자星인 財星이

```
        재성 재성
庚 甲 己 己 (乾) 戊
午 子 巳 卯      寅
己           戊
재성         재성
```

①午中의 己土, 巳中의 戊土, 天干(年干과 月干)의 己土 등 4개가 됩니다.
②그러니 財星이 많으면 그 財

星이 土이므로 土中에 己土와 戊土가 있는데
③이분은 대표 선수인 戊土를 인연으로 만나 戊寅生 처를 만났습니다.
　연상 처(연하 신랑) 인연이 오늘날 사회적 트랜드입니다.

丙 乙 庚 庚 (乾)　己　※ 得比理財하는 己卯生이 처다.
戌 未 辰 辰　　　卯　　乙木의 녹지가 卯木이면서
財官을 다스리고 감당한다.

薛註 地支 4개가 배우자인 財星이 됩니다.

丙 乙 庚 庚 (乾)　己　財星多逢이 되었습니다.
戌 未 辰 辰　透出 卯　①그러면 戊土와 己土가 되는
　戊　己　戊　戊　　　데 己卯生을 만났습니다.
　재성 재성 재성 재성
　　日主無根　　正祿定配　②(1)日主無根 正祿定配 공식
　　　　　　　　　　　에 의거 卯生이 보입니다.

　그러므로 己卯生을 만났다고 할 수 있습니다.
③財星인 未中己土가 透出定配에도 해당됩니다.

癸 辛 己 辛 (坤)　壬　※ 官殺이 多逢하므로 亥中
巳 巳 亥 巳　　　午　　壬水 투출하여 壬午生이
　　　　　　　　　　지아비다.
淘洗珠玉에 天乙貴人 인연이다.

薛 註 '⑸ 巳火吉神이면 透丙定配한다' 는 공식에 의거

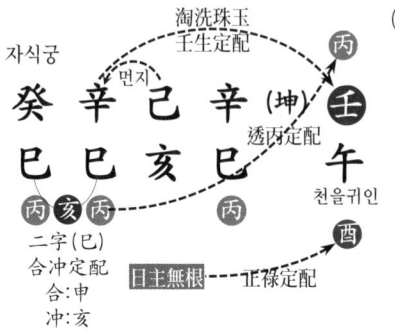

① 丙生을 만날 수 있습니다.
▶ 巳는 승천하여 丙이 인연이 됩니다.
▶ 또 巳中丙火가 官星이므로 확실히 丙生의 인연은 깊을 수 있는 것입니다.

② 또 '⑴ 日主無根이면 正祿定配한다' 로 酉生이 인연이 될 수도 있고,

③ 日主가 辛金이므로 '㉕ 淘洗珠玉하면 壬生定配한다' 는 공식과도 일치하는 겁니다.

薛 註 : 조 언

■ 과연 이 명조가 壬午生을 만나면 좋겠습니까?
① 예, 좋은 편입니다.
　일단 日主 辛金을 淘洗珠玉하니 좋습니다.
② 月干 己土에 조금 불리함에 있고
　時干 癸水 즉 자식 자리에도 불리함은 어쩔 수 없습니다.
③ 壬午生 이분의 신분은 어떻겠습니까?
　日主 辛金에서 보면 天乙貴人입니다.
　(辛 → 천을귀인 寅, 午)

(42) 배성득병(配星得病)이면 구병정배(求病定配)한다.

薛註 사주에서 배우자 六神星에 대한 병(病)이 있을 경우 그 병(病)을 제거하는 요소가 인연이 된다는 의미입니다.

```
戊 己 丙 癸 (乾) 甲    ※甲戌生이 처다. 甲은
辰 巳 辰 酉      戌    制劫하고 戌은 財庫를
                      열어 주는 인연이다.
```

薛註 財星 癸水가 年干에 있는데 時干 戊土가 合(戊癸合)을 하고 있습니다.

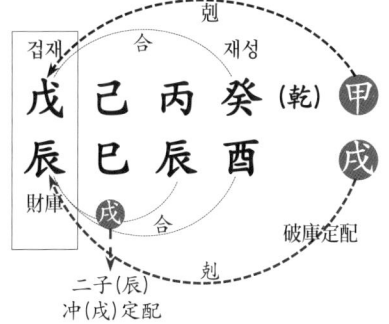

① 내 처(癸水)를 戊土가 데리고 가는 형국이 되는 것입니다.
  ▶ 일반적으로 내 처(癸水)를 剋하고 있다면
  ▶ 그 剋하는 것을 合을 해서 除去해 주면 되는데

② 이 사주는 먼저 戊癸合을 하고 있으니, 이 戊土를 없애야 되는 것입니다.
  ▶ 戊土를 없애기 위해 우선 剋을 선택합니다.
  ▶ 甲木이 戊土를 剋하므로
  ▶ 실제 이분은 甲戌生을 만났습니다.

薛 註 : 조 언

■다르게 예를 한 번 들어 보죠. 다음과 같은 명조라고 하면

```
        겁재  정재
         合
         ┌─ 剋 ─┐
  ○    戊  己  癸  (乾)
  ○    ○  ○  ○
```

①日主(戊土)가 처 癸水와 戊癸 合을 하고 있는데

②己土가 처(癸水)를 剋을 하고 있는 형국입니다.

```
        겁재    정재合
         合    ┌──┐
         ┌─剋─┐
  ○    戊  己  癸  (乾)  甲
  ○    ○  ○  ○       ○
```

③그렇다면 이 己土를 없애는 방법으로

```
        겁재    정재剋
         合    ┌──┐
         ┌─剋─┐
  ○    戊  己  癸  (乾)  乙
  ○    ○  ○  ○       ○
```

▶甲木이 있으면 甲己合을 해서 合去하면 될 것입니다.

▶그래서 이분도 甲木生이 인연이 됩니다.

▶물론 乙木도 가능하지만 剋을 하는 경우가 되는 것입니다.

▶이 경우는 실제로 剋하는 것보다는 合을 하는 경우가 훨씬 많습니다.

④다시 말해서 위의 경우는

▶日主(戊土)가 처(癸水)를 만나려고 하는데

▶남(己土)이 먼저 만나 보는 경우가 됩니다.

▶만일 甲木이 들어와서 己土를 合으로 묶어 놓으면 비로소 日主(戊土)가 처(癸水)를 合하는 것입니다.

■여자인 경우도 마찬가지입니다.

천간이 ○己戊甲이라면
①日主(己土)가 남자(甲木)을 만나려 하는데
②앞에 戊土가 먼저 건드리는 겁니다.
③이럴 때 癸水로 戊土를 合去해 주면 비로소 甲木이 일간의 남자로 오는 것입니다.

薛 註 : 조 언

문: 만약 時干에 比劫이 있다면 이것도 위의 眞如秘訣(因緣法) 공식에 해당됩니까?

답: 해당됩니다. 그런 경우는 내가 먼저 배우자를 취했지만 이후 다시 合去나 剋을 해 주어야 합니다.

```
丙 戊 庚 戊 (坤)  己    ※ 己卯生이 지아비다. 寅申으
辰 戌 申 寅         卯    로 官食相冲을 卯生 인연이
```
해소시켜 주며 弱官이 進神한다. 허나 해로는 미지수다.

[薛 註] 사주의 배우자星이 되는 寅이
①寅申冲으로 약하므로 寅을 進神시킨 卯生으로 인연한 것입니다.
  그래서 한 살 아래 己卯生을 남편으로 맞이한 것입니다.
②자식이 많으면 이별하고 자식이 적으면 해로합니다.

```
庚 壬 壬 庚 (乾)  戊    ※ 戊寅生이 처다. 金水太旺에
戌 子 午 申         寅    子午로 妻星을 冲去한다.
```
고로 본처 이별하고 寅午戌로 合局하는 寅生 처와 재혼이다.

[薛 註] 배우자인 財星 午가 子午冲을 당하여 冲去되고

```
庚 壬 壬 庚 (乾)  戊    있습니다.
戌 子 午 申
```

①그러므로 午와 三合으로 연결하여 冲을 해소할 수 있는
②寅生이 인연으로 들어온 경우입니다.
  戊寅生이 처입니다.

```
己 戊 戊 庚 (乾) 甲   ※ 甲子生이 처다. 奪財之神 肩
未 辰 寅 申     子     劫을 剋制하고 合去하는 甲
                        과 申子辰 三合 인연 子生이
定配다. 不逢이면 不婚獨居다.
```

薛註 사주에서 財星 水를 낚아 채는
①比劫인 土를 剋하며 合去하는 甲을 인연하고 싶어 합니다.
②그리고 半合 申辰이 三合을 완성하기 위하여 虛字인 子를
  끌어당기니 子가 인연이 됩니다. '㉛三合一虛이면 虛一
  定配한다' 그래서 甲子生이 인연이 된 것입니다.

(43)배성불견(配星不見)이면 정인정배(正引定配)한다.

(正財, 正官만 끌어당긴다란 뜻)

薛註 사주와 지장간 전체를 살펴보아도
①어느 곳에서도 배우자 六神星이 보이지 않는다면,
  ▶男子는 正財를,
  ▶女子는 正官을
  각각 끌어당겨서 인연하고자 한다는 의미입니다.
②男子의 無財 사주는 正財를,
  女子의 無官 사주는 正官을
  각각 인연으로 한다는 말입니다.

```
壬 丁 戊 己 (乾)  庚   ※ 配星이 全無하므로 丁火의
寅 卯 辰 亥      子     正財인 庚子生이 引合되어
```
처가 된다. 正財만을 正引한다.

[薛註] 위 명조는 남자이니 財星(正,偏財)을 살펴보는데
① 地藏干까지도 다 살펴봐도 없으면(無財),
② 正財가 되는 庚金生을 끌어온다는 의미입니다.
③ 실제로 庚子生이 인연이 되었습니다.

```
丙 乙 乙 己 (坤)  庚   ※ 乙木의 官殺 配星이 不見
子 卯 亥 卯      辰     하므로 庚辰生이 引合되어
```
지아비가 된다. 正官만을 正引한다.

[薛註] 위 명조는 여자이므로 官星(正,偏官)을 찾아보는데

① 地藏干까지도 다 찾아봐서 없으면(無官 女),
② 正官이 되는 庚金生을 끌어오니 庚辰生이 인연이 되었습니다.
③ 또 日主 乙木과 月干 乙木 2개가 있으니 庚金生을 만나게 되어있습니다.
'㉚柱中二字이면 合沖定配한다.' 와도 중복됩니다.

(44) 배성공협(配星拱挾)이면 인출정배(引出定配)한다.

薛註 사주에서 拱挾이 된 자가 마침 배우자 육친성이라면 그 글자를 배우자로 맞이할 수 있다는 의미입니다.

```
乙 庚 庚 丙 (乾)   己      ※ 寅〈卯〉辰이라 己卯生이
酉 辰 寅 子        卯         正財로 拱挾되어 妻다.
```

薛註 위 명조는 남성으로서 日支 辰과 月支 寅 사이에 卯木이 빠져 있습니다.

```
乙 庚 庚 丙 (乾)   己
酉 辰 寅 子        卯
     卯   丑
    공협  공협  引出定配
```

① 즉 拱挾이 되어 있는데 이 卯木이 財星이니 己卯生과 인연이 되었습니다.

② 그러니 위에서 月支 寅과 年支 子 사이에 丑土도 拱挾이 되는 것입니다.

薛 註 : 조 언

문: 拱挾을 따질 때 地支들이 서로 떨어져 있어도 拱挾이 되는가요? 예를 들어, 위의 사주에서 辰이 時支에 있고 寅이 年支에 있어도 卯가 拱挾이 되는 것인가요?

답: 예, 됩니다. 떨어져 있어도 拱挾은 拱挾입니다. 왜냐하면 年柱를 北, 月柱를 東, 日柱를 南, 時柱를 西로 즉 방위로 생각해 본다면 즉, 한 평면에 원으로 그려 보면 모두 이웃이 됩니다. 결국 떨어져 있는 것이 아닙니다.

丁 庚 辛 辛 (乾) 壬　　※ 丑〈寅〉卯라 壬寅生이 편재
丑 申 卯 丑　　 寅　　 지만 拱挾되어 처다.

薛註 위 명조는 남성으로서 丑(寅)卯로

丁 庚 辛 辛 (乾) 壬　　①寅이 拱挾이 되어 있고 마침
丑 申 卯 丑　　 寅　　 그것이 배우자인 財星입니다.
　　寅　　　　　　　②그래서 그 寅을 배우자로 맞
　공협　引出定配　　　 이한 것입니다.
　　　　　　　　　　　壬寅生이 배우자입니다.

甲 甲 庚 癸 (坤) 辛　　※ 申〈酉〉戌로 拱挾되는 酉가
戌 申 申 卯　　 丑　　 지아비라 辛丑生이다.

壬寅生 부군은 甲木 日主의 正祿 인연이다.

薛註 위 명조는 여성으로서 申(酉)戌로

甲 甲 庚 癸 (坤) 辛　　①酉가 拱挾이 되어 있고 마침
戌 申 申 卯　　 丑　　 그것이 배우자인 官입니다.
　　酉　　　　　　　　②그래서 그 酉를 天干 辛으로
　공협　引出定配 透干　 끌어올려 맞이한 것입니다.
　　　　　　　　　　　그래서 辛丑生이 인연이 되
　　　　　　　　　　　었습니다.

(45)초운배성(初運配星)이면 당해정배(當該定配)한다.

薛註 여기서 初運이란 결혼 적령기를 말합니다.
①물론 天干에서만 적용됩니다.
②만약 한 번 이혼한 사람이 다시 결혼할 때도 결혼 적령기라고 봅니다.
  60세 남자가 재혼할 때도 적용된다는 말입니다.
③또한 이렇게도 말할 수 있습니다.
  大運(단, 天干에서)에서 配星 大運이면 그 인자(=즉 天干)와 인연하는 경우도 많았습니다.

■예를 들어 甲日主의 남자 사주에서 戊土나 己土 大運(=配星)이 들어오면
①戊○生, 己○生이 들어올 가능성이 많다는 뜻입니다.
②나아가 甲木 日主의 남성들께서 마침 戊○生 여성을 직장에서 만나면 나도 모르게 마음을 빼앗기고 맙니다.

丙 丁 戊 丙 (乾) 庚   ※ 己亥 庚子 辛丑 大運이므로
午 卯 戌 子   辰   庚이 배성이라 庚辰生 처를
                          만났다.
결혼 적령기 大運을 본다. 正引定配도 된다.

薛註 이 사주의 결혼 적령기인 庚子 大運이

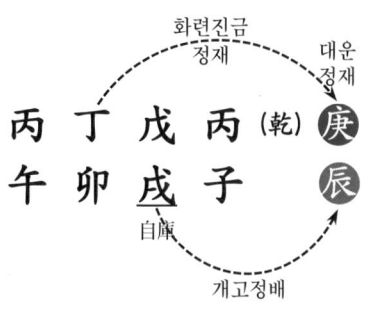

①마침 배우자인 財星입니다.
②그래서 庚을 인연하게 되므로 4살 아래 庚辰生을 인연한 것입니다.
③丁日見戌 開庫 辰生定配에도 해당됩니다.

丙 乙 庚 丙 (乾) 辛　※초년 大運이 辛卯이고 傷官
戌 卯 寅 戌　　卯　見官하는 丙을 合去하므로
　　　　　　　　　辛卯生이 그대로 처가 된다.

薛註 이 사주의 결혼 적령기인 초년 대운이

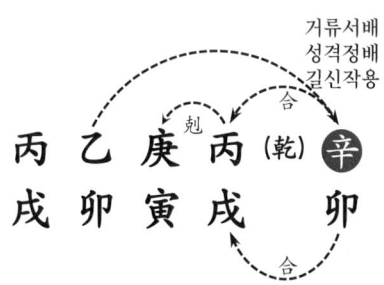

①傷官見官하는 丙을 제거하는 辛이 길신이 됩니다.
②그런데 초년 대운 辛卯는 傷官見官하는 丙을 잡아 주니 그대로 길신으로서 인연이 된 것입니다.

(46) 배성공망(配星空亡)이면 전실정배(塡實定配)한다.

薛註 이 이론은 배성이 空亡일 때, 空亡된 배성을 탈공, 해공되는 경우를 인연한다는 의미입니다.

예시-1

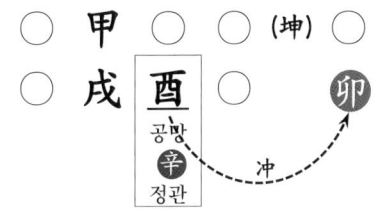

■명조 내 배성 空亡 글자가 있으면 → 空亡 글자를 冲하는 字가 定配입니다.
▶배성(夫) 酉(辛)가 空亡되므로 그 空亡 되는 酉를 冲하는 卯가 인연입니다.

예시-2

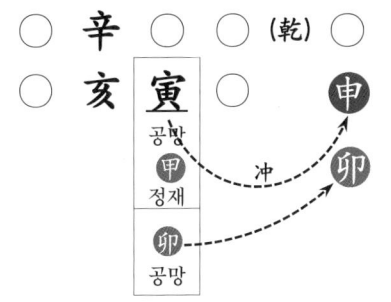

■寅卯가 배우자星이면서 空亡인데, 그중 1개만 나타난 경우입니다.
▶이때 사주 명조 내에 寅은 있는데 卯가 없다면
▶寅을 冲하는 申과 卯는 바로 그 자체인 卯가 인연이 된다는 것입니다.

예시-3

○ 甲 ○ ○ (坤) ○
○ 戌 ○ ○   酉
공망: 申酉   申
  (관성)

■ 명조 내 배성 空亡 글자가 없으면 → 空亡 글자 그 자체가 定配 즉 空亡이 申酉이면서 그것이 財星 혹은 官星인 경우를 말합니다.

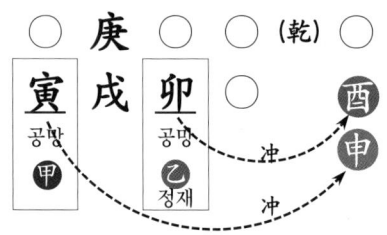

■ 만약 배우자星 寅卯가 空亡인데 사주 내에 글자가 있다면 寅卯를 冲하는 申生과 酉生이 인연이 된다는 의미입니다.

己 庚 戊 癸 (乾) 壬   ※ 壬寅生이 처다. 庚戌日의
卯 戌 午 巳   寅   공망은 寅卯 재성인데

寅生 처를 만나 塡實空亡이 되므로 賢妻다.

[薛 註] 寅卯가 空亡입니다.
① 그런데 寅卯가 처星으로서 명조 내 寅이 없습니다.
② 그래서 寅生을 만나 空亡이 채워진 것입니다.
③ 壬寅生이 처입니다.

```
戊 庚 戊 癸 (乾)  丙    ※ 丙申生 처를 얻었는데 부도
寅 戌 午 巳       申       내고 감옥에 갔다. 冲空은
                          空亡이 비록 解空일지라도
그 공망 자가 상한다(寅卯生 最善).
```

薛註 寅卯가 空亡입니다.
① 그런데 寅이 명조 내 있습니다.
② 그래서 空亡 寅을 冲하는 申이 인연이 됩니다.
③ 丙申生이 처입니다.

```
庚 庚 丁 癸 (坤)  己    ※ 癸酉生을 18세에 만났으나
辰 子 巳 卯       亥       헤어졌고 다시 己亥生과
                          혼인했으나 헤어졌다.
乙巳生이나 辰巳生을 만나야 塡實空이다.
```

薛註 용신합덕으로 癸酉生을 인연했으나 이별하고,

① 官星인 空亡 巳가 명조 내에 있으므로
② 이를 冲하는 亥가 인연되어 己亥生을 만났습니다.

그러나 역시 인연이 길지 못했습니다.

```
甲 辛 壬 己 (乾) 壬    ※ 壬辰生과 이별하고 庚子生
午 未 申 丑      辰      과 자식을 낳고 살고 있지만
```

塡實 공망이 아니라 해로가 불안하다.

[薛註] 戌亥가 空亡입니다.
①그리고 淘洗珠玉(도세주옥)하여 壬을 기다리니 壬辰生과 혼인은 했지만 곧 이별하고,
②辛庚欣接(신경흔접)으로 庚子生을 다시 만났지만,
③역시 塡實空이 아니므로 해로가 불안한 인연인 것입니다.

```
戊 辛 壬 甲 (乾) 乙    ※ 乙巳生이 처다. 辰巳가 空亡
子 丑 申 辰      巳      이라 巳生을 만나면 甲辰 妻
                         星의 空亡이 저절로 풀린다.
```

[薛註] 辰巳가 空亡입니다.

```
戊 辛 壬 甲 (乾) 乙
子 丑 申 辰      巳
         공망    공망
```

①그래서 巳生을 만나면 辰 空亡이 저절로 풀리게 됩니다.
②그래서 巳生을 따라 乙巳生과 인연이 된 것입니다.

戊	庚	己	戊	(乾)	癸
寅	戌	未	戌		卯

※ 癸卯生이 처다. 寅財解空으로 寅戌化官이고, 卯未化財라 印多사주가 財官有氣之命으로 貴格이 된다. 辰年은 요조심.

薛 註 寅卯가 空亡입니다.

①그래서 卯生 즉 癸卯生을 인연으로 맞이했습니다.

②그러니 寅이 解空이 되었고

▶寅이 戌과 火局으로 官이 되었으며

▶卯生이 인연으로 卯未 木局 財局을 이루고,

▶印星이 많은 사주에 財官이 살아 있으니

③귀격이 될 수밖에 없는 사주라고 하는 것입니다.

◆배우자 인연법〈진여비결〉 46가지 원리에 대한 해설을 마치고 이 배우자 인연법을 응용하여
　　시대인연　　天時 보는 법
　　지역인연　　地利 보는 법
　　인간인연　　人和 보는 법　등으로 다양하게
　활용의 妙　를 살릴 수 있도록
　진여명리강론　의 진여비결 활용법을 신수훈 선생님의 뜻에 따라
다음 장 『제2장 진여비결의 활용 』(P 335~366)편으로 첨가합니다.
개운법(開運法)으로 활용해 주시기 바랍니다.

제2장 진여비결(眞如秘訣)의 활용(活用)[22]

1. 진여비결(眞如秘訣)의 의도(意圖)

우리 人間은 幸福을 經驗하려고 이 世上에 왔으며, 오늘도 幸福을 經驗하려고 저마다 열심히 살고 있다. 幸福은 우리 人間의 정당한 權利요 慾望이며 永遠不變한 話頭다. 그리고 幸福은 이 세상에 생명을 지닌 모든 존재들의 한결같은 바람(願)이다.

우리 인간이 幸福하려면 삶을 결정짓는 세 가지 條件을 充足해야 한다. 그 세 가지 조건이 좋아야 함은 물론이거니와 서로 균형과 조화를 이루어야 자신이 願하는 뜻대로 幸福을 創造하고 經驗할 수 있다. 자기 마음 가는 대로 삶을 누리고 즐길 수 있다.

첫째 타고난 〈自己命運 = 四柱八字〉가 좋아야 한다.
둘째 주어진 〈自己環境 = 因緣背景〉이 좋아야 한다.
셋째 만드는 〈自己選擇 = 創造意志〉가 좋아야 한다.

[22] 진여명리학강론(신수훈 著) 제 3권 제 189~203쪽 인용

타고난 自己命運 즉 四柱八字가 자신의 전체 삶의 33.3%를 차지한다. 3분의 1 비율이다. 사람에겐 타고난 分福이 있다. 주어진 自己環境 즉 因緣背景이 자신의 전체 삶의 33.3%를 차지한다. 3분의 1 비율이다. 사람에게는 주어진 條件이 있다. 만드는 自己選擇 즉 創造意志가 자신의 전체 삶의 33.3%를 차지한다. 3분의 1 비율이다. 사람에겐 만드는 信念이 있다. 이 세 가지 條件이 제대로 合成되어 100이라는 自己人生을 創造하여 經驗한다. 自我의 幸福을 스스로 創造하는 것이다.

타고난 자기의 先天命運은 이미 결정되어 있으므로 내가 選擇할 수도 없고 바꿀 수도 없다. 그저 謙虛한 마음으로 恭遜하게 收容할 수밖에 없다. 그것이 最善이고 正道다. 좋은 命造라고 自慢할 필요도 없고, 나쁜 命造라고 忿怒하거나 抛棄할 필요도 없다. 그러나 命運에는 兩面性 내지 多面性이 있으니 〈賢明한 選擇〉이 필요하다. 命運의 格局 짜임이나 用神 쓰임을 잘 살피면 인생길의 多方面에서 賢明한 選擇을 할 수가 있다. 後天命運을 삶에 있어서 賢命한 선택을 위한 가장 좋은 情報나 資料가 先天命運 즉 四柱八字이다.

주어진 自己環境이지만 내가 選擇할 수 있다. 내가 원하는 因緣條件을 얼마든지 내 뜻대로, 좋은 방향으로 선택하여 그 길을 갈 수가 있다. 나를 낳아 길러 주신 부모님 인연은 내가 선택할 수 없으나 더 나은 방향으로 유도하고 설득하여 도움을 청할 수도 있고 협력할 수도 있다.

내 운명에 가장 많은 영향을 미치는 配偶者 因緣은 내가 선택하고 결정하여 책임져야 한다. 감정이 이끌리는 대로 가볍게 선택하지 말고, 평생을 내다보고 좋은 인연을 신중하게 선택해야 한다. 스스로 선택이 어려우면 인연을 읽는 〈훌륭한 멘토〉의 조언을 받아서 내 운명의 부족한 점을 補完하고 改善해 줄 배우자를 찾아야 한다. 내 人生이 幸福할 因緣을 選擇해야 한다. 나는 나의 自由意志로 因緣을 選擇할 權利와 責任이 있기 때문이다.

眞如秘訣에 의한 五柱 命理學은, 配偶者 인연을 선택할 수 있는 지혜와 기회를 제공한다. 四柱 命理學 기초 이론을 이해하면 누구나 쉽게 善緣·惡緣·業緣을 구분하고 선택할 수 있도록 眞如秘訣은 가르쳐 준다.

우리나라를 기준하여 살펴보아도 같은 날, 같은 시에 태어날 수 있는 同一 한 사주팔자 명운이 의외로 많다. 日辰에 따라 약 200~500명 이상이 있다고 한다. 서울, 부산, 평양 등지에서 같은 날, 같은 시에 얼마든지 태어날 수 있다. 그러나 그들의 사주팔자가 같다고 하여 그들의 인생길이 같다고 볼 수 없다. 대통령이 한꺼번에 200명 이상이 나올 수 없고, 서울 시장이 한꺼번에 200명 이상이 나올 수는 절대로 없다.

그 이유는 비록 타고난 四柱八字는 같을지라도, 주어진 因緣背景이 제각각 다르고 그 時代背景도 다르기 때문이다. 父母因緣이 다르고, 兄弟因緣이 다르고, 配偶者因緣이 다르고, 子息因緣이 다르기 때문에 因緣이 갖는 運命創造-에너지도 저마다 다르다.

出生胎地가 저마다 다르고, 生活條件이 저마다 다르고, 조상들의 業力發願이 저마다 다르고, 前·現生의 積善功德이 저마다 다르고, 살고 있는 지역 따라 興亡盛衰氣運이 저마다 다르기 때문이다. 그리고 스스로 知覺하고 認識하는 信念이 다르고 現實을 創造하는 技術이나 經驗도 저마다 다르기 때문이다. 그러므로 눈 밝은 이는 이와 같이 저마다 다른 諸般 因緣背景을 하나하나 참조하고 종합하여서 〈千態萬象의 命運〉特性과 眞實을 精密하게 推理한다.

지금까지 공부한 眞如秘訣에 의한 五柱 命理學을 活用하면 누구든지 인연 배경을 쉽게 추리할 수 있을 것이다. 여러 가지 實例를 參考하여 거듭 復習하고 實習하면 누구든지 自信하고 推理할 수 있는 能力者가 될 것이다.

타고난 自己命運의 特性을 미리 알고, 주어진 自己環境을 의도대로 선택할 수 있다는 것은 큰 행운이다. 〈命運의 分福에 맞는 因緣〉을 선택할 수 있다면 그는 반드시 〈任意대로 幸福을 創造〉하여 자신도 행복하고 타인도 행복하도록 고무하는 훌륭한 사람이 될 것이다.

筆者의 眞如 命理學은 인연을 살피는 五柱 命理學도 重視하지만 그 보다 더 중시하는 것이 있다. 그것은 四柱 命理學을 통하여 자신의 信念目標를 定立하고, 自己意志대로 〈만드는 命運의 主人公〉이 되어 〈信念을 創造하고 經驗〉하는 일이다. 三分된 命運을 融合하고 統合하여 自由롭고 幸福한 삶의 주인공이 되는 것이다. 十干, 十二支라는 〈五柱十字〉를 洞察하여 자기 자신의 〈內面의 소리〉를 찾는 것이다. 자기 삶의 비전과 熱情을 찾는 것이다. 삶의 규율을 지키고 양심의 횃불을 밝히는 것이다. 무엇을 하며 어떻게 살겠다는 확고한 신념을 갖는 것이다. 그리고 치밀하게 한결같이 자신의 分福을 擴張하는 것이다. 宇宙의 가장자리까지 비전을 擴張하는 熱情으로 삶을 意圖하고 創造하는 것이다. 이웃이라는 〈소중한 인연과 함께〉 누리고 즐기는 것이다.

　筆者가 創案한 眞如 命理學 즉 五柱 命理學은 이와 같은 의도에서 연구되고 발전해 왔다. 五柱 命理學을 전수 받은 이들도 이와 같이 활용하면 五柱명리학의 意圖에 整合되므로 좋은 일이 많이 생길 것이다. 하늘의 祝福과 함께 자신이 꿈꾸는 의도를 성취할 수 있을 것이다.
　다음의 天地人 三才法則대로 五柱 命理學을 善用하여, 스스로 開運하고 他人도 開運시켜 줄 수 있다면, 필자의 五柱 命理學 創案이 헛된 일이 아니라 의미 있고 고마운 일이 될 것이다.

2. 진여비결(眞如秘訣)과 천시(天時)

　하늘의 造化는 無窮無盡하므로 사람의 두뇌로써 그것을 豫測하고 理解하기란 쉽지 않다. 하늘의 風雲造化, 善惡氣運을 감히 마음을 내어 엿본다는 것 자체가 민망하고 왠지 죄송하며 한편으론 황당한 일이기도 하다.
　하늘에는 때[天時]가 있다. 하늘의 때[天時]를 알 수 있다면 天人이 함께 合發할 수 있을 것이다. 그것은 하늘도 좋고 사람도 좋은 天人合德이기 때문이다.
　예부터 지혜로운 賢人들은 하늘의 때를 미리 살피고 進退를 결정했다고 한다. 나아갈 때와 물러설 때를 미리 알고 살았으므로 허물이 없었다. 미리 허물을 피할 수 있었기 때문이다.
天時를 알고 벼슬길에 나아갔으므로 욕됨이 없었고
天時를 알고 사업길에 나아갔으므로 실패가 없었다.

비록 땅이나 파며 농사를 짓는 농사꾼이고, 물건이나 팔며 하루를 사는 장사꾼일지라도, 하늘의 때가 바뀌면 그때 그때에 따라 吉凶禍福 興亡盛衰가 확연히 다른 것을 피부로 느낄 수 있다.

　좋은 뜻을 세우고 나랏일을 하는 사람들에게 하늘의 때는 매우 중요하다. 天時를 얻지 않고는 큰일을 성취할 수가 없기 때문이다. 天時를 얻어야 弘益人間의 길이 열리기 때문에 세상에 나가기 전에 반드시 天時를 정확하게 살펴야 한다. 天時를 잃으면 大志大業을 절대로 이룰 수 없다. 天地氣運의 지배를 받는 것이 인간이기 때문이다.

세상에 쓸모없는 시정잡배도 하늘의 때를 얻으면 영웅호걸이 되고, 사형 언도를 받은 사형수도 하늘의 때를 얻으면 국회 의원이 되고 장관이 되어 〈弘益人間〉의 길을 간다.

天下의 英才로 재물이 넉넉하고 學脈·人脈이 좋아도 하늘의 때를 얻지 못하면 無用之人이다. 고로 하늘의 때를 살피는 것이 출세의 기본이고 첩경이 된다.

天時를 아는 방법은 지극히 쉽고 간단하다. 지금까지 학습한 眞如 命理學을 응용하면 되기 때문이다.

〈自身의 四柱八字에 그 지역, 그 나라, 그 조직을 대표하는 第一人者의 太歲를 配星 자리에 배치하면 五柱十字의 五柱 命理가 완성된다. 그 五柱 命理로 天時因緣의 善惡吉凶 작용을 看命하면 된다〉.

夫婦因緣을 살피는 配星 자리가 天時 자리로 바뀔 뿐이다. 이것이 眞如 命理學 즉, 五柱 命理學의 특징이요, 秘傳의 秘法이다. 세상의 비법도 알고 보면 쉽고 간단한 것이다. 본래 진리란 말뜻이 누구나 알 수 있다는 보편의 논리이기 때문이다. 옛말에 無意無道요 有意有道라고 하였다. 그렇다

뜻이 없으면 길이 없고, 뜻이 서 있으면 길이 저절로 열리나니, 〈하늘의 때〉 또한 뜻을 세우고 간절하게 구하며 기다리는 사람에게는 반드시 이르게 된다.

때는 기다리는 자의 것이다. 이 세상에 가장 강한 사람은 때가 반드시 올 것이다라고 신념하며 오늘을 참고 견디며 준비하는 자다. 기다리고 준비하는 자는 때가 이르면 고난의 세월 속에 준비한 뜻을 이루게 된다.

때가 이르기 전에는 그 삶이 고단해도 현실을 수용하고, 미래를 준비하며, 에너지를 충전해야 한다. 함부로 나서지 않으며, 조급하게 재물과 명예를 탐하지 않는다.

※大韓民國 總體的 天時는 甲寅이요, 그 時代의 天時는 統治權者의 太歲[年柱]이며, 그 組織의 天時는 그 組織의 代表者 太歲[年柱]다.

天	時	日	月	年
甲	甲	己	丙	丙 乾
寅	子	巳	申	子 命

※申月己日로 大韓의 天時가 甲寅이라 결국은 主導權을 잃고, 三刑에 合去라 己丑年에 서거한 백범 선생 사주다.

| 甲 | 庚 | 丁 | 己 | 乙 | 乾 |
| 寅 | 子 | 亥 | 卯 | 亥 | 命 |

※卯月丁日로 大韓의 天時가 甲寅이 되어 甲己合土하고 官印相生하여 대통령이 된 이 박사 사주다.

| 丁 | 庚 | 丙 | 己 | 乙 | 乾 |
| 巳 | 寅 | 申 | 丑 | 丑 | 命 |

※天時가 丁巳라 丙의 正祿인 巳이지만, 丁은 丙을 꺼리므로 평생을 2인자로 살아온 사주다(朴統領 治世가 丁巳이다).

| 癸 | 丁 | 庚 | 丁 | 乙 | 乾 |
| 亥 | 亥 | 申 | 亥 | 卯 | 命 |

※乙亥 天時나 丁巳 天時에도 多情多業에 火煉眞金이었다가 癸亥 天時에는 그만 歸天한 사주다(後廣治世가 癸亥다).

| 丙 | 丁 | 庚 | 辛 | 丙 | 乾 |
| 戌 | 亥 | 寅 | 卯 | 子 | 命 |

※卯月庚日로 癸亥 天時는 不發이었으나 丙戌 天時를 만나 국회 의장이 된 사주다(丙戌은 참여 정부 치세다)김원○.

甲	戊 庚 辛 丁	乾
寅	寅 申 亥 巳	命

※亥月庚日로 甲寅天時라 多事多難이요 榮辱交叉다. 己未 合去運에 大韓의 天時를 잃었기 때문에 逝去한 사주다.

癸	甲 己 辛 乙	乾
亥	子 酉 巳 亥	命

※巳中丙火를 쓰는데 戊辰癸亥天時에 큰 뜻을 품고도 절망한 대통령 후보 사주다. 李○○

癸	丙 戊 丙 丙	乾
亥	辰 寅 申 戌	命

※壬寅 大運 壬午年에 癸亥天時를 얻어 대통령이 된 사주다. 甲寅天時는 權이다. 辛巳天時에는 促壽이다. 노○○

丙	甲 戊 戊 壬	乾
戌	寅 申 申 辰	命

※申月戊日로 丙戌天時를 얻어 一人之下 萬人之上에 오른 사주이다. 辛巳·辛卯는 傷官 天時다. 李○○

| 甲 | 戊 | 戊 | 乙 | 癸 | 乾 |
| 寅 | 午 | 子 | 丑 | 亥 | 命 |

※甲寅天時가 부르니 戊辰天時를 만나 丁大運 丁年에
大統領이 된 子午雙胞格 사주다. 후광

| 丙 | 己 | 己 | 己 | 癸 | 乾 |
| 戌 | 巳 | 卯 | 未 | 巳 | 命 |

※祖國甲寅은 己를 버렸으나 丙戌天時를 얻어 光明天地하고
大地普照가 아름다웠던 사주다. 정○○

| 癸 | 甲 | 壬 | 辛 | 辛 | 乾 |
| 亥 | 辰 | 午 | 丑 | 巳 | 命 |

※丑月壬日로 癸亥天時에 正祿의 영광을 누렸다. 그리고 辛
卯天時에 再起한 韓○○ 정치인 사주다.

| 丙 | 丙 | 乙 | 庚 | 戊 | 乾 |
| 戌 | 戌 | 亥 | 申 | 子 | 命 |

※평생을 불운하게 살다가 丙戌天時를 만나 크게 발복한
한국 최고의 요기로 이름을 날리다 辛巳天時에 추락했다.

|丙|壬 丙 庚 甲|坤|
|戌|辰 午 午 辰|命|

※癸亥天時에 萬事亨通하더니 丙戌天時가 되어 진로가 막히며 관재손재에 거울까지 깨졌다.

|丙|己 丁 甲 癸|乾|
|戌|酉 卯 子 未|命|

※丁火가 丙火天時를 만나 大功을 세우고도 햇빛에 스러지는 달빛이 되고만 丁○○ 정치인 사주다.

|癸|癸 辛 戊 辛|乾|
|亥|巳 卯 戌 丑|命|

※壬申天時에 뜻을 세우고 戊辰天時에 고생하다가 癸亥天時에 용신卯木이 합덕하여 대성하고, 辛巳에 고생한다.

|癸|辛 壬 丙 癸|乾|
|亥|亥 子 辰 巳|命|

※癸亥天時에 크게 손재를 겪고 丙戌天時에 크게 횡재한 전문직 종사자 사주다. 변호사다.

| 丙 | 乙 | 甲 | 乙 | 庚 | 坤 |
| 戌 | 亥 | 寅 | 酉 | 戌 | 命 |

※癸亥天時에 丁未生夫 만나 食神制殺하는 丙戌天時에 그만 이혼한 음대 교수 사주다.

| 壬 | 甲 | 己 | 乙 | 戊 | 乾 |
| 申 | 戌 | 未 | 丑 | 辰 | 命 |

※壬申天時에 천우신조로 대업을 이루고 乙未年에 고종명 하였다.

| 癸 | 庚 | 乙 | 庚 | 丙 | 乾 |
| 亥 | 戌 | 亥 | 子 | 子 | 命 |

※丁巳에서 戊辰天時까지 지속 발전을 하다가 癸亥天時에 水多木浮로 파산하고 세계를 표류한다.

3. 진여비결(眞如秘訣)과 지리(地利)

　命運의 吉凶·進退를 豫測하려면, 시간 인연[天時]도 중요하지만 공간인연[地利]도 중요하다. 어느 시대가 내게 좋은 때인가? 나쁜 때인가? 살펴 알아야 하지만, 어느 장소가 내게 좋은 곳인가? 나쁜 곳인가?도 살펴 아는 것이 매우 중요하다. 언제나 좋고 나쁜 때와 곳을 살피고 오늘도 어제처럼 행복을 경험하는 것이 人生의 正道이기 때문이다. 地利法이 地氣法이다.

　어느 때에 무엇을 할 것인가?
　어느 곳에서 무엇을 할 것인가?

　이때에 어떻게 할 것인가? 자신 있게 예측하고 경험한다.
　이곳에서 어떻게 할 것인가! 자신 있게 예측하고 경험한다.

　어느 나라, 어느 地域이나 地名이 있고 그 地域의 五行 干支 特性이 있다.
　우리나라 韓國은 甲寅이고, 日本은 乙卯, 中國은 戊辰 또는 己丑(청도는 乙丑, 홍콩은 丙辰), 몽고는 戊寅, 중동은 戊午, 인도는 丙午, 아프리카는 丙戌 또는 丁未, 호주나 뉴질랜

드는 壬午, 동남아는 巳午未나 甲戌, 미국은 庚申, 북미의 캐나다는 壬申, 남미의 브라질, 칠레는 丙申, 유럽은 辛酉, 동유럽은 乙酉, 남유럽은 丁酉, 북유럽은 癸酉, 러시아는 癸亥 등으로 五行 干支를 配屬시킬 수 있다. 임의로 설정하고 경험으로 검증하라.

동해안은 乙亥요, 서해안은 辛亥이며, 남해안은 丁亥이며, 대전은 戊辰이고, 의주는 壬子요, 수도 서울은 甲寅이고, 부산은 甲午이며, 평양은 戊寅이다. 수원은 壬辰이고, 분당은 乙巳이며, 인천은 辛卯이고, 광주는 丙午이며, 광양은 丁巳이고, 여수 순천은 丁亥이며, 창원 마산은 丙寅이고, 목포 해남은 丙申이며, 강릉은 乙亥다. 대구는 戊午이고, 청주는 壬午이며 충주는 丙辰이다. 울산은 甲戌이고, 춘천은 甲子이며 속초는 乙亥며, 전주는 戊寅 등으로 五行 干支를 推理할 수 있다.

美國은 金 기운이 지배하나 동부 지역은 金의 木 기운이므로 庚寅이요, 서부 지역은 金의 金 기운이므로 庚申이며, 남부 지역은 金의 火 기운이므로 庚午이고, 북부 지역은 金의 水 기운이므로 庚子이며, 중부 지역은 金의 土 기운이므로 庚辰, 庚戌이고, 하와이 괌은 壬午나 丁亥 등으로 五行 干支를 配置할 수 있다.

우리나라 서울특별시의 경우도 강남구는 壬午, 서초구는 癸卯, 강북구는 壬子, 강동구는 壬寅, 강서구는 壬申, 중구는 己丑, 종로구는 庚申, 용산구는 戊辰, 도봉구는 戊申, 마포구는 甲子, 성북구는 戊子, 중랑구는 己亥, 광진구는 乙亥, 동대문구는 乙卯, 서대문구는 辛酉, 송파구는 乙未, 노원구는 癸丑, 관악구는 甲戌, 은평구는 辛未, 동작구는 乙酉, 구로구는 庚戌, 영등포구는 己亥 등으로 지역에 따라 그 지역의 기운이 다르다.

강남구라도 삼성동(甲午), 개포동(丙子), 청담동(乙亥), 신사동(辛巳), 잠원동(乙未), 역삼동(庚寅) 등의 지역에 따라 그 지역의 기운이 다르다. 이와 같이 細分하면 복잡하고 난해하나 地氣를 살피는 좋은 자료가 된다. 궁구하여 추리하고 적용하여 현실에서 경험을 하면 신묘한 것이 地氣 에너지이다.

地利나 地氣을 살피는 專門 分野를 一般的으로 風水地理學이라고 한다. 그러나 본서는 四柱 命理學 이론에 의한 五柱 命理學의 관점에서 地氣를 다루고 있기 때문에 風水地理와는 그 내용을 달리한다. 완전히 다른 분야의 이론이다. 그 점을 유념하고 五柱 命理學의 地氣를 이해하고 학습해야 할 것이다.

그 지역의 기운이 用神에 해당된다고 무조건 좋은 것이 아니고, 日干의 특성에 따라 다를 수도 있다. 地氣를 살핌에 있어서 가장 중요한 것은 中和・淸濁이다. 그보다 더욱 중요한 것은 日主 즉 日干의 物象體用에 어떻게 整合하느냐이다. 命主가 幸運을 創出하고 幸福을 經驗할 수 있게 도와주는가? 방해하는가?를 살피는 것이 제일 중요하다.

例를 들자면 己日主가 火를 쓰는데, 柱中에 亥子水가 있으면 신당동(辛丑地氣)에 살면 큰 뜻을 펼칠 수가 없다. 己日干이 辛을 보면 磔田無用의 物象形局이 되고 丑은 亥子와 水局을 이루고 巳火를 巳酉丑으로 강하게 變化시키므로 己土일생의 大業이 어긋나고 말기 때문이다.
例를 들자면 戊寅日柱가 火를 쓰는데, 柱中에 金이 많고 火가 弱하다면 新堂洞(辛丑)을 버리고 火旺 지지인 江南(壬午)區 三成洞(丁火: 甲午)으로 옮겨서 地氣를 받는 것이 크게 유익하다.
수십 년 동안 생생하게 꿈꾸며 준비한 뜻을 펴려면 다양한 방법으로 丙丁 火氣를 동원하여 그 기운과 하나 되는 것이 당연하다. 盡人事 待天命이기 때문이다.

五柱 命理學의 地氣를 보는 방법은 다음과 같다.

《《《眞如秘訣의 配偶者因緣을 살피듯이 자신이 살고 있는 地緣의 地氣를 配星 자리에 配置하고 全體 四柱와 對照하여 善惡吉凶을 판단하고 추리하면 된다. 四柱의 時柱 옆자리에 地名 干支를 記載하고 推命하면 되는 것이다.》》》

처음은 地域이나 地名을 干支로 전환하는 것이 매우 어렵고, 또 시도하려면 망설임이 따르게 된다. 그러나 實際命運에 적용하여 추리한 경험이 쌓이면 쌓일수록 매우 神奇하고 有用한 이론임을 깨닫게 될 것이다.

天時와 地利를 融合하여 推命하면 베일 속에 가려져서 드러나지 않는 명운의 진실이나 문제점의 해답들이 저절로 훤히 보이게 된다. 그리고 開運의 代案을 찾을 수도 있다.

五柱 命理學의 地氣法 또한, 秘傳하는 特殊 秘法처럼 느껴질지 모르나, 앞으로 5년, 10년 세월이 흐르면 일반인도 누구나 이해하고 활용하는 一般 常識이 되리라고 필자는 굳게 믿는다. 그럴 것이다.

特定人의 秘法이 아니므로 누구든지 學習하고 窮究하여 活用하면 自身과 顧客의 〈幸運을 設計하는 知識〉이 되고 〈避凶就吉의 道具〉가 되어 줄 것이 분명하다. 〈安心立命의 智慧〉가 될 것이다.

|甲|癸 丙 乙 庚|乾|
|寅|巳 午 酉 子|命|

※庚子年에 甲寅地氣로 태어나 庚美國 서유럽을 거쳐 현재 46세에 印度에서 근무한다. 城南市 乙巳가 吉地다.

|己|甲 己 辛 乙|乾|
|酉|子 酉 巳 亥|命|

※己酉日이 동대문구 신당동에 살고 있으니 七殺伏吟의 地氣라 大業成就가 어렵다. 勿失好機인데 안타깝다.

|戊|庚 丁 己 乙|乾|
|午|子 亥 卯 亥|命|

※황해도 平山이 태지라 세계를 떠돌아도 무탈한 國家 元首로서 서울 地氣 甲寅과도 합이 좋다.

|丁|壬 庚 甲 甲|乾|
|未|午 午 戌 子|命|

※胎地 전남 보성을 정치 무대로 하여 7선 의원을 지낸 火煉眞金의 이중재 씨 사주다.

```
戊 丁 癸 丁 甲 坤
子 巳 巳 丑 申 命
```

※서울 城北洞에 사는 재벌가의 미망인 사주다. 正官得祿 地氣라 품위를 지키며 산다. 財官化爲文이다.

```
壬 乙 丁 庚 乙 坤
午 巳 酉 辰 未 命
```

※火氣運이 필요하여 江南區와 城南市에서만 거주하는 火 煉剛金에 有火濕木 사주다.

```
丁 壬 丙 庚 甲 坤
亥 辰 午 午 辰 命
```

※水氣運이 필요하여 태어난 南海岸 麗水地氣가 크게 도움이 된다. 丙戌天時는 몹시 좋지 않다.

```
辛 壬 辛 辛 戊 乾
卯 辰 亥 酉 寅 命
```

※서초구(辛卯:災殺) 구청장을 지내다가 官災를 겪은 것도 地氣와 무관하지 않다. 壬午生 처다.

甲 己 乙 辛
戌 巳 未 丑

※甲己化格에 化神有餘라 庚辛金으로 好洩精英이다. 고로 庚申天時나 地利가 행운을 부른다. 癸卯配緣이 기특하다.

4. 진여비결(眞如秘訣)과 인화(人和)

　盡人事 待天命이라는 옛말처럼 사람이 할 수 있는 일을 다 한 뒤에 天命을 기다려야 한다. 옳은 말이다.
　人間事의 興亡盛衰, 吉凶禍福을 따지기 전에 그 일에 最善을 다한 다음에 그 결과를 기대해야 하는 것이 人和의 正道이기 때문이다. 그런데 안타까운 일은 함께하는 사람이 다르면 똑같은 일을 최선을 다하여 추진해도 그 결과가 서로 판이하게 다르다는 사실이다. 상대가 누구냐에 따라 하는 일의 진행 과정이 다르고 성취 결과가 다르다. 그러므로 누구와 함께하느냐가 무엇을 어떻게 하느냐 하는 것보다 더 우선하고 중요하다. 그러나 누가 좋은 인연이고 누가 나쁜 인연인가를 예측하고 판단하기란 정말 어렵다. 難事 中의 難事가 因緣一大事이기 때문이다. 人和가 곧 人事의 핵심이다.

　眞如秘訣 즉 五柱 命理學은 上下左右로 얽히는 因緣 問題를 명쾌하게 판별하는 방법을 제시한다. 難事 中에 難事인 因緣一大事를 해결하는 原理를 가르친다. 因緣을 통하여 人生一大事의 興亡盛衰, 吉凶禍福을 豫測하고 判定하여 避凶就吉을 주도할 수 있는 이론이 眞如命理요 五柱 命理學이다.

配偶者因緣, 同業者因緣, 父母와 子息因緣, 上司나 同僚因緣, 職員이나 部下因緣 등을 洞察하여 善惡關係를 豫測하는 것이 五柱 命理學이요 眞如秘訣의 人和[人事]내용이다. 지금까지 夫婦因緣 즉 配偶者 관계의 豫測法과 善惡吉凶 看命法을 체계적으로 주로 배웠다. 그리고 天時와 地氣因緣을 살피는 五柱學 이론도 배웠다. 정말 얻기 어려운 因緣法을 배우고 익혔으니, 앞으로 이것을 自由自在로 쓰는 것이 중요하다.

　모든 人事問題에 두루 適用하여 발전과 성공을 창조하고, 自己創造를 經驗하는 산지식으로 활용하며 〈밝은 세상 만들기〉에 앞장서야 할 것이다.

◇ 인화(人和: 人事)와 배우자 인연의 차이점
(1) 配偶者 因緣 따라 子息因緣이 다르다.
(2) 配偶者 因緣 따라 夫婦偕老가 다르다.
(3) 配偶者 因緣 따라 財産程度가 다르다.
(4) 配偶者 因緣 따라 職業關係가 다르다.
(5) 配偶者 因緣 따라 身病災難이 다르다.
(6) 配偶者 因緣 따라 壽夭長短이 다르다.
(7) 配偶者 因緣 따라 富貴貧賤이 다르다.

◇ 인화(人和: 人事)와 업무상 인연의 차이점
(8) 代表者 因緣 따라 業務內容이 다르다.

(9) 代表者 因緣 따라 成敗吉凶이 다르다.
(10) 代表者 因緣 따라 進路方向이 다르다.
◇ 인화(人和: 人事)와 격국과 용신의 차이점
(11) 配偶者 因緣 따라 格局 用神이 변한다.
(12) 同業者 因緣 따라 格局 用神이 변한다.
(13) 後援者 因緣 따라 格局 用神이 변한다.
(14) 地理的 因緣 따라 格局 用神이 변한다.
(15) 天時的 因緣 따라 格局 用神이 변한다.
(16) 自身의 選擇 따라 格局 用神이 변한다.
(17) 自身의 集中 따라 格局 用神이 변한다.

⦿**天時・地利・配偶者의 因緣이 바뀌면 運命 track이 달라진다.**

　人和[人事]의 配偶者因緣, 業務上因緣, 格局과 用神의 差異點 등을 看命하는 방법은 天時나 地利[地氣]를 看命하는 方法과 同一하다. 궁구하고 또 궁구하면 오묘한 命運의 神秘를 直觀하게 될 것이다. 어렵다고 포기하지 말고 臨床 경험, 推理 經驗을 거듭하다 보면 眞如秘訣에 精通하게 될 것이다. 그리고 在世理化, 弘益人間의 길을 즐기게 된다.

壬	甲	甲	庚	癸	坤
寅	戌	申	申	卯	命

※壬寅生 공직자 남편을 만나 아들을 셋 낳고, 경제는 어려워도 성실하게 사는 사주다.

辛	甲	甲	庚	癸	坤
丑	戌	申	申	卯	命

※辛丑生 회사원 남편을 만나 딸 하나 낳고, 이혼한 다음에 독신으로 반듯하게 사는 사주다.

壬	乙	己	丁	庚	乾
辰	丑	酉	亥	寅	命

※壬辰生 처와 살 때는 재정 금융계에 근무하였으며, 승진이 더디었다.

甲	乙	己	丁	庚	乾
午	丑	酉	亥	寅	命

※甲午生 처와 살 때는 특수 요직을 거치면서 고속 승진을 하며 승승장구했다.

| 癸 | 乙 | 己 | 丁 | 庚 | 乾 |
| 巳 | 丑 | 酉 | 亥 | 寅 | 命 |

※癸巳生 여인을 만난 뒤에 甲午生 처와 이혼하고, 자식들은 흩어졌고 직장에서 복잡한 일을 겪다가 퇴직했다.

| 戊 | 壬 | 甲 | 己 | 壬 | 乾 |
| 午 | 午 | 寅 | 酉 | 子 | 命 |

※戊午生 처를 만나 壬午年에 아들을 낳고 원만한 부부로 살아가고 있는 사주다.

| 乙 | 壬 | 甲 | 己 | 壬 | 乾 |
| 卯 | 午 | 寅 | 酉 | 子 | 命 |

※月上己土 正財를 극제하는 乙卯 겁재 羊刃殺 妻를 만나 乙酉年에 이혼한 사주다.

| 乙 | 己 | 丁 | 戊 | 乙 | 乾 |
| 酉 | 酉 | 卯 | 子 | 亥 | 命 |

※乙酉生 처와 살면서 목재 사업으로 크게 성공하여 부자가 되었으나 여난 풍류가 극심하다.

己 己 丁 戊 乙 乾
卯 酉 卯 子 亥 命

※己卯生 처와 살면서 평생을 오직 精神世界 매진하여 대가가 되었으나 혈전 중풍으로 歸天했다.

乙 庚 戊 癸 丙 坤
未 申 寅 巳 申 命

※乙未生 교직자 남편을 만나 딸만 둘을 낳고, 본인은 인테리어 디자이너로 활동하는 사주다. 이혜정

癸 庚 戊 癸 丙 坤
巳 申 寅 巳 申 命

※癸巳生 의사 남편을 만나 아들딸을 낳고 전업주부로 그림을 취미 삼아 그리는 사주다.

戊 辛 壬 辛 丁 乾
寅 亥 戌 亥 丑 命

※처가 戊寅生이다. 戊寅이 도와주고 丙戌이 손을 들어 준다면 甲寅과 하나가 될 수 있다. 先 選擇 後 因緣이다.

丁	辛	辛	庚	辛	乾
亥	卯	丑	子	巳	命

※처가 丁亥生이다. 그러므로 眞訣 29번에 해당한다.

丙	己	己	己	癸	乾
申	巳	卯	未	巳	命

※처가 丙申生이다. 그러므로 眞訣 5, 30번에 해당한다.

丙	甲	己	己	辛	乾
申	子	巳	亥	卯	命

※처가 丙申生이다. 그러므로 眞訣 5, 24번에 해당한다.

丁	丙	戊	丙	丙	乾
亥	辰	寅	申	戌	命

※처가 丁亥生이다. 그러므로 眞訣 34번에 해당한다.

乙	戊	庚	辛	丁	乾
丑	寅	申	亥	巳	命

※처가 乙丑生이다. 그러므로 眞訣 10번에 해당한다.

己	戊	癸	辛	辛	乾
卯	午	酉	丑	未	命

※처가 己卯生이다. 그러므로 眞訣 29번에 해당한다.

甲	癸	戊	辛	辛	坤
寅	丑	寅	丑	卯	命

※하늘이 甲寅이 되고 丁亥가 호응하면 기적이 일어난다.

◆ 진여비결(眞如秘訣)의 선용(善用)

어느 聖人이 말씀하시기를,
「因緣을 아는 자는 나를 알 것이요, 나를 아는 자는 因緣을 알 수 있을 것이다」라고 하였다.
因緣을 알아볼 수 있다는 것은 깨어난 자의 德目이요, 智慧로운 이의 常識이다.
五柱 命理學 즉 眞如秘訣은 因緣의 基礎가 되는 〈男女 間의 만남〉〈夫婦間의 인연〉을 밝히는 가르침이다. 그리고 그 因緣의 善惡吉凶의 關係性을 살피는 바로미터가 된다. 因緣을 엮는 業의 當爲性과 必然性을 밝히는 未曾有의 命理學이 眞如秘訣이요, 五柱 命理學이다.

眞如秘訣을 확실하게 터득하여 開眼한 사람은 주어진 因緣을 알 수 있을 것이요 만드는 因緣을 볼 수 있을 것이다. 그런데 眞如秘訣을 사용하는 사람에 따라서 善用되어야 할 眞如秘訣이 惡用될 소지가 있다.

例를 들자면, 社會規範이 惡法일지라도 지켜야 할 경우가 있듯이, 이미 맺어진 惡緣 역시 최선을 다해 克己하고 克服하여 夫婦의 道理를 다해야 옳은데 〈당신들 부부는 惡緣으로 만났으니 헤어져야 한다〉고 離婚을 助長한다면, 이는 筆者가 眞如秘訣을 創案한 目的善의 眞意와 어긋나는 일이고 또 있어서도 안 될 일이기 때문이다.

惡緣도 因緣이다. 비록 惡緣일지라도 忍耐와 努力으로 誠心을 다한다면 善緣으로 昇華할 수 있는 것이 위대한 神性 또는 佛性을 지닌 萬物의 靈長인 人間만의 意志다. 善緣으로 昇華하지 못한다면, 最小한 自己의 子女를 責任지는 業緣으로 堪耐할 수 있는 智慧를 찾아야 할 것이다.

眞如秘訣을 얻은 자는 인연이 맺어지기 전 豫防 次元에서만 惡緣을 惡緣이라고 眞率하게 말할 수 있다. 이미 맺어진 因緣 者는 惡緣일지라도 惡緣이라고 말하여 헤어지게 하지 말라. 眞訣을 깨친 이는 業緣을 이겨 내는 修身齊家心法을 함께 익혀 괴로운 業緣을 이겨 내고 平溫한 善緣으로 昇華

시키도록 開運法을 〈가르치기〉할 수 있어야 한다. 오직 그 길이 正道이기 때문이다.

  이 세상 모든 사람들이 하나의 빛 가운데 幸福하도록 善導하고 主導해야 弘益人間하는 사람이라고 할 수 있을 것이다. 스스로 性通功完의 信念이 定立되기 전에는 眞如秘訣을 함부로 사용하지 말 것을 간곡히 당부 드린다.
  眞如秘訣을 누구나 알기 쉽게 한 권의 책으로 상세하게 엮을 수도 있으나 진여명리 강론에서 構成論理나 成立理論을 詳論하지 않고 要約한 것은 좋은 心性을 지닌 因緣만을 기다려 以心傳心으로 命理學 秘義와 함께 傳하고자 하는 筆者의 意圖 때문이다.
  講義를 들어야만 眞訣의 核心을 거머잡을 수 있는 것도 社會善을 위한 筆者의 衷情이다. 그러나 命理를 오랜 세월 窮理하고 探究한 사람은 앞의 1권의 基礎 看命 理論들이 眞如秘訣의 理論 體系가 된다는 사실을 단박에 파악하고, 그 看命理論들을 眞如秘訣에 適用하면 아하! 그렇구나! 하는 감탄과 함께 진여비결을 自覺할 수 있을 것이다. 子平 命理學의 基本 原理가 곧 眞如秘訣이요 五柱 命理學이기 때문이다.

  因緣이 있어 眞如秘訣을 얻은 이는 누구나 在世理化・弘益人間의 길을 가리라고 希望하고 信念하면서 秘訣의 要義

를 다 밝혔다. 그리고 아직 여러모로 미흡한 점은 여러분이 더욱 窮究하여 補完해 주리라고 믿는다.
 앞으로 眞如秘訣이 〈밝은 세상 만들기〉에 작은 보탬이라도 될 수 있다면 眞如秘訣을 創案한 筆者의 더없는 기쁨이요, 보람이 될 것이다.

 眞如自性 太極 자리에는 본래 是非・善惡도 없고, 吉凶・興亡도 없으며, 愛憎・苦樂은 물론 너와 나라는 因緣도 없었는데, 지금 여기의 煩惱衆生 陰陽자리에는 因緣果報를 떠나서 존재하는 것이라고는 그 어느 것 하나도 없다!

일체(一切)는 유심(唯心)이요, 만법(萬法)은 종연(從緣)이며, 자아(自我)는 상응(相應)이요, 인연(因緣)은 무상(無常)이다.

부록 因緣法 庫論 業緣(火土同宮)[23]

日主	性別	因緣(年支=띠)	결과
木	男,女	未	自庫
木	男	戌	財庫
木	女	丑	官庫
火	男,女	戌	自庫
火	男	丑	財庫
火	女	辰	官庫
土	男,女	戌	自庫
土	男	辰	財庫
土	女	未	官庫
金	男,女	丑	自庫
金	男	未	財庫
金	女	戌	官庫
水	男,女	辰	自庫
水	男	戌	財庫
水	女	戌	官庫

23) 진여비결의 업연을 모은 것임.

역학인(易學人)은 연예인(演藝人)이 아닙니다.

연예인(演藝人)은 연예(演藝)에 종사하는 사람입니다.
그들은 인기를 먹고산다 해도 과언이 아닙니다.
역학인(易學人)은 인기를 먹고사는 사람이 아닙니다.
역학인(易學人)은 역학을 연구하며 세상 사람들을 행복의 길로 안내하는 사람입니다.
그래서 역학인(易學人)은 연예인(演藝人)이 아닙니다.

사계에 역학인(易學人)들은 이름이 좀 나거나, 제자들이 좀 따른다 하면 마치 스스로 연예인(演藝人)인 양 착각하는 이들이 있습니다.

역학(易學)은 인생의 희노애락(喜怒哀樂)을 말하는 것이므로 항상 진지하게 다루어지는 것입니다.
끊임없이 연구하고 알아 가는 것이 역학입니다.
어제도 연구하며 궁리했고,
오늘도 연구하며 궁리하고,
내일도 연구하며 궁리할 것이고,
항상 연구하며 궁리합니다.

역학인(易學人)들에게는 진정성과 진지함이 요구됩니다.
그래서 항상 초심을 잃지 않습니다.

설진관 小考

제 3 편

연 구 자 료

제 1 장

연구 자료 - 1

이곳에 정리된 글은 필자가 인터넷 다음카페 '자연의 소리' (http://cafe.daum.net/naturalsaju)에 게재했던 게재 글 중 도움이 될 만한 내용들을 발췌한 것입니다. 본서에 기록되지 않은 이론이나 도서명이 발견될 수도 있습니다. 그러나 독자 여러분의 역리 연구에 도움이 되고자 그대로 옮겨 놓았으니 많은 연구를 바랍니다.

1 인연법 진여비결(眞如秘訣)과 야학신결(野學神訣)을 활용한 통변

인연법 진여비결(眞如秘訣)과 야학신결(野學神訣)로 사주 명리학을 공부하신 분, 사주 명리학 강의를 들으신 분들께 궁리거리를 드립니다. 사주 명리학의 백미는 통변입니다. 힌트를 바로 드릴 수도 있지만 이번 건은 여러분이 스스로 궁리하시면 좋겠습니다. 아래 내용은 지인의 부탁으로 상담해 주었던 여명입니다.

壬 庚 辛 庚 (坤)
午 戌 巳 戌

1970년 음 4월 26일 午時
乙 丙 丁 戊 己 庚
亥 子 丑 寅 卯 辰
대운수 8

薛) 1968年(戊申)生과 1966年(丙午)生 남자와의 인연이 우선 보이는데 각각 누구인가요?

客) 1968年生이 아이 아빠입니다.

薛) 혹시 아이 아빠와 따로 살지는 않는가요?

客) 예, 10여 년 전에 아이 아빠와 이혼하고 제가 딸을 데리고 살고 있습니다.

薛) 전남편으로부터 금전 지원을 받기 힘들 텐데요...

客) 예, 아이 양육비 하나 못 받고 저 혼자 키웠습니다.

薛) 그대의 남편은 그대를 버리고 이혼녀와 한살림 차렸을 것입니다.

客) 맞습니다. 남편이 이혼한 초등학교 동창 가시나와 눈이 맞아서 바람이 났었는데, 그것 때문에 싸우다가 이혼했었습니다.

薛) 금년에 전남편이 새로운 일을 추진한다는 소식을 듣지 않았는가요?

客) 그것 때문에 겸사겸사해서 뵈려고 했습니다.
전남편이 2,000만 원을 빌려 달라고 하는데 빌려 줘도 될런지 해서요...

薛) 혹여 차량, 물류 등과 관련한 사업이지 않는가요?

客) 예, 대형 트럭을 사는 데 돈이 모자란다고 하네요.

薛) 돌려받기 어렵습니다. 차라리 아이 아빠이므로 그냥 준다는 생각이라면 몰라도 빌려 주는 생각일 것 같으면 하지 않는 게 좋을 듯합니다.
1966年生 남자는 반드시 만나게 되어 있습니다.
누구인가요?

客) 전남편과 헤어진 후 사업을 하면서 알게 된 사람이 있는데, 외롭다 보니 좀 알고 지낸 지 오래되었습니다.
그분이 1966年生입니다.
저의 딸아이는 이 사실을 모릅니다.

薛) 그 1966年生으로부터 금전 도움을 받지 않는가요?

客) 제 사업의 주 거래처입니다.
이분이 안 도와주었다면 벌써 도산했을 것입니다.

중략....
薛) 혹여, 현재 딸아이 외 아이가 생기지 않았는가요?
客) 낳았습니다.
薛) 그 아이가 다른 사람 손에 크고 있지요?
客) 예, 선생님.
薛) 그 아이의 아빠는?
客) …

상담 내용의 일부를 공개했습니다.
지금은 비록 조그마한 사업을 하는 분이지만 젊은 날 슬픈 사연을 안고 계신 중년의 여성입니다.
더 깊은 이야기는 생략했습니다만, 그간 여러분들이 공부하신 이론으로 이 케이스를 추리해 보시기 바랍니다.

지켜야 할 선(線)

말에도 지켜야 할 선(線)이 있다.
그것은 스스로 깨달아야지 누가 가르쳐서 되는 것이 아니다.

설진관 小考

2 인연법 진여비결(眞如秘訣) 공부 연습

사주 명리학을 공부하면서 인연법 진여비결을 습득하는 것은 사계에서는 거의 필수 과정으로 인식되고 있을 것입니다. 대부분의 사주 명리학 고수와 대가들이 인연법 진여비결을 공부한다는 사실은 공공연한 비밀입니다.
아래 명조는 실관한 사주입니다.

```
己 甲 乙 戊  (坤) 약사      1978년 양 4월 2일 巳時 여성
巳 午 卯 午                  戊 己 庚 辛 壬 癸 甲
                      대운수 9  申 酉 戌 亥 子 丑 寅
```

薛) 1976년 용띠 남자와 인연한 적이 있나요?
客) 예, 두살 많은 1976年生 오빠를 만났습니다.
    제 남편입니다.

> *갑일화치(甲日火熾)시는 승룡정배(乘龍定配)한다.
  (이하는 참고 내용입니다)

薛) 남편이 당신의 약국에 함께 근무하는가요?
客) 예, 남편이 제가 경영하는 약국에 보조 일을 해 왔습니다.
薛) 최근 남편의 신상에 문제가 있었을 터인데요.
客) 얼마 전에 *** 건으로 구속되어 조사받고 있습니다.
薛) 상대방이 합의금조로 천만 원 정도 요구할 터인데요.

客) 그렇습니다. 1,000만 원에 합의를 하고 나면 나중에 추가로 더 많은 돈을 요구하지는 않을지 해서.
중략...

마음을 비워라 … 글쎄.

마음을 비워라 … 글쎄…
우리는 오늘 이 귀한 삶에 대하여 감사히 여길 줄 알며 오늘 하루도 최선을 다해야 할 꿈과 염원을 가져야 합니다.
그 염원 속에서 꿈이 이루어지는 것입니다.
꿈과 염원에 대하여 마음을 비워 버린다면 이번 삶 속에 우리가 살아가야 할 의미와 목적으로 인식하지 못하는 것과 진배없습니다.
인간의 내면에는 끊임없는 염원 속에서 삶을 살아갑니다.
꿈을 가지십시오. 그리고 그 꿈에 대한 염원을 가지시기 바랍니다.

설진관 小考

3 인연법 진여비결 이론으로 배우자 인연을 찾은 사례

최근 진여명리 강론 전 5권, 명리요강을 종강하고, 『야학신결』 원고 검토 등 너무나 바쁜 일정으로 바쁘게 지냈네요. 오늘은 좀 한가하여 인연법 진여비결 이론으로 배우자 인연을 찾은 사례를 올려 드리니 그간 학습하신 내용으로 어느 정도 찾을 수 있는지 스스로 검증해 보시기 바랍니다.

```
壬 庚 癸 丙 (坤)        丙 丁 戊 己 庚 辛 壬
午 辰 巳 辰              戌 亥 子 丑 寅 卯 辰
```

薛) (지지에 辰辰이 二字合緣, 合冲하고,) 아마도 20대에 1970年生이 인연으로 들어왔을 것이다.

客) 예, 1970年生 오빠를 사귀었습니다.

薛) 혹시 그 1970年生이 유부남이 아니었나. 그리고 연애하는 사이에 임신도 했을 텐데…

客) 예, 제가 다니던 회사 선배이었는데 유부남이었습니다. 임신을 하여 낙태를 했습니다.

······················· 중략 ·······················

薛) 1969년 닭띠 남자를 인연하지는 않았는가?

客) 1969年生은 현재 저의 남편입니다.

薛) 남편이 귀하에 대하여 의심하는 즉, 의처증 증세가 있어 보이는데…

客) 예, 맞습니다. 의처증이 있습니다. 그것 때문에 집에 있을 때 카카오톡이 들어오면 누구냐고 꼬치꼬치 물어보기도 하고, 간혹 저의 문자 메시지도 보는 것 같습니다.

薛) 남편이 금년(丁酉年)에 멀리 가야 하는데…

客) 예, 최근에 승진을 해서 머지않아 서울로 가야 하나 봅니다.

············ 중 략 ············

제가 더 부자인 것 같습니다.

많은 재물을 가지고 있지만 마음의 여유가 없는 사람이 있습니다. 항상 불안하다고 합니다.
도둑이 들까 걱정하고, 지갑을 잃어버릴까 걱정합니다.
저는 많은 재물을 가지고 있지 않습니다.
반면 마음의 여유가 있는 듯합니다.
도둑이 들까 걱정하지 않아도 되고, 지갑을 잃어버릴까 걱정하지 않아도 됩니다.
제가 더 부자인 것 같습니다.

설진관 小考

4 인연법 이론과 통변 (인연법 사례)

```
辛 丙 丁 丙 (坤)    상담           1976년 음 8월 18일 卯時
卯 寅 酉 辰        16-1119-1700   庚 辛 壬 癸 甲 乙 丙
                                 寅 卯 辰 巳 午 未 申
```

薛) 이런 사주는 옛날에는 과부 팔자라고 했다. 남편의 복이 없다는 뜻인데 가정은 무탈하냐?

客) 사이가 안 좋다.

薛) 작년 가을 이후로 이미 이별사가 들었는데?

客) 작년 연말부터 별거 중이다.
　　나는 이혼하고 싶은데 남편이 응해 주지 않는다.
　　언제 이혼이 되겠는가?

薛) 남편 사주 한 번 봅시다.

```
癸 己 庚 己 (乾)    상담            1969년 음 5월 9일 酉時
酉 巳 午 酉        16-11119-1700  癸 甲 乙 丙 丁 戊 己
                  대운수 6        亥 子 丑 寅 卯 辰 巳
```

薛) 남편은 절대 이혼해 줄 생각이 없겠다.

客) 그렇다 죽기 전엔 안 해 준단다.

薛) 남편은 부인에게 엄마같이 해 주기를 바란다.

客) 그렇다. 나는 그것이 싫고 그렇게 해 줄 마음이 없다.

------중략------

5 배우자 인연법 (진여비결 적용)

진여비결을 적용하여 실관한 배우자 인연 법칙

壬 丁 甲 癸 (坤)	壬 辛 己	1973년 음 1월 8일 寅時
寅 丑 寅 丑 남편→	子 亥 酉	辛 庚 己 戊 丁 丙 乙
		酉 申 未 午 巳 辰 卯

해 설

⑴ 이 명조는 (30)柱中二字이면 合冲定配한다 하여
　① 地支 丑丑과 子가 합을 하는 壬子生을 만나 첫사랑을 하였으나,
　② 辛亥生이 壬子生과 이 여인을 놓고 결투를 벌여 辛亥生이 이 여인을 차지하여 인연이 되었으니 寅寅과 亥가 합한 인연이다.

⑵ 그러나 辛亥生의 직장과 주거가 일정하지 않아 인연을 오래하지 못하였다.

⑶ 다시 배우자宮과 年支의 丑丑이 子와 인연이 되어
　① 또다시 壬子生과 만났으나
　② 그곳이 日本(乙卯)이라 天時가 도와주지 않으니
　③ 결국은 壬子生과는 돌아올 수 없는 다리를 건넌 사이로 다시는 만날 수 없는 인연이 되었다.

⑷ 이후 ⑷坐下傷食이면 透出定夫한다 하여

①戊己를 기다려, 己酉生과 인연이 되었지만
②천을귀인 및 공망 인연이며 時支와 月支와 원진하며
③壬水를 濁水(탁수)로 만드니
④丁火 내면의 포악성이 발현되어
⑤己酉生에 순종하지 못하여 이별하니 한평생 가슴속에 아쉬움으로 남는 인연이 되었다.

이 인연이 어찌 우연이라 할 수 있겠는가.

禮가 아니면...

論語(논어)

非禮勿視(비례물시)하고 非禮勿聽(비례물청)하라.
非禮勿言(비례물언)하고 非禮勿動(비례물동)하라.
예가 아니면 보지도 말고, 예가 아니면 듣지도 말라.
예가 아니면 말하지도 말고, 예가 아니면 행동하지도 말라.

설진관 小考

6 배우자 인연법 활용 사례 木日燥熱 癸子定配

木日燥熱 癸子定配

⑴ 木(甲木, 乙木) 日主가 燥熱하다면

　①우리는 보통 물이 필요하다고 해서 壬水, 亥水, 辰土, 丑土를 많이 사용합니다.
　(이 경우는 木이 生木이라는 관점에서 많이 사용)

　②그런데 燥熱하기 때문에 燥熱하다는 그 자체만 따졌을 때는 비(= 癸水와 子水)가 필요하다는 의미가 되죠. 즉 燥熱한 것의 燥熱을 식혀 주겠다는 의미로 생각합니다.

　③즉 巳午未月 여름은 燥熱하죠(진짜는 濕熱인 것 같은데?). 너무 더워 비를 한 번 뿌려 주면 熱氣가 식히겠죠

```
○  木  ○  戊 (乾)
○  ○  巳  申
```
예를 들어 옆의 경우라면 밑으로 내려가서 壬子生이나 癸丑生을 따라가겠죠.

⑵ 따라서 위의 ①과 ②를 묶어서 [木 日主가 겨울에 태어나면 丙丁定配하고 여름에 태어나면 癸子定配한다.]라고 정리할 수 있습니다.

7 인연법 진여비결을 적용한 사례

```
己 癸 庚 乙 (乾)      問占日   1985년 음 3월 15일 未時
未 卯 辰 丑           丁酉日
                공망         癸 甲 乙 丙 丁 戊 己
                辰巳  대운수10  酉 戌 亥 子 丑 寅 卯
```

설명

위의 명조를 보니 일단 **日支 卯가 天乙貴人**이죠.
부인과 이분과의 인연은 천상에서 맺어 준 인연으로써 들어올 것이며 **가문의 내력이 좋은 집안 출신**이라고 살핍니다.

이 같은 경우 일지에 있을 경우에만 해당하고 타주에 있을 시에는 별론으로 합니다.

그리고 그 부인으로 인연 되는 띠가 결정되는데
 [(24)貴人獨行이면 同伴定配한다]에서 癸水 日主이니 巳와 卯가 貴人이죠?
卯는 原局에 있고 **巳가 인연이다**란 뜻입니다.

또 마침 巳가 空亡이니 인연법에서 **[(46)配星空亡이면 塡實定配한다]**에서도 巳 띠가 인연이 되네요.

나이에 맞추면 89년 己巳生이죠. 이 巳生은 부인으로 오거나 꼭 겪게 되는 여자가 되는 것입니다.
인연법 진여비결(眞如秘訣)을 적용한 사례입니다.

8 사주 명리학 완전 정복을 위한 명리학 통변 강좌

```
己 己 辛 癸 (乾)      1973년 음 9월 5일 巳時
巳 巳 酉 丑           甲 乙 丙 丁 戊 己 庚
             대운수 7  寅 卯 辰 巳 午 未 申
```

사주 명리학 완전 정복을 위한 통변 공부 자료입니다. 『야학신결』과 인연법 진여비결을 활용한 통변 자료만을 발췌하였습니다. 사주 명리학의 진정한 고수, 대가가 되시기 바랍니다.

薛) 금년에 집을 구했는가? (야학신결 334-335쪽)
客) 그렇습니다. 전망이 좋은 집을 하나 봐 두었습니다. 2015년에 이사를 했는데 금년(2017년)에 다시 이사를 해도 되겠는가요?
薛) 이사를 하라. 2015년에 이사를 했다면 그해에 집안에 우환이 끊이질 않았을 것이다. 건강과 금전 손실이 있었을 것이다(야학신결 108-111쪽).
客) 그렇습니다. 그해 새 아파트라고 하여 이사를 하고 얼마 되지 않아 간염으로 입원하였습니다. 그뿐만 아니라 돈도 많이 까먹었습니다.
薛) 통신 관련한 일과 인연이 있다(야학신결 464쪽).
客) 친구와 핸드폰 대리점을 운영하고 있습니다.

薛) 1976年(丙辰)生 여성은 누구인가?
客) 몇 년간 교제했었던 사내 커플이었던 여자입니다.
薛) 그 여성으로 인하여 직장 생활이 힘들었을 것이다.
客) 그 여성이 너무 집착하는 바람에 직장을 그만두었습니다.

생각하고 느낄 수 있다는 것만으로
나는 행복합니다.

생각하고 느낄 수 있다는 것만으로도
나는 행복합니다.
오늘 하늘을 볼 수 있는 것만으로도
감사합니다.

설진관 小考

9 사주 명리 실관 자료

사주 명리의 매력은 보이는 모습에서 보이지 않는 모습을 유추할 수 있는 것입니다.

```
丙 辛 丁 辛 (乾)        1961년 음 8월 16일 申時
申 酉 酉 丑             庚 辛 壬 癸 甲 乙 丙
             대운수 6   寅 卯 辰 巳 午 未 申
```

薛) 부친이 조직의 주요직에 계셨던 것 같습니다.
客) 예, 아버지께서 ○○그룹(현, 없어짐)의 요직에 근무하시면서 인사권을 쥐고 있었습니다.
薛) 특히 여성 편력으로 인하여 모친의 마음이 많이 상하였겠네요.
客) 예. 인물이 좋으셨다 보니 여성들이 많았나 봅니다.
薛) 혹여 모친이 부친에게 정실이 아니었던 것 같습니다.
客) 아… 저의 어머니가 후처로 들어가서 저를 낳으셨는데요… 저의 어머니가 3번째 부인이었습니다. 그러다 보니 저희 5남매의 배가 모두 다릅니다.
薛) 부친이 남기신 재산을 잘 보전하지 못하신 것 같습니다. 그리고 직업은 교통과 관련한 중개업을 하신 듯 합니다.
客) 그렇습니다. 부친이 돌아가시고 5남매에 재산을 남기셨지만, 중고차 거래 사업을 동업했다가 지금 애를 먹고 있습니다.   ---- 중략 ----
그 이유를 한 번 찾아보시기 바랍니다.

10 고급 사주 명리학 완전 정복을 위한 명리학 통변

긴 대화를 나눈 명조입니다. 프라이버시 문제로 자세한 내용을 올려 드리지 못하고 특이한 부분만 발췌하였으니 연구해 보시기 바랍니다.

```
壬 丙 戊 乙 (坤)      현재    1985年生
辰 申 子 丑           32세    乙 甲 癸 壬 辛 庚 己
                             未 午 巳 辰 卯 寅 丑
```

내 자식은 모친이 키우고, 나는 남의 자식을 키워 보는 사주

薛) 1977年 뱀띠 남자를 만났는가?

客) 허걱, 집을 나와서 아는 오빠와 동거를 했었고 서로 너무 맞지 않아서 헤어졌습니다. 그때 동거했던 오빠가 1977年生 뱀띠(丁巳生)이에요.

薛) 그 오빠와 헤어지는 것은 당연지사이고, 그 오빠와 살면서 생활고를 많이 겪었을 것이다.
(야학신결 76쪽, 521쪽 추명가 23)

客) 예. 그 오빠가 게임에 빠져서 일을 하지 않는 바람에 제가 밤에 업소(주점)에 나가서 돈을 벌었습니다.

薛) 모친과 교류하지 않는가?
(야학신결 528쪽 추명가 78)

客) 어머니와는 1년에 1~2번 보는 게 전부입니다.

薛) 그 (丁巳生)오빠와의 사이에서 임신을 하지 않았는가?

客) 예, 2009年(己丑生)에 아들을 하나 낳았습니다.

薛) 혹여 그 아이를 어머니가 대신 키우고 있지 않은가?
(야학신결 528쪽 추명가 77번)

客) 예, 맞습니다. 그 아이는 저의 엄마가 대신 키우고 있습니다. 저는 매달 돈을 보내 주고 1년에 1~2번씩 집에 가면 아이 얼굴을 봅니다.

薛) 그 아이의 건강에 문제가 있을 것이다.

客) 예, 자폐증이 있어서 유치원에도 제대로 못 보내고 있습니다.

薛) 작년(2016년 丙申年)에 남자가 생기지 않았는가?
(야학신결 446-450쪽)

客) 예, 제가 일하는 술집에서 만난 남자와 동거를 시작했습니다.

薛) 작년에 만난 그 남자는 유부남이거나 돌싱으로서 재산이 많을 것이다(야학신결 432쪽).

客) 예, 맞습니다. 지금 만나는 남자는 전처와는 현재 별거 중입니다. 그래서 그 남자의 집에 들어가서 동거하고 있습니다. 다니던 주점을 그만두고 골프를 배우러 다닙니다.

薛) 혹시 그 남자의 아이를 함께 키우는 것 아닌가?
(야학신결 291쪽, 527쪽 추명가 76)

客) 예, 전처가 아이를 두고 나가는 바람에 제가 그 남자의 아이를 뒷바라지하고 있습니다.

--------- 중략 ---------

많은 대화가 있었지만 여기까지 추리해 보도록 하겠습니다.

주둥이로 제 아무리 부처를 불러도 부처는 오지 않는다

주둥이로 제 아무리 부처를 불러도 부처는 오지 않는다.
그러나
가슴으로 부처를 한 번만 불러도 어느새 내 마음속에 부처가 자리 잡는다.

설진관 小考

11 인연법 진여비결 관련 내용으로 감정한 사례

癸 乙 丁 甲 (乾)
未 卯 卯 寅   대운수 7

1974년 음 2월 22일 未時
甲 癸 壬 辛 庚 己 戊
戌 酉 申 未 午 巳 辰

薛) 3살 위의 1971年生(辛亥)과 인연하였는가?
客) 예, 현재 만나고 있는(애인) 사람입니다.
薛) 그런데 1971年生 그 여성이 우위에 있으며, 당신은 그 여성에게 복종해야 하는데 정확히 서로 어떤 관계인가?
客) 사실은 제가 일하는 가게의 사장이고 이혼녀입니다.
술만 먹으면 난폭한 성격이 나오므로 겁이 납니다.
관계를 정리하고 싶지만, 제가 가게를 그만둘 수가 없습니다.

■진여비결
[(31) 삼합일허(三合一虛)이면 허일정배(虛一定配)한다]를 참고하세요.

12 인연법 진여비결은 사주 명조를 통해서 확인할 수 있는 선천의 인연을 발견하며

그 인연들과 나와의 관계상에서 나타나는 방향을 추리하여 행복한 삶을 안내하는 기능을 하는 것으로써 이 이론의 발견은 사주 명리 학계에서는 하나의 사건이라고 할 수 있습니다.

현재 진여비결에는 우리가 선천의 인연을 추리할 수 있는 공식으로 46개가 정리되어 있습니다. 처, 남편으로 국한되는 것이 아니라 인연 가능한 많은 인연을 찾아내고 각 인연들과의 결말까지 추리 가능한 것입니다.

얼핏 보기에는 그 공식도 많아 보이지만 숙달되고 나면 결코 많은 공식이 아닐 것입니다.
그리고 위 46개 공식으로 찾을 수 없는 인연들도 충분히 있을 수 있습니다.

그렇다 하더라도 **진여비결의 천시, 인화, 지리에 활용해 본다면 놀라운 통변을 할 수 있을 것입니다. 그리고 일반적으로 알려진 궁합법과는 확연한 차이를 확인하실 수 있을 것이**므로 차근차근 학습해 보시기를 바랍니다.

그리고 진여비결 연습을 많이 해 보시기 권합니다.
사주 명반을 세워서 그와 만난 인연이 가령 甲寅生이라면 왜 甲寅生을 만났는지부터 궁리하시면서 연습해 보시기 바랍니다.
그리고 그 甲寅生을 만난 후 어떤 삶으로 바뀔 것인지 추리해 보시며 현실과 어느 정도 부합되는지도 겸해서 살펴보시기 바랍니다.

그런 식으로 반복하여 연습하고 나면 어느 순간 자유자재로 무슨 띠와 인연할 것이며, 그 인연과는 어떤 과정으로 진행될 것이다 등 말문이 열릴 것입니다.

아는 만큼 보입니다.
많이 읽고 읽어 여러분의 것이 되시길 바랍니다.

그리고 꼭 인연법 진여비결의 대가가 되시기 바랍니다.

13 배우자, 자녀 인연법 그리고 …

1990년대에 입수한 인연법 자료에는 배우자의 인연을 알 수 있는 인연법 공식 외에 자녀 출생법을 알 수 있는 공식이 포함되어 있었습니다.

어떤 자료에는 당면 문제 풀이법까지 포함된 경우도 있었습니다. 종류에 따라 1종~3종류의 자료가 함께 있는 것들입니다.

현재 배우자의 인연을 알 수 있는 자료는 이미 진여비결로 공개되었습니다.
그 내용 중에서 남은 것은 2종류인데, 진관역학회 선생님들과 의논해서 그 역시도 자료가 완전히 정리되면 **사계단법, 인연법, 좌지방, 상론사주학, 동정론 등과 같이 분석 및 해설 자료를 세상에 내놓겠습니다.**

여러분 세상은 넓고 고수는 많습니다.
여러분이 알고 있는 세상이 전부가 아닙니다.

역학인들은 항상 겸손한 자세로 정진해야 하고, 세상 사람들에게 진정성 있는 자세로 다가가야 합니다.

때로는 아껴 두어야 할 필요성도 있지만 그보다 홍익인간할 수 있는 후학을 위해서는 공개하는 것이 더 이익이 많다고 생각되므로 긍정적인 생각으로 바뀌기 시작하는 것입니다. 하나씩 하나씩 양파 껍질을 벗겨 가듯...

그간 '자연의 소리'가 대중에 공개된 지는 겨우 10년도 안 됩니다. 그러나 '자연의 소리'에서 공개된 내용 대부분은 많은 분들이 사랑해 오고 계신 그런 것들이었습니다.

앞으로도 계속 진행될 것입니다.

조금 아는 것을 마치 많이 아는 척 호들갑 떨지 말라

조금 아는 것을 마치 많이 아는 척 호들갑 떨지 말라.
세상은 넓고 하늘은 높다. 그리고 고수는 많다.
늘 세상 사람들이 지켜보고 있음을 잊지 말라.
하루하루 아는 것을 징험해 나가면서 깨달아 가는 것이
우리의 삶이다.

설진관 小考

14 배우자 인연법, 처자 인연법 등으로 알려진 진여비결

인터넷 등지에서 돌아다니는 **박도사인연법, 배우자인연법, 처자인연법, 부부인연법** 등 다양한 이름으로 변형된 상태에서 많아야 공식 26개 안쪽으로 소개되어 있는 인연법의 **정확한 명칭은 진여비결**이다.

과거 인연법(진여비결)을 공부할 당시에는 **배우자 등의 띠를 찾고자** 고민했으나, 세월이 흘러 깨달아 가는 것은 단순히 띠를 찾는 것이 아니라는 것이었다.

어떤 인연을 만나 명조가 어떻게 변화되어 가고 그 변화된 명조의 스토리가 어떻게 형성되어 가는지. 그것이 관찰되어야 하는 것이다.

1990년대 인연법을 익히면서 고민에 빠진 부분을 실제 창안자이신 신수훈 선생님을 2005년경에 만나 직접 인연법(진여비결)을 전수받은 이래 그간 내가 인연법(진여비결)을 강의할 경우에 단 한 번도 '신수훈' 선생님의 성함을 빠뜨린 적이 없다.

그만큼 그 어른은 나에게는 너무나 감사한 역학계의 유일한 스승인 것이다.

15 인연법 진여비결 감정 사례

　진여비결은 우선 사주에서 배우자가 될 수 있는 인연이 되는 후보들을 찾아냅니다.

　그런 다음에 그 인연들 중 누구와 인연이 되는지에 따라서 살아가는 모습들이 다르게 통변이 됩니다.
그러니까 같은 사주라도 누구와 인연이 되는지에 따라 살아가는 모습이 다르다는 말입니다.

　우리 인생이 어떻게 같은 사주라도 살아가는 모습이 같겠습니까? 그리고 같은 사주라면 배우자의 인연이 같을까요?

　다시 말씀 드리면 진여비결을 통해서 사주에서 운명적으로 찾아오는 인연을 모두 찾아내고 그중에 누가 실제 배우자인지는 사주 주인공의 의지에 따라 결정이 됩니다.

　그러니까 사주에서 인연이 되는 인연을 밝혀내지만 그중에서 누가 배우자가 될지는 사주의 주인공의 의지에 따라 결정됩니다.

　여기서 의지는 사주가 아닌 사주 주인공의 의지입니다.

그래서 사주의 주인공이 누구를 선택해서 결혼할 것인지에 따라서 삶의 모습이 다 다릅니다. 그렇게 살아가는 모습까지도 통변하는 것이 진여비결입니다.

아래 사례는 제가 직접 상담 과정에서 나눈 대화 내용입니다. 장시간 많은 대화를 나누었지만, 인연법 진여비결에 해당하는 내용만 간추려서 공개합니다.

초학들에게는 이해하기 힘든 통변 내용이겠지만, 인연법 진여비결을 어느 정도 숙독하실 경우에는 충분히 공감할 수 있는 통변 내용이겠습니다.

인연법 진여비결을 학습하면서 아래와 같은 인연이 도출된 원리가 무엇이며, 왜 아래 내용과 같은 인연 관계를 통변했는지를 궁리해 보시기 바랍니다.

마치 도사인 양 포장해 버리면, 여러분의 학습에 전혀 도움이 되지 않고 오히려 혼란만 줄 수 있기에 진여비결에 해당되는 통변 부분만 가려내어 최대한 가감 없이 그대로 공개합니다.

■ 몇달 전 감정한 학교 후배입니다.

丁 戊 庚 癸	(乾) 丙	현재 공무원 45세	1973년 음 8월 3일 巳時
巳 戌 申 丑	처→ 辰	대운수 7	癸 甲 乙 丙 丁 戊 己 丑 寅 卯 辰 巳 午 未

薛) 이 사주는 이리 봐도 저리 봐도 1976年生(丙辰) 여자가 꼭 들어와야 되는데? 만난 적 있느냐?

客) 예, 선배님. 76年 용띠가 처입니다.

薛) 그렇다면, 76年生(丙辰) 처와는 자식을 낳고 난 후에 의처증이나 의부증으로 함께 살기가 힘들었을 텐데?

客) 예, 딸 낳고 나서 처에게 의부증이 생겨서 다투다가 지금은 처는 아이를 데리고 마산에 있는 장모 집에 있고, 저는 부산에서 혼자 원룸에 살고 있습니다.

薛) 솔직히 말해 봐!, 처가 임신하고 나서 여자 생겼지?

客) 아… 사실 초등학교 동창 모임에 나갔었는데 여자 친구와 사고를 치는 바람에.

薛) 그 동창이 있다는 것을 네 처가 알게 된 것 같은데?

客) 그 여자 동창과 만나고 헤어진 후에 여자 동창이 저에게 카톡을 보내서, 처가 그걸 보고 알게 되었지만, 저는 끝까지 아니라고 버텼습니다.

薛) 바보야 … 처에게 싹싹 빌어라.

客) 예. 선배님...

-------- 중 략 --------

16 인연법 진여비결 사례

```
甲 乙 丁 戊 (乾)        甲 癸 壬 辛 庚 己 戊
申 未 巳 申     대운수3  子 亥 戌 酉 申 未 午
```

2016. 10. 26. 지인의 부탁으로 상담한 내용입니다.

薛) 귀하의 선천 인연은 뚜렷하지가 않아 꼭 집어 누가 배우자라고 단정할 수는 없지만, 대략 1974年 寅生(甲寅) 여성이 가장 인연이 깊어 보이고, 그 외 연상으로 1966年 午生 내지는 1967年 未生(丁未)이 인연이고, 혹 연하로 1977年 巳生(丁巳) 여성도 인연이 있을 수 있는데, 누구를 만났나요?

客) 1974年生(범띠)과는 결혼하여 자식 낳고 살다가 헤어졌고, 1966年生(말띠) 여성과는 잠시 사귀었지만 역시 헤어졌습니다.
지금은 1967年 未生 여자와 재혼을 고려하고 있습니다. 그런데 1977年 巳生 여성은 나이 차가 나서 그런지 아직 만나 보지 못했습니다.

薛) 그렇다면, 1974年 甲寅生 여성과는 단순한 이별이 아닌 송사가 있었을 것이고, 자식은 그 여성이 데려가 키우지 않나요?

客) 맞습니다. 1974年生 처는 제가 간호사와 차에서 **하는 것을 목격한 후 저를 간통으로 고소한 후에 다시 화해했습니다. 그렇지만 그 일로 계속 말다툼하다가 결국은 이혼하면서 재산을 나누어 주고, 아들은 처가 키우고 있습니다.

薛) 1966년 丙午生은 자영업을 하는 사람으로서 아마도 혼자 아이를 키우는 분이었을 것 같은데 그렇지만 선생님께 경제적으로는 큰 도움이 될 법했습니다.

客) 그렇습니다. 1966年生 여성은 약국을 운영하고 있어서 저에게는 경제적으로 도움은 되었지만, 석 달간 사귀면서 결혼도 생각했습니다. 그렇지만 전남편과의 사이에서 아이 부양 문제로 갈등을 빚다가 결국은 헤어졌습니다.

薛) 1967년 양띠(丁未生) 여자분은 그다지 만족할 사람은 아니지만 불가피한 인연이 되었네요. 그런데 그 여성의 건강에 문제가 있는 것 같습니다.

客) 그렇습니다. 1967년 양띠 여성은 1살 많은 사람인데, 저의 이상형은 아니었지만 서로 외롭고 하여 자주 만나다가 관계(?)를 가지게 되면서 정이 들었습니다.
그런데 최근에 그분이 유방암이라고 합니다. 불쌍하기도 하고. 제가 아니면 현재 돌봐 줄 사람이 없습니다. 그래서 이 여성과 재혼을 고려하고 있습니다.

괜찮을까요... (중략)

薛) 1977년 뱀띠 여성을 만나지 않았나요?
　　사모에게 들킨 간호사가 혹시 1977年生 아닌가요?
客) 아.. 그러고 보니 그 간호사가 1977年生이었던 것 같습니다.

(중략)

마음의 눈

두꺼비 얼굴에 연지 곤지 찍어도
두꺼비는 두꺼비.
토끼 얼굴에 뿔을 그려 넣어도
토끼는 토끼.
세상 사람 눈을 가릴 수 있어도
내 마음의 눈은 가릴 수 없다.
거짓과 과장 그리고 오만이 세상을 뒤엎어도,
세상 사람은 몰라도 당사자는 진실을 알고 있다.

설진관 小考

17 배우자 인연이 선연인가, 악연인가.

丙辛庚癸(坤)
申卯申丑   대운수 5   1973년 음 7월 25일 申時
                              丁丙乙甲癸壬辛
                              卯寅丑子亥戌酉

■이 명은 배우자星인 丙의 祿이 없어
 ①乙巳生을 인연하여 첫정을 주었으니
 ②乙이 겁재 庚을 合하여 善緣으로 보였으나,
 ③月時의 申과 合刑을 하고 時支에 壬水 傷官을 숨겨 두었으니 乙巳生은 이 여성이 근무하던 회사의 유부남 사장이었다.
■이 여성은 乙巳生과는 성혼될 수 없는 인연임을 알고
 ①합의하에 헤어진 후 여러 세월을 그리워하다가,
 ②사채업을 하는 庚戌生과 혼인하였으나 그 庚戌生과는 정이 깊지 아니하더니,
 ③결국은 헤어진 乙巳生을 다시 만나 情을 나누었다.
■庚寅年 여름 乙巳生과 여행을 가던 중
 ①月時와 寅巳申 三刑을 이루니 그만 교통사고를 당해
 ②乙巳生 남자가 척추를 크게 다쳤으니, 이 어찌 우연이 겠는가… 오래전 실제 감정 사례입니다.

인연법 진여비결 해설을 잘 습득하신 분은 일견하여 이해하실 수 있었을 것입니다.

제 2 장

통변 연구 자료 - 2
(김분재 선생님)

제2장(403~421쪽)의 글은 경남 진해의 명리학 대가 김분재 선생님의 실제 감정 사례와 일부 강의 자료로 인터넷 다음 카페 자연의 소리(http://cafe.daum.net/naturalsaju)에 게재된 것을 김분재 선생님 동의를 받아 이곳에 옮겨 왔습니다.

18 사주 풀이란

(1) 스스로 사주팔자를 연구하여 그 이치를 깨닫는 것
(2) 사주를 상대방이 이해하기 쉽도록 풀어 설명하는 것.
이 두 가지의 의미를 가집니다.

■ 혼자만의 만족으로 끝내려면 (1)의 경우로 족하지만, 역학을 업으로 삼으려면 반드시 (2)의 경우를 잘 해낼 수 있어야 합니다.

■ 제아무리 이론에 통달해도 역술 현장에서 손님에게 제대로 풀어 주지 못한다면 아무 소용없습니다.

■ 진여비결 인연법 이론 또한 마찬가지입니다.
수많은 인연 관계를 인연법 이론으로 분석할 수 있다는 점에서 위대한 이론임은 분명합니다.

■ 그러나 알고 있는 이론을 바탕으로 상대방에게 사주를 풀어 설명하는 소위 통변은 전혀 별개의 문제입니다.

■ **알고 있는 이론을 바탕으로 상담을 어떻게 풀어 나갈 것인가, 역업에서는 가장 중요한 부분입니다.**
여기서 성패가 결정 납니다.

19 부부, 배우자 인연 감정 사례 1

```
癸 辛 庚 己 (坤)     상담          1969년 음 5월 11일 巳時
巳 未 午 酉        16-1124-1710   丁 丙 乙 甲 癸 壬 辛
                 대운수 4         丑 子 亥 戌 酉 申 未
```

```
乙 戊 戊 丁 (乾)     상담          실제 1967년 음 7월 17일 卯時
卯 午 申 未        16-1124-1710   辛 壬 癸 甲 乙 丙 丁
                 대운수 5         丑 寅 卯 辰 巳 午 未
```

客) 남편과 맨날 티격태격하는데 이번에 남편이 타 지역으로 가게 되어 떨어져 사니 좋다. 그런데 남편은 자기에게 오라고 한다.

金) 지금은 남편과 불화해도 처음엔 남편을 먼저 좋아하지 않았냐?

客) 그렇다 내가 좋아해서 결혼했다. 그런데 지금은 떨어져 있는 게 좋다.

金) 남편은 고집 세고 자기중심적으로 그렇다. 그런데 남편이 자기 곁으로 부인을 두려고 하는 것은 사랑해서라기 보다는 딴 남자에게 갈까 불안해서 그렇겠다.

客) 그런 것 같다. 처음엔 약간 의처증 같은 것도 있었다.

金) 지금 남편이 첫사랑은 아니다.

客) 그렇다.

金) 남편 사주에 4년 전부터 부부 이별수가 들었는데 그때부터 불화가 심해지기 시작했을 것이다.

客) 그렇다. 무지하게 싸웠다. 이혼할까도 생각했으니까…

金) 부인 사주에도 불화운이 다가오니 가능하면 떨어져 지내라. 같이 있으면 부부 불화는 물론 남편 직장운까지 불리해진다.

客) 그랬으면 좋겠는데, 남편이 말을 들을지…

金) 남편 형제들이 대체로 일이 잘 안 풀릴 텐데?

客) 바로 위 형 말고는 형제들이 모두 안 좋다. 형제간 불화도 있고…

------ 이하 생략 ------

■부인

(1) 부인은 초등 교사
　①그동안 열심히 일했지만 이젠 싫증 나 그만두고 싶다.
　②남편과 맞지 않아 주말부부하니 좋다.
　③피임한 것도 아닌데 여태 자식이 없다.

(2) 남편
　①대학교수 → 이번에(16년 말) 모 대학교로 옮김
　②고집 세고 자기중심적(부인 주장)
　③바로 위 형 말고는 형제들이 죄다 안 풀림.

20 부부, 배우자 인연 감정 사례 2

```
己 庚 己 辛 (坤)        1971년 음 10월 4일 卯時
卯 戌 亥 亥              丙 乙 甲 癸 壬 辛 庚
           대운수 6     午 巳 辰 卯 寅 丑 子
```

```
壬 甲 丁 己 (乾)        1969년 음 12월 17일 申時
申 辰 丑 酉              庚 辛 壬 癸 甲 乙 丙
           대운수 6     午 未 申 酉 戌 亥 子
```

客) 우리 부부 사주를 보고 싶습니다.

金) 남편의 사주는 독산고목이라 유아독존적이고 자기중심적인 사주입니다.

사모님 사주는 남편의 복이 없으니 좋지 않은 궁합입니다. 서로가 서로에게 상처를 주는 형국이니 30점 주기도 힘든 궁합입니다.

게다가 남편은 내 돈 까먹는 인연입니다.

客) 예. 많이 힘듭니다. 헤어질 수 있을까요?

金) 두 분 사주를 보면 지금까지 참고 산 것이 용합니다.

그런데 4년 전부터는 못살겠다는 생각이 뚜렷하게 들었을 겁니다.

客) 정확히 그때부터 헤어지고 싶은 생각이 들기 시작했습니다.

그 이전엔 그래도 좋아서 한 결혼인데 하며 정말 참고 견디었습니다.

金) 남편의 사주는 뿌리를 여러 곳에 내린 사주라 한 여자로 만족하지 못하지만, 그렇다고 이혼을 해 주는 것도 아닙니다.

모든 걸 자신이 움켜쥐어야 하는 사주이기 때문입니다. 그러니 헤어지는 것도 쉽지 않겠습니다.

客) 지금 유부녀와 바람을 피우고 있습니다. 이혼할 생각이 이 없는 것도 맞고요. 시아버지가 남편과 똑같은 삶을 살았다고 합니다. 온갖 문제와 바람을 피웠지만, 이혼은 하지 않고 살았습니다. 하지만 저는 희망이 없습니다.

金) 제가 이혼을 권할 수는 없겠습니다만 연말연시를 기점으로 그나마 인내심도 뚜껑이 열릴 것입니다.

21 부부, 배우자 인연 감정 사례 3

```
甲壬辛庚 (坤)        1980년 음 03월 25일 辰時
辰午巳申              甲乙丙丁戊己庚
           대운수 1   戌亥子丑寅卯辰

丁乙甲丁 (乾)        1977년 음 03월 11일 亥時
亥卯辰巳              丁戊己庚辛壬癸
           대운수 8   酉戌亥子丑寅卯
```

客) 우리 부부 궁합이 좀 어떤가요?

金) 남편은 내게 돈 문제 일으키는 인연이고, 남편 사주를 보니 남의 발 밑에 돈 바치는 사주네요.

客) 사실 남편의 도박 때문에 결국 이혼 서류까지 만들고 명의까지 제게 다 옮겼습니다.

金) 남편은 부인 말을 들어야 돈이 안 나갑니다.

客) 안 그래도 꼭 사고 치고 나면 제 말을 들었어야 했다고 말하긴 합니다.
하지만 그때뿐입니다. 솔직히 헤어지고 싶습니다.

金) 그래도 처음에는 남자가 돈이 좀 있는 것처럼 보여 결혼하지 않았습니까?
(옆에 친구가 눈을 똥그랗게 뜨고 끄덕끄덕...)

客) 그랬습니다. 그런데 말뿐이더라고요. 헤어지고 싶은데 어찌 안 될까요?

金) 결정권은 손님이 쥐고 계신데, 남편은 헤어질 마음도 전혀 없고 지금으로선 남편이 완전 숙이고 있으니 이혼할 건덕지도 없습니다. 일단은 가정을 유지하시기 바랍니다.

客) 알겠습니다. 하지만 한 번만 더 이러면...

金) 그때는 저도 말리기 힘들겠네요.

욕심과 가식을 버리면 서서히 눈이 맑아질 것입니다.

욕심과 가식은 마음의 눈을 가립니다.
결국에는 지혜롭지 못하고 아무것도 보지 못하고 맙니다.
지혜롭지 못한 이는 욕심과 가식을 버리면 서서히 눈이 맑아질 것입니다.

설진관 小考

22 부부, 배우자 인연 감정 사례 4

```
甲 丁 丁 壬 (坤)        1962년 음 07월 08일 辰時
辰 丑 未 寅    대운수 10   庚 辛 壬 癸 甲 乙 丙
                          子 丑 寅 卯 辰 巳 午
```

```
甲 庚 辛 壬 (乾)        1962년 음 10월 22일 申時
申 申 亥 寅    대운수 6    戊 丁 丙 乙 甲 癸 壬
                          午 巳 辰 卯 寅 丑 子
```

客) 고깃집을 하다가 가게 계약이 만료되어 아예 집을 짓고 대구탕을 하려고 합니다. 좀 어떨지요?

金) 탕보다는 찜이 좋겠는데 찜도 하실 겁니까?

客) 예

金) 생각보다는 어려운 상황이지만 서서히 나아질 것입니다. 그런데 이 사주는 임대업이 더 좋겠는데요?

客) 안 그래도 이번에 집을 지으면서 점포를 몇 개 만들어 세를 놓았습니다.

金) 쉽게 나가지 않을 테니 홍보를 적극적으로 좀 하셔야겠습니다.

客) 그래서 현수막도 달고 벼룩시장에도 내놨습니다.

金) 그런데... 사주를 보니 이런 말하기 뭐하지만 남편이 딴 여자에게 가는 사주인데 괜찮습니까?

客) (눈이 똥그래지며) 예? 현재 상황이 그렇습니다.
남편 사주 좀 봐 주세요.

金) 원래 사모님 사주만 보면 남편이 딴 여자에게 떠나 버려 이별할 사주인데, 지금 남편과의 인연은 남편이 바람은 피워도 가정을 버리지는 않는 인연이네요. 헤어지기 어려운 인연이다. 이 말입니다.

客) 그래선지 아무리 해도 이혼이 안 됩니다.
법원까지 갔지만 나타나지 않거나 이혼 서류를 찢어 버리더군요.

金) 2008年(戊子年)에 결정적으로 헤어질 기회였는데 왜 안 헤어졌습니까?

客) 아, 그때 바람을 피워 법원까지 갔었는데, 말씀 드린 대로 오히려 자기가 더 화내고 피해 다니니 이혼을 못했습니다.

金) 그것은 壬寅生이 부인의 인연이라 헤어질 마음이 없기 때문입니다. 다른 범띠 여자도 마찬가지입니다.

客) 그래선지 그동안 바람피운 여자 중에 범띠가 많습니다.
희한하네. 어떻게 해야 헤어질까요?

金) 내년 하반기 남편 갈아 치우는 운이 들어옵니다. 남자가 생길 수도 있습니다.

客) 사실 나를 따라다니는 남자가 있는데 68年生입니다.

金) (남자 사주를 보지 않고) 그 사람은 남편과 헤어지는데
는 도움이 될지 몰라도 구설이 있고 내 돈 까먹는 사주
이니 참고하시면 좋겠습니다.
客) 예 알겠습니다. 감사합니다.

전통에 대한 나의 생각

전통이라는 핑계로 그대로 머물러만 있다면 미련한 짓이다. 전통은 기득권자들에게 어떠한 경우에서도 그들의 목적을 위한 명분으로 이용되어서는 아니 된다.

특히 역학계에서는 전통이라는 명분을 내세워 연구하지 않고 그대로 머물러 있을 뿐만 아니라 오히려 그들이 말하는 전통마저도 제대로 파악하지 못하는 자들이 너무나 많다. 전통을 제대로 파악하여 발전적으로 계승하는 것, 그것이 바로 역학자의 길이 아닐까 하는 생각을 한다.

설진관 小考

23 인연법 진여비결로 본 형제의 인연

○ 辛 壬 丁 (乾)
○ 未 子 未 형   대운수 8

1967년 음 12월 03일 ○時
乙 丙 丁 戊 己 庚 辛
巳 午 未 申 酉 戌 亥

○ 甲 庚 庚 (乾)
○ 申 辰 戌 동생   대운수 1

1970년 음 03월 29일 ○時
丁 丙 乙 甲 癸 壬 辛
亥 戌 酉 申 未 午 巳

金) 동생분은 관재구설이 끊이지 않는 사주입니다.

客) 예. 이놈 때문에 미치겠습니다.
맨날 도박으로 재산 탕진하고 경찰서 드나들고...
내가 돈 해결해 주고 경찰서에서 빼내 준 게 한두 번이 아닙니다.

金) 일생에 도움이 안 되니 멀리하십시오.

客) 마음은 그러고 싶은데 자꾸 나를 따라다니니 어쩔 수가 없습니다.

24 인연법은 배우자 띠를 맞추기만을 위한 이론이 아닙니다.

■인연법은 단순히 배우자 띠를 맞추기만을 위한 이론이 아닙니다.

⑴인연법을 잘 활용하려면
　①그 이론을 바탕으로 어떤 인연을 만났을 때
　②어떤 작용이 생기는지를 알아야 하며
　③이 이론과 작용을 바탕으로 상대방에게 어떤 상황이 전개되는지를 잘 설명할 수 있어야 합니다.

⑵이것이 어려운 점입니다.
　인연법을 공부하고도 잘 활용하지 못해 결국 포기하는 경우가 많은 것은 이 때문입니다.

내가 가장 행복할 때

내가 가장 행복할 때,
세상 사람과 어떤 형태로든 교감을 할 수 있을 때 마음의 행복이라는 안위를 찾는다.
신의 영역이 아닌 인간의 영역이므로 그 단계에 머물러 있는 것이다.

설진관 小考

---

25 김분재 선생님의 강의 요약

```
辛 乙 辛 壬 (坤) 己      1952년 음 10월 19일 巳時
巳 酉 亥 辰  남편→ 丑    甲 乙 丙 丁 戊 己 庚
                       대운수 9  辰 巳 午 未 申 酉 戌
```

■혼자서라도 연습을 해야 한다.
　이 사주는 어떠하다는 말을 해라.

⑴남편의 덕이 없어 결혼 생활에 문제가 있는 사주이다.
　①남편과 한 번 이혼했고 재혼을 했는데
　②己丑生과 재혼을 했다. 남편과 애틋한 정이 없다.
　③사이가 나쁜 것은 아니지만 부부 관계가 없는 것은 오래되었다.
⑵辰生이 좋기는 한데 유부녀가 무슨?
　①안 그래도 용띠 남자가 한 명 있습니다.
　②그분은 내가 기대는 남편 같은 존재이다.
　　유부녀에게 좋지 않다.
　③남자가 좋아하는 것이 아니라 사모님이 더 좋아한다.
　④남편에게 느낄 수 없는 이성의 감정을 많이 느낀다.
　　※고전 속에 나오지도 않고 책에도 없습니다.
⑶내면의 다양한 이론들이 모여 통변이 나온다.
　①辛/辛/酉 다 남자인데
　②부부宮을 먼저 본다.

⑷이분의 사주는 乙木인데 겨울에 태어났다.
　①겨울에 태어난 乙木에게 辛金은 서릿발 같다.
　②인수에게 설기하지만 앉은 자리에서도 서릿발이다.
⑸두 번째 己丑生과 결혼했다.
　①巳酉丑 三合 인연이다.
　②합이 되니 '사이 좋네요'라고 해야 하지만 남편과는 정이 없다.
　③합이 된다고 반드시 좋은 것은 아니다.
　④巳酉丑 金局이 왕성하니 殺을 生하고 巳를 못 쓴다.
　⑤겨울에 火를 잘 못 쓴다. 겨울생 사주는 火氣가 좋다.
⑹인연법 진여비결은 반드시 알아야 한다.
　①인연법은 배필/짝을 맞추는 법이 아니고
　②그 사주에게 어떠한 변화를 보는 것이다.
　③누구의 남편/애인을 맞추기 위한 이론이 아니다.
　④내 사주에 어떤 변화를 주느냐가 중요하다.
　⑤통변에 필요한 다양한 이론이 필요하고 적재적소에 활용해야 한다.
⑺사주학의 이론은 넓다.
■먼저 진여비결 공식을 충분히 습득해야 한다.
■인연법 진여비결은 명리학의 백미(白眉)이다.

26 인연법상 중복 인연 관계는 어떻게 볼 것인가?

아래 어떤 분이 인연법 적용 시 한 인연만이 아니라 여러 조건의 인연이 적용되면 어떻게 해석해야 하는가 하는 질문을 올리셨습니다.

진여비결 인연법을 공부하고 활용하다 보면 필연적으로 만나게 되는 딜레마가 바로 다중 인연 문제, 그 인연들이 다 좋은가, 다 만나는가, 우선순위는 있는가 등이 대표적입니다.

물론 그 이외에도 여러 가지 상황들이 있습니다만 이 3가지가 대표적인 고민거리라고 볼 수 있습니다.

다중 인연 문제에서 제가 현업에서 경험한 바로 그 결론부터 말씀 드리면,

⑴ 그 인연들이 다 좋은가?
①좋은 인연도 있고 나쁜 인연도 있습니다.
②인연법상 인연이라서 무조건 좋다고 보면 안 됩니다.
③하지만 만나게 되면 작용이 생깁니다.
그것을 읽고 통변할 수 있어야 합니다.

⑵ 그 인연들을 다 만나는가?
①가능성이지 다 만나는 것은 아닙니다.

②다만 인연법상 인연들은 어떤 계기가 되었을 때 유인력이 생깁니다.

(3) 그 인연들의 우선순위가 있는가?

①어느 정도 우선순위는 있습니다.

②만남의 목적에 따라 우선순위가 달라지기도 합니다.

③나이나 운에 따라 달라지기도 합니다.

④중요한 것은 인연법은 일방적인 것이 아닙니다.

▶무슨 말이냐 하면 나에게 어떤 인연이 좋으냐로 끝나는 게 아니라

▶내 인연이 상대방에게 어떻게 작용하는가도 알아야 합니다.

▶일방에게만 좋은 인연은 오래갈 수 없거나 편하지 못하기 때문입니다.

(4) 그 외 질문 내용 중에

①한 인연을 중복해서 만나는 경우도 물어보셨는데

▶어떤 경우에는 한 인연에 해당하는 띠를 중복해서 만나기도 하고

▶조건에 해당하는 인연을 골고루 만나기도 합니다.

27 부부 인연법 적용 사례

- 어딜 가나 부부 궁합 안 좋다는데……

戊 甲 己 丙 (乾) 壬	현재 나이 61세	1956년 음 10월 11일 辰時
辰 申 亥 申 처→ 寅	대운수 8	丙 乙 甲 癸 壬 辛 庚 午 巳 辰 卯 寅 丑 子

오늘 어떤 부인과 이런저런 상담 끝에 **범띠**(壬寅生 음 62. 3. 28)인 자신과 남편의 궁합이 어떤지 물어왔습니다.

金) 남편분과 사모님은 좋은 인연이고, 서로에게 고마워해야 할 것입니다.

客) 지금껏 사주를 많이 보러 다녔는데 선생님처럼 말씀하시는 분은 처음 봅니다.
다른 곳에서는 범띠와 원숭이띠는 상극이라 모두 궁합이 안 좋다고 했습니다.

金) 나이가 6살 차이가 나면 무조건 冲이 드는 것은 맞습니다. 그런데 그렇게 궁합을 보는 것은 동네 할머니께서 재미로 보는 방법입니다. 궁합은 그렇게 간단하게 볼 수 있는 게 아닙니다.
그래서 실제로는 두 분 사이가 어떻습니까?

客) 실제 사이는 좋습니다. 그런데 **사주 보러 가는 데마다**

궁합이 안 좋다는 이야기를 들어 얼마나 전전긍긍 걱정을 했는지 모릅니다.
그런데 이 말을 들으니 너무 기쁘고 속이 시원합니다.

지금 역학 시장의 상황이 이렇습니다.
아주 흔한 사례입니다. 많은 수의 역술인들이 6살 차이 나면 무조건 충살이라 안 좋게 말하고 띠끼리 습이 들면 또 무조건 좋다고 말합니다. 안타까운 일입니다.

그러니 **궁합이든 인연법이든 제대로 공부해야 하고 제대로 활용해야 합니다.**

물론 저 위의 부부 궁합도 아쉬운 점은 있습니다.
壬寅生을 만나게 되면 남편은 자신의 업은 하지 못하고 직장생활에 매여 버리기 때문입니다.

설진관 선생님의 '인연법 진여비결 해설'을 공부하신 분들은 왜 저런 통변이 나왔는지 알 것입니다.

그동안 비결처럼 전해지던 진여비결의 인연법이 이 책으로 말미암아 많은 분들이 올바른 궁합과 인연을 볼 수 있게 되었으니 창안하신 신수훈 선생님과 공개하신 설진관 선생님의 공덕이 얼마나 큰지 모르겠습니다.

진여비결 인연법이라는 것이 특수한 경우에만 적용되는 것이 아닙니다. 사주를 감정하면 마치 물처럼 공기처럼 대부분의 사주에 부합됩니다.

인연법을 아는가 모르는가에 따라 통변 내용이 천지 차이로 벌어집니다.

인연법을 공부하면 안 보이던 것이 보이고, 설명하지 못하던 것을 설명할 수 있게 됩니다.

제가 설진관 선생님으로부터 인연법을 전수받아 십여 년 활용해 본 결과를 말씀 드리는 것입니다.

인연법 실제 적용 사례는 일일이 세기도 힘들 정도로 산처럼 쌓여 있습니다. 물론 무조건 적용하기에는 위험한 부분도 분명이 있기에 충분한 임상 경험이 있기 전에는 너무 확신하듯이 상담하는 것은 조심해야 합니다.

제가 살펴보니 책 내용이 자세하고도 쉽게 쓰여 있어 인연법 공부하시는 분들에겐 큰 도움이 될 수밖에 없습니다.

이런 좋은 책과 인연이 된 것은 참으로 큰 복이 아닐 수 없습니다. 열심히 공부하셔서 선용하시기 바랍니다.

제 3 장

통변 연구 자료 – 3
(김초희 선생님)

제3장(423-441쪽)의 글은 대구의 여류 명리학자 김초희 선생님께서 다음카페 자연의 소리 (http://cafe.daum.net/naturalsaju) 등지에 게재했던 것으로 김초희 선생님의 동의를 받아 이곳에 옮겨 왔습니다.

28 인연법 진여비결 해설

인간사는 타인과의 관계를 통해 길흉화복과 대소 사건들이 변화합니다.

따라서 당사자 한 사람의 사주만으로는 제대로 상황을 분석하지 못하는 경우가 많음을 역학인들은 이미 잘 알고 있습니다.

이렇듯 **타인과의 관계를 통해 운명의 변화를 파악하는 것이 인연법이며, 이 인연법을 체득하지 못하면 역학의 완성은 불가능합니다.**

그만큼 중요한 인연법을 설진관 선생님께서 책으로 펴내셨습니다.

수천 년간 사주학은 당사자의 사주만으로 운명을 분석해 왔습니다.

그러나 **진여비결의 창안자이신 신수훈 선생님은 똑같은 사주팔자라도 인연 관계에 의해 다양한 운명의 변화가 생긴다는 사실을 발견하고 '진여비결'이라는 이름의 구체적 이론을 정립하였습니다.**

사주학 역사 수천 년 만의 대혁명이 아닐 수 없습니다.

더불어, 이렇게 **중요한 진여비결 인연법을 설진관 선생님께서 역학인들을 위해「사주 명리학과 인연법 진여비결 해설」이라는 책으로 펼쳐 내어 자세히 공개하시니, 이 두 분의 공덕이란 이루 한량이 없는 바입니다.**

29 인연법 진여비결 활용 - 1

```
壬 丁 癸 壬 (坤)          1972년 음 12월 7일 寅時
寅 未 丑 子                丙 丁 戊 己 庚 辛 壬
           대운수 2        午 未 申 酉 戌 亥 子
```

■時干 壬水, 月干 癸水, 年干 壬水, 年支 子中 癸水, 月支 丑中 癸水로 官殺이 혼잡된 사주입니다.

```
壬 丁 ㉘ 壬 (坤)
寅 未 丑 子
      ㉘ ㉘
```

金) 결혼 생활에 문제가 있는 사주입니다. 남편과는 잘 지내십니까?

客) 별 탈 없이 잘삽니다.

金) 그럼 남편분께서 양띠(未生)인가 봅니다.

客) 예. 67年生 양띠(未生)입니다.

30 인연법 진여비결 활용 - 2

```
戊 癸 辛 丁 (乾)         1967년 음 10월 14일 午時
午 未 亥 未    대운수 2   甲 乙 丙 丁 戊 己 庚
                         辰 巳 午 未 申 酉 戌
```

해설

1. 통근론(通根論)과 진여비결(眞如秘訣)

  (1) 일주무근(日主無根)이면 정록정배(正祿定配)한다.

  공식으로

  壬子生 부인을 인연으로 맞이했습니다.

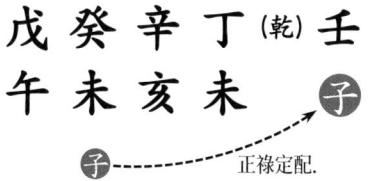

癸의 祿인 子가 地支에 없다.

31 부부 인연법을 적용한 사례

```
辛 癸 壬 庚 (乾)  壬        1970년 음 5월 19일 酉時
酉 酉 午 戌  처→  子    대운수 5  己 戊 丁 丙 乙 甲 癸
                                  丑 子 亥 戌 酉 申 未
```

> 해 설

(1) 보일러 설비업하시는 분.
　① 酉가 쇠 파이프이고
　② 壬水 물과 午(丁)가 불입니다.
(2) 庚寅年에 부인이 사업에 관여하면서부터 잘되던 사업이 어려워 졌습니다.
(3) 부인이 壬子生이므로
　子午冲을 하여 丁癸가 剋하니까 보일러 사업이 부진하게 됩니다.

32 부부 인연법 / 배우자 인연

```
庚 丁 癸 丁  (乾) 辛        1947년 음 2월 27일 戌時
戌 酉 卯 亥   처  卯        丙 丁 戊 己 庚 辛 壬
              →          대운수4  申 酉 戌 亥 子 丑 寅
```

⑴ 酉中辛金 透出하니 辛卯生이 처가 된다.
　① 돈 없애고 공부하는 처가 필연인 사주다.
⑵ 透出 중요(!!!)합니다.
⑶ 日支를 배우자宮이라고 합니다.
　① 배우자宮을 잘 보시면 됩니다.
⑷ 인연에서는 陽胞胎만 사용한다고 했습니다.
⑸ 戌를 가지고 있으므로 辰生
⑹ 배우자宮인 酉生
⑺ 三合一虛하면 虛一定配라 未生
⑻ 日主無根이면 正祿定配라 午生

다르게 보이십니까?
(인연법 진여비결 내용 중)

33 부부 인연법

⑻ 일주입고(日主入庫)하면 개고정배(開庫定配)한다.

| 乙 癸 壬 壬 | (坤) 丙 | 乙 丙 丁 戊 己 庚 辛 |
| 卯 卯 子 辰 | 남편→ 戌 | 巳 午 未 申 酉 戌 亥 |

 日主의 庫가 年支에 자리 잡고 있으므로 8번 공식 적용으로(日主入庫하면 開庫定配한다) 戌生을 남편으로 맞이 했습니다.

해 설

⑴日主의 庫 : 辰(인연법에서는 양포태만 적용합니다)
⑵壬/癸의 庫는 辰입니다.
⑶壬辰에서 밑으로 내려가서 戌을 찾아 丙戌生 남편을 맞이 후 변화를 읽어 봅니다.
⑷겨울 癸水에게 필요한 것은 火氣입니다.
⑸天干의 丙火가 地支로 火의 庫를 만나니 丙火의 根을 갖게 됩니다.
⑹建祿格에 食傷을 보아 일을 하지만 돈과는 거리가 멀어 보입니다.
⑺남편 丙戌生을 만나면 격의 구조가 傷官生財로 바뀝니다. 보이십니까?

34. 고급 통변을 할 수 있는 인연법/고급 명리학 이론인 고수의 고급 명리 통변 진여비결입니다.

인연법 진여비결 해설의 현정 신수훈 선생님의 추천서를 보면
"후천명운의 〈개운법〉이 꼭 있을 것이라고 신념하고 궁리하며 치열하게 탐구하다가 〈진여비결(眞如秘訣)〉을 창안"

다음은 설진관 선생님의 '사주 명리학과 인연법 진여비결 해설'의 한 부분입니다.

「진여비결」은 세간에 "인연법"으로 알려진 사주 명리학의 백미(白眉)…
단순히 인연(因緣)이 되는 띠를 찾아내기에 국한된 용도가 아닙니다.

- 당신의 사주에는 쥐띠와 개띠가 인연이다.
그중 **쥐띠와 인연이 되면** 직장을 오래 다니지 못하고 자식은 가출을 일삼는 등 고난이 많을 것이다.
그러나 **개띠와 인연이 되면** 당신은 재물을 모으면서 직장에서 승승장구할 수 있을 것이다. 그러므로 개띠와 인연하여 보다 나은 삶을 살기를 바란다. - (책 내용)

35 상론 사주학(회화 사주학) 개괄편

예시 - 1 『야학신결』 32~37쪽, 287~308쪽

乙 甲 甲 ○ (乾)
亥 ○ 寅 ○

(1) 甲과 乙의 관계
(2) 甲日主가 時干 乙을 보았다.
(3) 甲日主에게 乙 후배들이 모여드는 등 인기는 높았다.
(4) 하지만 이로 인해 주변에 복잡한 일들이 많이 생겼다.

예시 - 2

癸 乙 丁 ○ (坤)
未 ○ 卯 ○

(1) 乙과 癸의 관계
(2) 乙日主가 時干 癸를 보았다.
(3) 乙日主의 새인 여성이 자식 자리 癸로 인하여 소나기를 만났으니 자식이 자폐증으로 많은 고민을 하였다.
(4) 고민 끝에 다니던 직장을 그만두게 되어 주변 사람들이 아쉬워했다.

예시 - 3

戊 丙 丁 ○ (乾)
戌 申 亥 ○

⑴ 丙과 丁의 관계
⑵ 丙日主가 월간 丁을 보았다.
⑶ 丙日主의 태양인 남성은 형제 丁 달과는 한집에 같이 있을 수 없어 이별하여 청소년기에 줄곧 외가에 맡겨져 성장했다.

예시 - 4

辛 丁 辛 ○ (坤)
亥 巳 ○ ○

⑴ 丁과 辛의 관계
⑵ 丁日主가 월간과 시간의 辛을 보았다.
⑶ 丁日主의 촛불인 여성이 재물 辛을 녹여 버리니 낭비벽이 심하여 재물을 지키지 못하고 남편과 이혼하고 말았다.

예시 - 5

乙 戊 ○ 癸 (乾)
卯 寅 ○ 巳

(1) 戊와 癸의 관계
(2) 戊日主가 년간에 癸를 보았다.
(3) 戊日主의 태산인 남성이 처 癸와 인연 되었으나, 아들 乙이 癸水로 인하여 성장하지 못하는 등 아들 乙의 양육으로 인한 갈등으로 인해 결국 이혼하였다.
(4) 戊日主의 아들 乙을 뒷바라지하여 아들 乙은 변호사가 되었다.

예시 - 6

乙 己 丙 ○ (坤)
卯 未 ○ ○

(1) 己와 丙의 관계
(2) 己日主가 월간 丙을 보았다.
(3) 己日主의 여성이 질병으로 콩팥을 잃게 되자, 그 어머니 丙으로부터 콩팥을 이식받아 새 삶을 찾게 되었다.

예시 - 7

壬 庚 壬 ○ (坤)
午 申 ○ ○

(1) 庚과 壬의 관계
(2) 庚日主가 月干과 時干에 壬을 보았다.
(3) 庚日主의 여성이 자식 壬을 낳은 후 건강이 회복되었다.

예시 - 8

己 辛 ○ 庚 (乾)
丑 巳 ○ 申

(1) 辛과 庚의 관계.
  庚이 官星 역할한다.
(2) 辛日主가 年干 庚을 보았다.
(3) 辛日主의 남성이 고교 시절 불량 학생 庚의 괴롭힘을 이기지 못하고 학교를 그만두었다.

예시 - 9

乙 壬 壬 ○ (坤)
卯 午 ○ ○

(1) 壬과 乙의 관계
(2) 壬日主가 時干 乙을 보았다.
(3) 壬日主의 여성은 초등학생인 乙을 가르치는 교사 직업을 하였다.

예시 - 10

乙 癸 ○ ○ (坤)
卯 卯 子 辰

(1) 癸와 乙의 관계
(2) 癸日主가 時干 乙을 보았다.
(3) 癸日主의 여성은 乙 식신을 보아 어린이집을 운영했지만 癸는 乙을 낳지 못하게 하므로 어린이들을 학대한 것이 알려지게 되어 결국에는 어린이집을 폐업하였다.

36 사주 명리학 통변에 필요한 진여비결, 야학신결 활용편

■명리학 공부를 위해서는 맨 먼저 干支에 대한 이해와 원리를 아셔야 합니다.

(1)「야학신결」 22 ~ 23쪽

  五星 / 五氣 / 五行 / 十干

  陰陽(수렴과 발산) / 四象 / 八卦 / 12地支

(2)「야학신결」 38쪽

(3)「야학신결」 309 ~ 329쪽

(4)「야학신결」 481 ~ 489쪽

■명리학은 그 존재가 실용 학문입니다.

(1)명리학은 간지(천간/지지) 즉 천간 10字 그리고 지지 12字를 가지고 吉/凶/禍/福을 보는 學 = 術 = 占입니다.

(2)육신에 대한 개념 그리고 원리 / 뜻 / 구성을 아셔야 합니다(육신은 통변의 꽃).

(3)「야학신결」 39 ~ 42쪽

■地支와 地支의 관계를 아셔야 합니다.

(1)지지와 지지의 관계

  「야학신결」 25 ~ 28쪽, 65 ~ 87쪽,

  「야학신결」 117 ~ 201쪽

■ **천간과 천간의 관계를 아셔야 합니다.**
『야학신결』 32 ~ 37 쪽, 287 ~ 307쪽

■ **천간과 지지의 관계를 아셔야 합니다.**
『야학신결』 202 ~ 274쪽

■ **오행의 과/소에 대한 통변법을 알아야 합니다.**
『야학신결』 57 ~ 64쪽

(1) 사주가 같다면 즉 같은 사주라면 살아가는 삶이 같아야 되죠. 사주는 고착화(고정화)되어 있는 것이 아닙니다.

(2) 같은 사주라도 살아가는 삶이 다르죠.
맞이하는 인연, 지리 그리고 천시에 따라 같은 사주라도 다 다릅니다.

(3) 제가 좋아하는 글입니다.
'動靜(동정)은 내 의지와 관련이 없다. 단지 끌려갈 뿐이다.' '인연은 내 의지다.'

■ **고급실전 인연법**

『야학신결』 275 ~ 286쪽 그리고 인연법 진여비결 해설 공식 46개 사주 명리학과 인연법 진여비결 해설 171쪽

戊 乙 乙 癸 (乾)
寅 亥 丑 巳

배우자를 丙申生을 맞이하면 처덕으로 얼어 죽지 않고 추위를 견디며 살아간다.

■풍수에서 말하는 공망과 사주 명리학에서 말하는 공망은 다릅니다. 택신 중요합니다.
『야학신결』 공망 그리고 택신 88 ~ 116쪽
『야학신결』 309 ~ 385쪽

■사주 명리학은 實用 學問 = 術 = 占이라 객(문점객)과의 통변이 중요합니다.
⑴통변은 吉/凶을 논하는 것이 아닙니다.
(올해 運이 좋다/ 運이 나쁘다로 말하는 것이 아닙니다.)
⑵예를 들어 올해 동업자가 들어와서 일을 한다고 하면
①그 동업자는 예전에 알던 동업자로 그 일에 대해 잘 알고 있으며
②일을 같이 하는 도중에 연계되는 다른 일을 추진하려고 할 때는 본인이 막을 것이며
③돈과 관련하여 더 꼼꼼하게 체크하고 문서를 명확하게 해야 할 것이다.
(화개와 동업할 경우)

■실전으로 통하는 통변 25선
『야학신결』 386 ~ 456쪽

■적천수천미를 활용한 직업 추론 방법
『야학신결』 459 ~ 474쪽

■ **명리학의 핵심은 動/靜입니다.**

(1) 『야학신결』 P 475 ~ 510

(2) 『야학신결』 P 511 제 12편 설진관 선생님의 명리학 소고 글을 읽어 보시면 기존의 역학서에 나오는 이론들과 다르다는 것을 알 수 있습니다.

①역학자로 명리학을 어떻게 생각하는가?

②방합과 삼합의 차이?

③공협과 도충의 실제 작용력?

④명조에 무자(없는 육신)의 복록?

⑤용신에 대한 길 작용?

⑥공망이 되는 육신의 복록?

⑦천간충의 작용력?

⑧천간과 지지의 다른 점?

⑨격의 의미?

⑩명리학에서 바라본 질병론?

⑪명리학을 연구하는 마음가짐?

⑫운명은 개척되는가?

⑬부록 ' 추명가 100선 ' 은 명조 분석을 한눈으로 보는 족집게라고 보시면 됩니다.

■ 『야학신결』 과 진여비결을 공부하시는 데 조금이라도 도움이 되었으면 좋겠습니다.

37 태어난 時를 찾는 방법 - 인연법 활용 - 3

태어난 時를 모르는 사람에게 진여비결을 적용시켜 찾아낼 수 있는 방법도 있습니다.
(1)태어난 時를 모르는 모든 명조에 다 적용하기는 어렵지만,
(2)때로는 이론을 토대로 時를 찾을 수 있는 명조도 있습니다.

예시

○ 己 ○ ○ (坤) ○
○ 丑 戌 辰　寅
　　　　　午

■먼저 배우자의 띠를 물어봅니다.
①배우자가 寅生이라면
　(31)三合一虛하면 虛一定配한다.
　공식을 적용하여 午時가 됩니다.

○ 己 ○ ○ (坤) ○
○ 丑 戌 辰　申
　　　　　子

②만약 배우자가 申生이라면
　子時가 됩니다.

○ 己 ○ ○ (坤) ○
○ 丑 戌 辰　巳
　　　　　酉

③만약 배우자가 巳生이라면
　酉時가 됩니다.

위 예시는 진여비결 (30) 三合一虛하면 虛一正配로 유인력을 적용하여 時를 찾는 방법입니다.

또 (31) 三刑一虛하면 虛一正配로 時를 찾을 수도 있습니다.

> **예시**

○ 丙 癸 己⁽坤⁾ 癸
○ 申 酉 亥   巳

배우자가 癸巳生이라면 時를 그대로 癸巳時로 봅니다.

(39) 時柱配歲이면 近側正配도 잘 맞습니다.

태어난 時를 모르는 경우 사용 가능한 공식으로는

> (30) 三合一虛하면 虛一正配한다.
> (31) 三刑一虛하면 虛一正配한다.
> (39) 時柱配歲이면 近側正配한다.

로 가능합니다.

眞如秘訣은 모든 역학 이론의 집합체라 보시면 됩니다.

모든 공식 그리고 공식에 따른 명조 하나하나 철저하게 분석하시면 저절로 역학 대가의 모습으로 바뀔 것이라고 믿습니다.

眞如秘訣로 보다 나은 삶이 되기를 희망해 봅니다.

38 인연으로 삶이 달라진다.

```
丙 丁 戊 辛 (乾) 癸
午 未 戌 未     酉
```

⑴년상 辛金 財星無根이라 酉生이 처다.

⑵癸酉生 처덕에 초근목피를 면한 사주다.

[薛 註]

이 사주의 처 財星이 辛金입니다.

그런데 辛金의 祿이 없으니 그 祿이 되는 酉를 따라 인연한 것입니다.

火土燥熱로 金鎔 사주라, 財星無氣이나 酉生을 만나 빈천을 모면한 것입니다.

- 火土重濁은 僧道之命이란 말이 있습니다.

조후가 보이십니까?

『사주 명리학과 인연법 진여비결 해설』은 기존에 나와 있는 인연법의 백과사전으로서 완결판이라고 봅니다.

제 4 장

설진관 小考 엮음

39 명운을 안다는 것과 인연을 안다는 것은 …

사람의 명운을 안다는 것은 하늘의 무서움을 안다는 것이니, 자연 겸손해지며 스스로 낮추는 자세는 당연할 것입니다. 선천의 명운으로 각 개인의 명운에 미치는 인연의 영향력은 참으로 신비하나 명리학을 통하여 선천의 명운과 인연을 읽어 낼 수 있다는 것은 그 자체만으로 명리학의 신비가 아니고 무엇이겠는가요? 혹자는 그러합니다.
"인연이 되는 띠를 아는 게 뭐 그리 중요한가?" 하고

① 그러나 대부분 명리학을 연구하는 분들은 사주 명리학에서 다가올 일을 예견하면서(좋은 일과 나쁜 일을 가려낸 후) 그중 나쁜 일을 피해 가려는 것이 명리학의 목적이라고 말합니다.

 그 논리로 그대로 말씀드려 보겠습니다.
사주 명리학에서 찾아오는 인연을 예견하면서(좋은 인연과 나쁜 인연을 가려낸 후) 그중 나쁜 인연을 피해 가려는 것이 인연법 진여비결의 목적이라고 말할 수 있는 것입니다.
사주 명리학에서 사건 추론은 가능하지만 세상사 100% 모두 들추어내지는 못할 것입니다.

단지, 최대한 많은 숨은 CASE를 확인해 보려 하고 이를 검증하려고 합니다.

진여비결도 마찬가지입니다. 선천의 명운과 인연 되는 인연을 100% 모두 들추어내지 못할 수도 있습니다.
그러나 최대한 많은 숨은 인연을 확인해 보고 이들과 당사자 간 인연 관계를 검증해 보려고 합니다.

인연법 진여비결은 사주 명리학이라는 모체를 근간하여 탄생한 학문입니다.
인연법 진여비결이 자식이라면 그 어머니는 사주 명리학이 되는 것입니다.

결국은 사주 명리학과 인연법 진여비결은 상호 보완 관계에 있는 것입니다.

②**사주 명리학의 장점은 임의의 명반을 근거하여 선천 명운을 통하여 추리 가능한 사건을 추리하고 동시에 수반되어 찾아오는 인연을 찾아낼 수 있는 것입니다.**

대부분의 명리학도들은 추리 가능한 사건의 추리에 연구를 많이 하고 있지만 조금만 시각을 돌려 본다면 동시에 수반되는 인연의 연결도 발견할 수 있을 것이고, 더불어 인연이 되는 자가 누구인지에 따라 그 인연이 사주 명반에 미치는 영향에 따른 명운의 다변성을 재차 확인할 수 있을 것입니다.

사주 명리학을 연구하는 이들이 인연법 진여비결을 연구하는 것은 당연한 것이며 자연스러운 기차 여행인 것입니다.

**모름지기 인연도 인연 따라간다고 했습니다.
알면 보이고, 모르면 보이지 않을 것입니다.**

거울을 보면서 나에게 말한다.

야, 너의 장점이 무엇이냐?
그럼, 너의 단점은 무엇이냐?
거울 속에 비친 나의 모습에서 장점과 단점을 모두 들여다본다.

그것이 나의 양면의 모습인 것이다. 그것이 참인 나이다.

설진관 小考

40 부부 인연법의 고급 명리학

인연법 『진여비결』을 공부하시면 사주 명리학의 세계가 얼마나 넓은지 다양한 면을 엿볼 수 있는 것인지 확연히 알게 될 것입니다.

인연법 『진여비결』은 사주 명리학 이론의 비결 중에 비결일 것입니다.

『진여비결』 46개 공식을 해설하는데 목적을 두었고, 그 해설을 하는 데 집중하여 강의를 하는 식으로 글을 쓰다 보니 다소 오자, 탈자가 보일 것입니다.

그렇지만 『진여비결』 전체 46개 공식을 이해하는 데는 아무런 지장이 없을 줄로 판단합니다.

그리고 많은 독자들이 강의하듯이 글이 쓰여 있어 이해하기가 쉽다고 합니다.

어떤 독자는 제가 해설한 薛註 를 별도로 해설해 달라는 분도 계십니다.

인연법 진여비결 해설은 『진여비결』 46개를 이해하기 위한 사주 명리학 지침서입니다.

'제1편 사주 명리학 기본'을 읽어 보시면 薛註 를 이해하는 데 있어 많은 도움이 될 것입니다.

그리고 '제1편 사주 명리학 기본'의 내용만 잘 숙지하셔도 웬만한 사주 명리학 도서 몇 권을 읽은 효과가 있을 것입니다.

아무쪼록 인연법 『진여비결』을 근간으로 하여 여러분의 사주 명리학 실력이 일취월장하시기를 바랄 뿐입니다.

맑은 인연 만들기

맑음은 맑은 인연을 불러오고,
탁함은 탁한 인연을 불러온다.
우리는 이것을 끼리끼리(氣理氣理)라고 한다.
오늘도 좋은 생각만 하련다.

설진관 小考

41 자연의 소리에서 논하는 사주 명리학은 여타의 역술에서 논하는 運의 吉, 凶을 말하는 것이 아닙니다.

자연의 소리에서 논하는 사주 명리학은 여타의 역술에서 논하는 運의 吉, 凶을 말하는 것이 아닙니다.

좋다, 나쁘다는 것은 인간의 내면에서 판단되는 만족과 불만족에 기인하는 것으로써 運의 희기와 인간의 만족도가 반드시 일치한다고 할 수는 없기 때문입니다.

그래서 처음 사주 명리학에 입문하는 과정에서는 일반 역학인들 모두가 학습하는 용신, 격국, 희기 등을 통하여 사주 명리학을 연습하지만, 어느 정도 익숙해진 이후에는 '좋다, 나쁘다'의 판단이 아닌 통변 즉, 이야기의 설정 단계로 접어 들어야 할 것입니다.

이것은 자연의 소리에서 1990년대 후반부터 역학인들에게 말하고 있는 '스토리텔러가 되어야 한다'는 의미입니다.

자연의 소리에서의 통변은 희기를 논하는 과정이 아닙니다. 자연의 소리에서의 통변은 스토리를 엮어 가는 과정입니다.

통변 스토리를 엮어 가는 것이 좀 생소해 보여도 『야학신결』
과 자연의 소리 게시판을 통해서 통변 스토리를 엮어 가는
기본을 습득하시고 그것을 연습해 보시기 바랍니다.

이것이 바로 사주 명리학의 높은 단계로 진입하는 첩경이
될 것입니다.

통변 스토리에 대한 이론은 계속 업 데이터가 됩니다.
현재 우리가 어디를 지나고 있는지 확인해 보는 것도 좋을
듯하여 몇 말씀드렸습니다.

나는 진정성 있는 사람이 참 좋습니다.

나는 진정성 있는 사람이 참 좋습니다.
사람들은 나이가 들어가면서 그리고 살아남기 위해서
서서히 진정성을 잃어 가는 것 같습니다.
진정성이 없는 거짓과 가식으로 포장된 말과 얼굴은
왜 그리도 미운지 모릅니다.

설진관 小考

---

42 사주 명리학의 공부의 장점

수십 년의 세월 동안 많은 역학 이론을 접해 보았지만, 사주 명리학처럼 사건의 시작과 경과 그리고 그 결말까지 추리할 수 있는 학문은 참으로 드물었습니다.

사주 명리학의 장점은 통변술입니다.

혹자는 사주 명리학으로는 통변이 되지 않으며 세세한 결정을 하지 못한다고 평하는 사람도 있습니다.

그렇지만 사주 명리학을 정도로 섭렵해 보신다면 사주 명리학의 통변 가치는 참으로 심오하여 일반적인 상상을 초월할 정도일 것입니다.

사주 명리학의 장점은 통변술입니다.
그리고 사건의 판단과 관련한 점학적 기능도 겸하고 있습니다. 그간 많은 역술인들이 그 사실을 몰랐기 때문입니다.
사주 명리학은 여타의 역학에 비하여 장점이 상당히 많은 학문입니다.

한 번 열심히 궁리해 보시기 바랍니다.
꼭 보일 것입니다.

43 명리학의 구조적 사유(思惟)

五行은 어디에서 기인한 것인지,
天干은 어디에서 기인한 것인지를 고찰한다.
그리고 天干과 天干의 관계를 고찰한다.

陰陽은 어디에서 기인한 것인지,
地支는 어디에서 기인한 것인지를 고찰한다.
그리고 地支와 地支와의 관계를 고찰한다.

이제는 天干과 地支와는 어떤 관계가 있는지를 고찰한다.
그런 후 干支와 干支와의 관계를 고찰한다.

干支의 관계 선상에서 思惟되는 인자를 고찰한다.
이제는 구조적 사유(思惟)를 시작한다.

첫째, 우선 主과 客을 분류하여 主客의 법칙을 고찰하여 자연의 회화(繪畵)를 사유한다(용신, 격국, 조후론).

둘째, 主客의 궤도상에서 動靜의 법칙을 고찰하여 虛實을 사유한다(귀속의 경계).

세째, 世應을 사유한다(先後의 결정).

네째, 主를 제외한 體를 잡아 月令 간 관계를 고찰하여 動靜
을 사유한다(객관화).

다섯째, 體와 動의 관계를 조명하면서 命月의 존위를 사유
하여(천안의 눈으로 세상 사람들의 이로움으로)
하늘의 뜻을 받아들인다.

그래서 고대로부터 비인부전(非人不傳)이라 하여 사람을 보아 그 정수(精髓)를 전한다고 한 것이다.

이 모든 것이 사주 명반에서 모두 그려져야 하는 것이다.
이것은 선현이 감응(感應)으로 후세에 남겨 준 명리학(命理學)의 정수(精髓)이다.

이러한 명리학의 구조에 대한 사유가 완성되면 학(學)과 술(術)이 다르지 아니하고, 학(學)과 점(占)이 다르지 아니하다는 것을 자연히 알게 된다.
위 내용들은 현재 '자연의 소리'에서 체득되고 있는 과정이다.

44 제가 경험한 역학을 연구하는 이들이 지켜야 할 덕목을 공개합니다.

 1980년 이래 2017년 현재까지 37년 간 역학 세상을 접하면서 주변 역술인을 지켜본 결과, 그리고 저 자신이 직간접으로 체험하거나 목격한 내용으로써, 역학인이 자신뿐만 아니라 후손을 위하여 반드시 지켜야 할 덕목으로 여겼던 내용을 공유하고자 합니다. 상당히 많은 사례가 있지만 필요한 정도로 소개하고자 합니다.

역학(易學)은 도학(道學)으로서 하늘이 내린 학문이므로 여러분이 이를 접할 수 있다는 것 그 자체가 여러분은 이미 하늘로부터 선택 받은 분들입니다.
그리고 아래의 몇 가지 덕목을 잘 지키면, 당대에서 복록이 바로 내려지거나 적어도 여러분의 후손의 최소 3대손 내에서 큰 복록이 있을 것입니다.

하늘이 내린 학문인 역학(易學)을 연구하는 우리는 복록을 받을 수 있는 기회를 접했다고 해도 과언이 아닙니다. 그렇지만 달리 행한다면 반대의 결과가 나올 수도 있습니다. 그러니 이 역학(易學)은 양날의 칼날과도 같다고 할 수 있습니다.

제가 경험한 덕목 9가지를 지금부터 공개하겠습니다.

1. 가난한 사람에게는 그냥도 봐 줄 수 있는 도량이 있어야 합니다.

역학(易學)은 하늘이 내린 도학(道學)의 학문입니다. 개인의 것이 아닙니다. 이 세상에 오면서 하늘로 부터 빌려 온 것입니다. 그래서 선용하기만 한다면 반드시 좋은 인연이 생기면서 복록이 내려집니다.
내세에는 귀한 가문의 후손으로 인연이 됩니다.

항상 돈으로 대가를 바라는 것은 옳지 않아 보입니다. 작고하신 모 선생님은 가난한 내방객에는 그냥 봐 주기도 하고 돈이 아닌 쌀, 메주, 배추 한 포기, 무우 한 뿌리로도 복비를 대신하기도 하면서 내방객의 애환을 달래 주었습니다. 그 선생님은 90세가 넘도록 장수하였고 그의 아들의 사업이 크게 번창하며, 손자는 변호사 아내를 얻었다고 합니다.

경남 진해에서 역학 상담을 하시는 김분재 선생님은 당대의 큰 역학자입니다. 그럼에도 불구하고 결코 자만하지 않고 스스로를 포장하지 아니하십니다. 정해진 기본 상담료는 있지만 경제적인 어려움에 처한 분께는 때로는 형편

대로, 때로는 덤으로 더 상담해 드리는 행을 실천하고 계십니다. 아마도 큰 복록이 있을 것이라 믿어 의심치 않습니다.

2. 역학 상담은 좋은 일에 한정해야 하고, 남을 살리는 데 이용해야 합니다.

그의 후손은 공직자의 길을 걷게 되거나 귀한 신분으로 가문을 빛내게 됩니다.
내세에는 남을 살리는 의술가, 법률가 혹은 종교인의 삶을 살아갑니다.

전해 들은 이야기입니다. 서울 종로에 있는 어느 역술인은 방문객이 아무리 큰돈을 준다 해도 옳지 못한 상담에는 응하지 않았고 고객의 발전과 희망을 주는 상담을 우선으로 하였다고 합니다. 비록 자신에게는 공직과는 인연이 없는 가난한 역술인이었지만 그의 아들은 당시 만인이 부러워하는 육군사관학교를 졸업하고 쓰리스타(육군 중장)로 전역했다고 합니다.

두 번째 이야기입니다.
약15년 전, 지인으로부터 전화 연락을 받았습니다. 아는 사람이 구속될런지를 문의하는 것이었습니다. 그래서 작괘를 하니 구금이 되는 상황이므로 "구속이 될 것이다" 라고 답을 주었더니 그분이 "안 되는데.. 방법이 없나?" 고 반문하는 것이었습니다. 그래서 그 사연을 물어보니 대상자가 태권도 체육관의 사범인데 체육관에 다니는 여중생을 체육관에서 강간을 해서 경찰 조사를 받고 있으며, 아직 총각이면서 어머니와 단 둘이 살고있다는 단순히 그런 사유로 구속되면 안 된다는 것이었습니다.

그래서 제가 "나쁜 사람이 벌을 받아야지, 안 되기는 왜 안됩니까?, 저는 방법이 없습니다. 변호사를 선임해도 방법이 없을 겁니다. 앞으로는 악용하는 내용은 묻지 마세요" 하면서 버럭 화를 내었던 기억이 있습니다. 이처럼 의롭지 못한 곳에 역학이 악용되면 안 되는 것입니다.

3.배우는 마음가짐에 진정성이 있어야 합니다.

배우려는 마음가짐에 진정성을 잃어버리면 더 깊은 학문과는 인연이 되기 어렵습니다.

지금까지 역학 공부를 하면서 진정성을 잃지 않으려 했고 역학에 대한 간절함을 유지하였습니다. 그런 인연인지 1993~4년경부터 약 10년 동안 많은 역학 관련 자료가 저와 인연이 되었고 그것을 토대로 궁리하면 할수록 깨달음이 있었습니다.

그래서 숨김없이 저에게 자료를 내주신 분들에 대한 은혜를 잊지 않고 지내왔습니다.

전해 들은 이야기를 알려 드리겠습니다.
수년 전 어느 중년의 남성이 모처의 선생님의 문하에서 풍수와 명리학을 수학했다고 합니다. 그 선생님의 말씀에 의하면 그 중년의 남성은 풍수와 명리학이라는 학문보다는 그것을 포장하여 돈벌이 수단에 더 혈안이 되어 있었다고 합니다. 그렇지만 지식을 전할 수밖에 없는 상황에서 그래도 진실할 것이라는 기대감에 도와주었다고 합니다. 그러나 그 중년의 남성이 그 과정을 수료함과 동시에 모든 세상의 모든 풍수와 명리학이 자신이 최고인 양 기세 등등하며 여기저기 다니면서 상상 이상의 행동을 하더라고 합니다.
역시나 하늘은 그를 그대로 놔 두지 않았습니다. 얼마 되지 않아 그 중년의 남성에 대한 소문은 여기저기 퍼져 나갔고 그 남성에게는 거금의 거래가 없는 한 아무도 역술의 비기를 전하기를 꺼려 한다고 합니다. 더 이상의 역술의 습득은 되지 않고 그나마 배운 지식도 자의로 해석하는 바람에 풍수 및 명리의 감정에 실수를 연발하고 있다는 소문입니다.
이 중년의 남성이 수년 전 저에게도 지도를 해 달라며

연락이 온 적이 있었는데 저는 왠지 가까이하고 싶지 않아 개인적인 만남을 거부한 적이 있었습니다.

무릇 가르치는 자뿐만 아니라 배우려는 자 역시도 학문에 대한 그리고 그 배우려는 목적에 진정성이 담보 되어야 한다는 것입니다.

4. 좋은 인연에게는 易學을 전수해야 합니다.

매번 만나는 인연 속에서 선연과 악연이 교차합니다.

좋은 곳에 쓸 수 있는 도반을 만나거든 그리고 그가 간절히 원할 때 역학을 전해 준다면 그 후손에게는 반드시 큰 복록이 따릅니다.

내세에 편안한 삶을 보장받습니다.

후손이 언제 어디서나 배움의 기회가 있을 때 누군가가 그 후손에게 배움의 기회를 주게 되는 것입니다. 이 이상 더 좋은 유산은 없을 것입니다.

자연의 소리 학당에서 현재 전하고 있는 '천고비전 사주 감정법 비결집' 무료 강의는 무료라고 하여 얼렁뚱땅하지 않습니다. 저의 양심상 그렇게 하지 못하기 때문입니다. 만일 얼렁뚱땅한다면 이 역시도 업이 될 수 있기에 몸 상태가 허락하는 한 나름 최선을 다하려고 하는 것입니다.

이것이 바로 제가 강의를 이어 가는 근본 이유가 되는 것입니다.

5. 문점객에게 의도적으로 개명을 권하지 않는다.

개명은 상대가 우선 요청할 경우 허락해야 합니다. 좋은 이름이건 나쁜 이름이건 모두 하늘이 내린 축복입니다. 하늘의 의도와는 달리 역학자 개인의 사리사욕으로 개명을 권하는 인과는 본인이나 후손이 부동산과는 인연이 멀어지게 되고 유산을 지키기 힘들어지게 되는 것을 겪어 봅니다.

때로는 그 후손이 직장에 적응하지 못하고 여기저기 떠돌아다니는 인과로 결정됩니다.

내세에 여기저기 떠돌이 신세가 됩니다.

20년 전 부산 금정구 서동에 서1동 새마을금고가 있었습니다. 그 맞은편으로 올라가면 어느 중년의 역학인이 있었습니다. 찾아오는 대부분의 문점객에게 개명할 것을 의도적으로 권유하여 수익을 올려서 철학원을 꾸려 가고 있었습니다. 당시 그 수익금으로 인근 3층 건물을 매입한 후 2,3층을 월세로 임대하고, 1층에서는 자신이 철학원을 운영하는 정도로 부를 이어 갔습니다. 그러나 그 찬란함은 그리 길지 않았습니다.

그로부터 10년이 지난 이후, 사욕에 가득한 개명의 요구로 인한 인과인지 고향에 부모님이 돌아가시고 상속을 받아야 할 상황에서 어떻게 된 영문인지 부동산을 형님에게 대부분 빼앗기고 말았습니다.

그뿐만 아니라 자신이 가지고 있는 3층집도 아들에게 명의를 넘겨주었지만 그 아들은 '○○이야기'라는 도박에 빠져서 전 재산을 탕진하고 그 역술인도 철학원 자리를 비켜 주게 되면서 자연스럽게 철학원을 그만두게 되었습니다.

그 역학인 부자는 이후 고시원 비슷한 곳에서 살면서 일당직으로 하루하루 벌어 살아간다는 소문을 들었습니다. 내방객이 의도하지 않은 가운데 역학인이 사리사욕에 눈이 멀어서 개명을 권하는 것은 결국에는 당대에서 내지 후손에게 부동산과는 인연이 멀어지게 되는 것입니다.

6. 스승을 존경하는 마음을 잃지 않아야 합니다. 결코 스승을 욕보이거나 뒤에서 험담하거나 음해하지 않아야 합니다.

스승을 욕보이고 험담하거나 음해한 인과는 장차 본인이 주변 사람들로부터 소외되어 고통의 세월을 보내게 되거나 다음 생에서도 고아로 태어나거나 사회에서 인정받지 못하고 버림받는 고통 속에서 살아가게 됩니다.

뿐만 아니라 후손도 고아가 되거나 사회에서 인정받지

못하고 소외되거나 버림받게 되면서 고통속에서 세월을 보내게 되는 것입니다.

1996~7년경 부산진구 부전동 병무청 앞에서 노상에서 검은색 가죽점퍼를 주로 입는 중년의 역술인이 있었습니다. 그분은 1994~5년경 인근에 실력 있는 역학인에게 머리를 조아리며 수개월 동안 명리학을 수학했습니다. 그러던 어느 날, 어느 정도 명리학을 이해하기 시작했었던 모양입니다. 이후 사람이 변하기 시작합니다. 자신을 가르쳤던 스승을 그 면전에서 무시하기를 서슴지 않고, 자신의 스승과 제가 친하다는 사실을 잘 알면서도 저에게도 스승의 실력 등에 비하하는 발언을 하면서 심지어 스승을 찾는 고객을 중간에서 가로채는 등 영업 방해도 일삼았습니다.

결국에는 어느 날 그 역술인은 어느 고객으로부터 코가 내려앉고 이빨이 나가는 폭행을 당하는 어처구니없는 일을 당하였습니다. 그리고 그 아들은 회사에 취직을 하려 하면 항상 면접에서 낙방하는 일이 반복되는 등 사회에서 버림을 받게 되었습니다. 그의 딸은 남편의 폭력에 못 이겨 이혼하고 말았다고 합니다.

이후 그 역술인 본인은 중풍에 걸려서 한쪽 수족을 쓰지 못하고 쓸쓸히 퇴장하였다고 합니다.

역학 분야에서는 스승을 음해하거나 난처하게 하는 행위를 해서는 결코 안 됩니다. 易學과 스승은 하늘이 내려준 인연입니다. 그 인연을 음해하거나 난처하게 함은 두 번 다시는 좋은 인연을 이어 주지 않는다는 것입니다.

제가 20대부터 역학을 가르치다 보니 벌써 수십 년이 훌쩍 넘었습니다. 많은 사람이 다녀갔습니다. 재능이 아까워서 그리고 열정이 훌륭해서 가까이하면서 지도를 하면 고마움의 표시는 고사하고 엉뚱한 소리를 하고 다니는 등 배신(?)하는 사람이 있었습니다. 지난 과거에는 섭섭한 마음에 항의를 해 보기도 했지만 이제는 하지 않습니다. 이 덕목을 그르칠 경우 하늘이 내릴 인과가 있기에 그때가 되면 스스로 느낄 것이라고 생각하기 때문입니다.

스승이 반드시 제자보다 뛰어난 것은 아닙니다. 때로는 제자가 스승보다 뛰어난 경우가 많습니다. 그렇지만 이들이 사제 간으로 만났다는 것은 하늘에서 주는 메시지가 있는 것으로써 겸허히 받아들여야 하는 것입니다. 그리고 스승과의 만남은 그 제자의 실력에 비례하여 스승을 만나게 해 주는 것입니다.

그래서 스승을 음해하고 난처하게 하는 경우에는 자신은 물론이거니와 그 후손이 사회의 조직에서 버림받는 아픔이 있게 되는 것입니다.

7. 자신을 과대 포장하지 않는다.

자신이 능력이 되지 않음을 알면서도 스스로를 지나치게 포장하는 인과로 머지않아 자신의 수명이 단축되거나 그 후손이 불명예의 누명을 겪게 됩니다. 내세에 억울한 누명을 겪게 됩니다.

2000~2002년경 PC통신에서 인터넷으로 막 넘어오던 무렵이었습니다. 부산 출신의 역술인이었는데 자신의 능력은 용신 격국의 수준을 넘어서는 정도 외 뛰어난 실력을 갖추지 못한 분이었습니다. 그런데 실력에 비하여 포장하여 광고하면서 생활하는 것을 보면서 '왜 스스로 壽를 앞당기는 행위를 하는지 모르겠다'고 생각했었습니다. 그러던 어느 날 갑자기 돌아가셨다는 소식을 들었습니다. 간혹 연락이 와서 함께 사업을 해 보자고도 했었는데, 당시 저는 역학 사업에는 관심이 없어서 거절했습니다.
본래 좋은 분이셨는데 안타깝게 가셨습니다. 인생 길다면 길고, 짧다면 짧습니다.

두 번째 이야기입니다. 어느 여성 역술인 한 분이 나름 긴 세월 동안 역학 공부를 했습니다. 그렇지만 그 실력은 너무나 미천했지만 오랜 세월을 역학 공부를 했다는 그 자존심 때문에 자신이 마치 대단한 실력가라며 여기저기 과

시하면서 광고했습니다. 그러던 중 어느 날 이 여성 역술인은 부산 시내 모처의 백화점에서 뜬금없이 액세서리 도둑으로 몰리는 누명을 뒤집어 쓰게 되었습니다.

CCTV 각도가 애매한 방향이라 오해받기 좋은 상황이었습니다. 물론 이후 오해를 풀고 해결되었지만 아직도 그 수치감을 잊지 않고 있다고 합니다. 이후 이분께 자신을 포장하지 마라는 말은 차마 하지 못하고 "오래 공부한 이력보다는 실력이 뛰어남이 중요합니다. 그러니 자연의 소리 학당에 오셔서 최소 1년 간은 역학 공부를 하시면서 좀 쉬십시오" 했었는데 역시나 저의 의도를 모르시는 것 같았습니다.

8. 좋은 도서와 좋은 스승은 세상에 알려 주고 권장하라.

좋은 도서와 좋은 스승은 세상에 알려 주고 권장해야 합니다. 그렇지 아니하고 혼자만 알고 비밀리 하는 인과는 다음 생에서 자신에게 배움의 기회나 길이 끊어져 이곳저곳 기웃거리게 되거나 그 후손에게는 배움의 길이 끊어집니다. 내세에는 배움의 길이 끊어져 이곳저곳을 기웃거리게 됩니다.

이 내용은 일제 시대 때 경남 사천에 있는 어느 집안의 이야기입니다. 어느 집 가문인지는 비공개하겠습니다.

이 집안의 어느 학자가 당시 어떤 학문이었는지는 모르겠지만 당시 지리산 어느 도인으로부터 훌륭한 도학을 전수를 받았던 것 같습니다.

그러다 보니 도학에 관심을 가지는 사람들이 그 집을 많이 찾아오기 마련인데 자신을 찾아오는 사람들에게 자신을 가르쳐 준 지리산의 도인 스승님을 알려 주지 않고, 오히려 자신에게 도학을 전수한 도인 스승님을 깎아 내리면서 도인이 틀렸고, 자신의 학문은 스스로 깨달은 것이라고 하면서 찾아온 사람들의 지리산행을 못하게 했다고 합니다. 어느 날 제자의 이런 행보의 소문을 들은 지리산 도인 스승님은 크게 노하여 저주(?)를 했는지 모르나, 이후 그 학자의 후손은 학문과는 거리가 멀고 최근까지도 대부분 중학교 졸업 이하의 학력이 대부분이라고 합니다. 이러하듯 좋은 스승과 좋은 책의 인연을 차단하는 행위는 그의 후손의 학력이 낮아지게 되는 등 학문과는 거리가 멀어지게 됩니다. 혹여 그 후손이 공부에 뜻이 있다고 하더라도 공부와는 거리가 멀어지게 되는 것입니다.

■저는 개인적으로 학력과 학위가 중요하다고는 생각하지 않습니다.

그러나 이 세상은 학력과 학위로 차별을 하고 있으며 그것으로 사람을 평가하는 잣대로 삼고 있으니 개탄

하지 않을 수 없는 것입니다.

학력과 학위로 사람을 차별하는 자는 자신 혹은 그 후손에게 씻을 수 없는 업을 남기는 것이라는 것을 깨달아야 합니다.

이것도 다음에 추가 사례를 소개하겠습니다.

9. 역학인들과 다투지 않는다.

역학(易學)은 도학(道學)으로서 하늘이 내린 학문입니다. 결코 도반들 간 갈등은 있어서는 안 됩니다.

특히 역학인들과의 갈등의 인과는 자신이나 후손이 부부의 이별, 형제간 불화, 이웃과의 송사를 겪게 됩니다. 내세에 부부 이별의 아픔, 형제간 불화, 이웃 간 송사 등을 겪게 됩니다.

1998년 부산 사상구 엄궁동에 50대 중반의 역학인이 있었습니다. 그분은 나름 실력은 있었지만 거만한 언행으로 역학인들 사이에서는 거의 악동(?)으로 통했습니다.

그러다 보니 너도 나도 그분과 가까이하기를 꺼려 했습니다. 그렇지만 이에 아랑곳하지 않고 역학인들과 충돌하기 십상이었고 특히나 술을 마시는 날에는 싸우는 빈도가 더 높았습니다.

2000년 중반에 들려오는 소문에 의하면 이분은 이후 부부와 이혼하였고, 그의 두 딸도 모두가 결혼한 후 몇 년이 못 가서 이혼하고 친정으로 돌아와서 함께 산다고 합니다. 이렇듯이 역학인들과 갈등이 많으면 그 후손이 이별의 아픔을 겪어 보게 되는 것입니다.

역학 공부를 한다는 것은 하늘로부터 선택받은 분들이 한다고 저는 믿고 있습니다. 현재 이 글을 읽으시는 분 역시도 그런 분이 아닐까 하는 생각을 합니다. 그러다 보니 역학 공부를 하시는 분은 다른 일반인과는 다른 측면이 많습니다. 서로 갈등을 하는 것은 자신뿐만 아니라 후손을 위해서 절대 금기시되는 것입니다.

그래서 저는 역학인들 간 갈등이 생기면 가급적이면 끼어들어서 서로를 화해시키려고 노력했던 것입니다. 저 자신이 아닌 갈등을 하는 양 당사자들을 위함이었습니다. 무인(武人)이 다른 무인(武人)과 칼부림을 하면서 다투는 경우 그 후손이 온전하지 아니합니다. 그래서 반드시 무인(武人)은 전쟁이나 대립이 해소되면 상대에 대하여 예를 잊지 않는 것이 여기서 기인하는 것이고, 무속인이 다른 무속인과 서로를 저주하지 않는 것 또한 모두 여기서 기인하는 것입니다.

여기까지 내용은 2017년 기준하여 37년 간 사주쟁이의 삶을 겪어 오면서도 중심을 잃지 않은 삶의 원동력임과 동시에 소신의 일부분입니다.

대부분 제 눈으로 확인한 내용입니다.
그리고 한 치의 오차가 없었습니다. 이보다 더 무서운 경험이 있습니다만, 시간이 나면 계속하여 올려 드리겠습니다.

역학인으로서의 삶은 여타의 삶과는 매우 다릅니다. 역학인은 선대의 도학과의 인연에서 비롯된 것으로써 도학과 인연했다 함은 귀한 집안의 후손입니다.
그리고 비록 당대에서는 인식하지 못할지는 모르지만, 우리의 후손에게는 반드시 그 인과가 있는 것이니 꼭 홍익인간을 실천해서 후손에게 복록을 전하면 적어도 후손으로부터 원망은 듣지 않을 것 같습니다.

아무리 실력이 있고, 많은 재물을 모았다고 하더라도 사람됨만 못합니다.
지금이 중요한 것이 아니라 스스로의 후손을 생각하는 마음가짐이 중요합니다.

45 사주 명리학의 유용가치

사주 명리학을 공부하는 이유와 목적이 무엇일까를 생각해 봅니다.

사주 명리학을 공부하면서 얻게 되는 것은 첫째, 선천의 업을 분석할 수 있으며, 둘째, 현재 주어진 나의 삶을 판단할 수 있고, 셋째, 스스로 나아갈 길을 선택할 수 있는 지혜를 얻을 수 있는 것입니다.

첫째, 선천의 업을 분석할 수 있으며

사주 명식에서 주어진 스스로에게 주어진 삶의 양태를 추리할 수 있습니다.

이 부분은 자신이 이 세상에 나오게 된 배경이 담겨 있으며 참으로 나를 인식하는 단초가 되는 것입니다.
물론 불교의 윤회, 업과 연결되는 듯 하지만 저는 이 부분을 부인하지는 않겠습니다.

혹자는 전생이 있다, 없다 하여 논쟁을 할 수도 있을 것입니다만 비록 전생과 업을 현대 과학 문명으로 증명하기에는 어렵겠지만, 사주 명리학에 부여된 상황으로 말미암아 비록 그것이 전생이나 업과는 거리를 둔다 해도 각 개인에게 주어진 고뇌와 장애물을 추리할 수 있는 것이라고 생각합니다

둘째, 현재 주어진 나의 삶을 판단할 수 있고

매 세운과 일진의 변화 속에서 사주명식에 끼치는 영향을 고려해 보면서 사주 명식이 숨을 쉬고 있는 양태를 관조할 수 있으며 그 양태의 변화 속에서 이것이 어떻게 변화되는지는 추리합니다.

그러는 가운데 매 세운과 일진 속에서 일어나는 사건의 스토리를 추리할 수 있는 의의가 있는 것입니다.

셋째, 스스로 나아갈 길을 선택할 수 있는 지혜를 얻을 수 있다.

개인에게 주어진 숙명과 운명을 절대적인 것으로 여기지 아니하고 선택과 갈등의 상황에서 현명하고 지혜로운 선택을 통하여 보다 나은 삶을 그릴 수 있는 이익이 있다고 생각합니다.

이것이야말로 사주 명리학의 유용적 가치라고 할 것이며, 그 어떤 인문학보다도 특별한 장점이 아니라 할 수 없을 것입니다.

사주 명리학과 인연하신 도반 여러분은 이미 인간이 배울 수 있는 최고의 학문과 인연하셨습니다.

46 사주 명리학의 이론은 논리적이어야 합니다.

사주 명리학을 처음 접하는 분들에게 제일 힘든 영역은 사주 명리학 이론이 논리적이지 않은 사실에 당혹해 합니다.

이는 **사주 명리학 이론의 시종(始終)이 연결되어야 함**에도 대부분 상황에 얼버무려 버리는 이론이 많으며 사주 명리학을 접하는 책도 대부분 그런 식으로 된 책들이 대부분이니 힘들게 사주 명리학을 공부하게 되는 것이라고 보입니다.

물론 사주 명리학을 감명함에 있어 직관을 요하는 영역도 있을 수 있습니다.
그러한 직관은 누구에게나 가지고 있으므로 사주 명리학을 관조해 보노라면 자연 습득이 될 것이라고 생각합니다.

사주 명리학의 기본 이론에 충실하여 접근한다면 청소년이나 성인들의 진로의 적성을 찾아 안내해 줄 수 있으며, 내면의 끼도 찾아 줄 수도 있는 학문입니다.

이 세상에 태어나면서 가지고 온 선천의 적성이 무엇이며 현재 세상에서 갈구하려는 것이 무엇인지, 그리고 현시대에 각 개인에게 주어진 기회가 무엇인지 등을 확연히 밝히면서 그의 흐름을 고찰할 수 있는 것이 사주 명리학이며, 이러한 사주 명리학은 논리적이어야 설득력을 얻을 수 있다고 할 것입니다.

자세히 관조해 보시기 바랍니다.
우리가 모르고 있었던 엄청난 비밀이 사주 명리학에 숨겨져 있습니다.

사주 명리학을 제대로 아는 분은 결코 사주 명리학을 미신이라 함부로 말하지 않습니다.

최선

바람 소리 솔솔 불어오는 가을밤,
세월의 무상함에 점점 무디어 가는 일상.
최선을 찾아 이리저리 헤메다가 이제야 알아보네.
가까운 곳에 있음에도 돌고 돌아 이제야 깨닫는구나.
가장 청결한 곳 내 마음의 보석 상자에 고이 간직한다.

설진관 小考

47. 지지는 음양으로서 오행의 존재 이유, 존재 방식이 될 뿐 결코 오행인 것은 아니다.

하늘에 떠 있는 다섯 개의 별을
五星이라 하고, 그 五星에서
五氣가 뻗어 나온다.
이것을 우리는 五行이라고 한다.

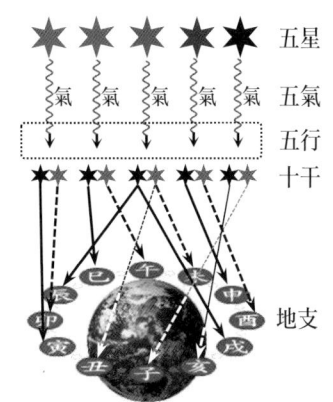

다시 이 五行을 陽과 陰으로
구분하여 배분하였으니
이것을 十干이라고 한다.

이러한 五星 즉 天干의 存在 방식은 地支에 의하니, 地支는 五星의 存在의 이유가 되는 것으로써 장소, 방향, 시간이라고 한다.

天干에 五行이 깃들어 있지만, 地支에는 五行이 깃든 것이 아니다.
地支는 五行의 存在의 이유, 存在의 방식이 될 뿐이다.
地支는 陰陽으로서 五行의 존재 이유, 존재 방식이 될 뿐이지 결코 五行인 것은 아니다.

48 제가 사주 명리학을 연구했던 경과를 들려 드리겠습니다.

사주 명리학에 입문하게 된 저의 이야기를 들려 드리려고 합니다. 대부분의 내용은 기억에 의존해서 작성하는 것으로써 저의 주관이 개입된 글들입니다.

당시 제가 느꼈던 감정을 그대로 기록하는 것일 뿐입니다. 그러므로 바라보는 이의 시각에 따라 간혹 사실과 다르게 비칠 수도 있습니다.
그러나 분명한 기억을 토대로 기록합니다. 그 어떠한 포장이 없음을 미리 밝혀 둡니다.

더불어, 그간 제가 만나 본 역술인 중에는 진정성이 없는 역술인도 많이 보았지만, 그분들의 실명은 기록하지 않기로 합니다.

1969년 1월 경남 밀양 활성이라는 곳에서 설가(薛家)에 태어났습니다.
신라 원효대사님의 직계 후손이며, 평산 신씨 가문 출신인 할머니의 영향인지 유달리 불교와 한학에 많은 관심을 가지면서 성장했습니다.

1975년, 제가 69년 1월생이다 보니 68년생과 함께 국민학교에 입학하여 첫 학교생활을 시작합니다. 한글 등 조기교육의 부작용인지 몰라도 1학년 학교 수업이 시시하여 수업 시간 내내 잠만 자고 왔습니다. 담임 선생님께서 가정 방문을 와서 "진관이가 수업 시간에 계속 잠을 자는데, 무슨 일이 있습니까?" 라는 물음에 아버지께서 "이미 한글을 알고 구구단을 외우고 있으니 학교 수업이 재미가 없을 겁니다" 라고 답하여 담임 선생님이 깜짝 놀라 하시던 기억이 있습니다.

(당시에는 대부분 국민학교 1학년 때부터 빨간 색연필로 줄을 그으며 ㄱ, ㄴ, ㄷ, ㄹ …. 1, 2, 3, 4 등을 배우기 시작하는 세월이었습니다). 이후에는 선생님의 암묵적 동의하에 수업 시간에 내놓고 잤습니다. 때로는 저를 깨우는 친구에게 담임 선생님이 "깨우지 마라, 그냥 놔두라." 고 말씀하시는 것을 수업 시간 잠결에 듣기도 했었습니다. 신주철 선생님입니다(1975년 부산진구 범전동 성지국민학교 1학년 11반).

1976년 당시 흑백 TV가 있었습니다.

부산 KBS에서 방영되던 인형극은 저에게 친숙하게 다가왔고, 그 즈음 '바보 온달과 평강 공주'에서 평강 공주가 바보 온달에게 시집가면서 타고 간 말 천리마가 죽고, 그 혼백이 들어가서 다시 출생한 말 '번개'에 대한 이야기, 그리고 고구려의 건국을 그린 '동명성왕', 삼국 통일의 과정을 설명한 '김유신 장군' 등의 인형극을 보면서 매번 등장하는 번개도사 등 도사와 관련한 이야기는 신비로움 그 자체이었습니다.

또한 고교얄개로 유명했던 아역 배우 이승현 씨가 등장하는 드라마에 나오는 도사는 저의 호기심을 자극했고, 더욱이 1979~80년 유행하던 KBS 드라마 전설의 고향에서 도사들의 행세 또한 큰 희망(?)을 주기에 충분했습니다.

그리고 당시 저의 집에 있던 가정대백과사전에 성명학, 관상, 손금이 포함되어 있었는데, 어린 나이에 무섭게 느껴졌었습니다. 이 역시도 호기심을 자아내는 환경이었던 것 같습니다.

1980년 초등학교 6학년 시절입니다.
지금은 없어진 부산진구 부전동 서면 국민은행 옆 조그마한 서점인 청학서림에서 역학전서라는 역학서를 처음 보게 되었습니다. 그 내용은 당사주, 손금, 관상, 성명, 꿈풀이 등 여러 내용이 기록되어 있었습니다. 그러다 보니 자연히 홀로 공부하는 시간들을 보내고 1981년 중 1때에 이미 당사주를 이용하여 감정을 하는 수준이 되었습니다.

어쩌다 부산진구 부전동에 있는 부전시장 즉결재판소 앞을 지날 무렵에는 상당수의 역학인을 발견할 수 있었습니다 지금 생각해 보면 하루 상당한 수입이 되었을 것 같았습니다. 그 당시에는 제가 나이가 어려서 누가 누구인지는 알지 못했습니다.

1984년 부산진역 앞 시장 쪽으로 들어가서 오른편으로 조금 가면 어느 여인숙이 있었는데, 그 여인숙 2층에서 달셋방을 얻어서 사주 감정하시던 혜승원 원장님께서 계셨습니다. 저의 진로와 관련하여 모친의 친구분(지금은 작고하심)과 함께 갔었습니다. 그 선생님께서 그간 제가 아는 당사주가 아닌 '나무가 어떠하고 불이 어떠하고' 하면서 오행으로 사주 풀이를 하시는 것을 보고 깜짝 놀랐습니다.

그리고 진짜 사주학이 있나 보다 하면서 이후 남궁상 선생님, 추송학 선생님의 사주학 교재와 최영철 변호사(필명: 백영관)의 사주정설 등으로 기초를 닦으면서 실력을 쌓아 갔었습니다.

제아무리 쉽게 쓰인 책이라고 할지라도 고교생이었던 제가 혼자 읽고 이해하기에는 그리 쉬운 책은 아니었습니다. 육신 표출 과정이 힘들어 애를 먹었던 기억 그리고 월령과 격의 개념을 이해하지 못했던 기억이 새록새록 납니다. 만세력이라는 것을 별도로 구입해야 하는지조차 몰라서 쩔쩔 매기도 했던 것 같습니다.

1986년 윤태현 선생님의 소설 '팔자'가 신문에 광고가 난 것을 보고 소설 '팔자'를 구입했습니다. 소설 '팔자'를 구입하면서 부록으로 붉은색 표지의 얇은 만세력을 끼워 주기에 처음으로 저만의 만세력이 생겼었습니다. 그리고 처음으로 저의 사주를 세워 봤습니다.

소설을 읽어 가면서 역학자로서의 자긍심과 자신감이 생겼습니다. 이후에 발간된 소설 팔자 2, 3권을 연속으로 읽어 내려갔습니다. 비록 이 책이 저자의 눈높이에서 각색된 것이겠지만, 이 소설로 인하여 사주 명리학 연구에 의지를 불태운 이가 아마도 전국에 수없이 많을 것입니다. 개인적으로 당시 제1권 후반부에 부록으로 실린 요약 이론이 저의 역학 이론 정리에 많은 도움이 되었습니다.

1988년, 제가 학원 쪽에 발을 살짝 담그고 일하던 시절입니다. 학원 옆 떡볶이 할머니를 통해서 알게 된 미 하야리아 부대 후문 옆 허름한 건물 2층에서 동양철학관이라는 간판으로 철학원을 하시는 70~80대로 보이는 老 신사를 만났습니다. 나무로 된 계단으로 올라가는 공간이 좁아서 자칫 넘어질 듯한 곳이었지만 내부는 나름 깔끔하게 정리되어 있었고, 그분은 일제시대 일본 유학을 다녀온 석학으로서 사주정설을 중심으로 공부하셨다고 하면서 사주정설 한 권만

봐도 충분하다고 다른 책은 볼 필요가 없다고 하시면서 조언을 아끼지 않으셨습니다.

이때 저는 부산진구 서면의 현재 국민은행 자리 1층 주차장 입구에서 역학 책 복사본을 팔고 있는 어느 영감님을 알게 되었습니다. 그분이 저에게 사주첩경과 명리요강을 소개해 주셨고 오히려 명리요강과 사주첩경에 매료되어 정진하고 있었습니다. 지금 생각해 보니 사주 명리학에 큰 눈을 뜨게 되는 계기가 된 것 같습니다. 지금도 그 영감님으로부터 구입한 사주첩경과 명리요강을 보존하고 있습니다.

또한 부산진구 부전역 앞 김동곡 선생님을 만나게 되는 인연이 있었는데 그분 또한 명리요강을 중심으로 명리학을 연구하는 분으로서 그 일대에서 고수로 통했습니다.

1989년 4월 군 입대를 한 달 앞둔 상태에서 부산 중구 당시 미 문화원 뒤로 그리고 지금은 없어진 미화당백화점 사이에서 영업 중인 황보 탁 선생님으로부터 명리요강과 사주첩경을 반복하라는 자문을 받았었습니다. 그 일대에 나름 이름나신 분이 황보 탁, 배근형, 김중산 등 그리고 부산진구 서면 일원에서는 허남원, 이승철 선생님이었던 것으로 기억합니다.

이때 보수동 대륙서점을 중심으로 헌책방을 자주 방문했었고 지금은 없어진 미 문화원 뒤 광복문고에서도 역학

도서를 구입했던 기억이 있습니다.

　국내 명리학 고수들의 서적인 박재완 선생님의 명리요강, 이석영 선생님의 사주첩경, 신육천 선생님의 천고비전 사주 감정법 비결집 그리고 추송학 선생님의 사주 명리학 서적 전반을 훑어 내려가기 시작했습니다. 이 시기에 뜬눈으로 밤새우는 건 예사였습니다. 추송학 선생님의 새생활문화사에서 출간된 책 중 육효, 관상 부분을 제외한 사주학과 관련된 책은 아마도 대부분 읽었던 기억이 있고 1989년 5월 10일 군 입대를 하게 되었습니다.

　1989~1991년 군 복무 시절입니다.

　군부대에 있으면서 사병들은 물론이거니와 훈련 교관, 헌병대장, 하사관 및 장교를 포함한 군 간부들과 그 가족들을 상대로 많은 임상을 경험하면서 사주 명리학의 통변 체계를 정리했습니다. 명리요강으로 기본 틀을 잡고 사주첩경과 추송학 선생님의 사주 명리학, 명리학 시리즈를 덧붙여서 사주 명리학 체계를 완전히 세웠습니다.

　휴가 때에는 집에서 명리정종을 읽었습니다. 그 시절 군대 생활하시던 분은 아시겠지만 뻬찌까(화덕 난로)가 있었는데 그 옆에 서서 혹은 군인 법당에서 명리요강을 열심히 읽고 이해하고 자연을 관조했던 기억이 납니다.

추송학 선생님께 조후와 관련한 질문을 편지로 보낸 적이 있습니다. 추송학 선생님께서는 단 한 번도 저를 만난 적이 없음에도 불구하고 저의 질문에 친서로 답을 주셨습니다. 너무나 감사했었습니다.

1990년대 들어 박도사에 대한 소문이 여기저기서 들려오기 시작했습니다.

그리고 이 시기에 월간역학이 발간되면서 그 속에서 매월 연재되는 자평진전 번역본 등은 그 당시로는 신선하면서도 좋은 학습 교재이었습니다.

1992~1993년 이 시기에는 멋을 좀 내기 시작합니다.

월간역학에서 얻은 많은 정보를 바탕으로 이제는 고전으로 눈을 돌리기 시작합니다.

궁통보감(난강망), 자평진전, 적천수 등을 읽어 내려가면서 그리고 연해자평과 명리정종을 덧붙여 고전을 정리했습니다. 그때가 20대 중반의 나이...

동양인의 사주팔자(김성진 저)라는 책을 즐겨 보았는데 훗날 한국인의 사주팔자라는 책명으로 다시 출간되는 것을 보았습니다. 김봉준 선생님의 쉽게 푼 역학 1, 2권도 도움이 되었던 시절입니다.

1993년 부산 금정구 청룡동에서 명리학과 관상학의 대가

이인섭 선생님과 처음 상면하게 되면서 그로부터 인연법(眞如秘訣)의 존재를 알게 됩니다. 이 대학자는 현재는 귀농하셔서 충북 제천에서 사과 농사를 짓고 있으십니다.

　1994년경 특히 1994년 여름까지만 해도 나름 사주 명리학 공부를 좀 한 탓인지 자신감이 절정에 이르러 천방지축으로 까불던 시절이었는데 그러던 어느 날, 부산진구 부전시장 앞에서 철학원을 하시던 김동곡 선생님의 인연으로 당시 경남 양산군(현,양산시) 상가 건물 2층에서 '○○○○연구소'를 운영하시던 역술인 ○○ 선생님을 처음 만나게 됩니다.

　○○ 선생님은 제가 만나 본 역학인들 중 그 당시에는 단연 최고였습니다. 이분의 사주풀이는 20대 중반인 저로서는 도무지 추정조차 할 수 없는 그런 통변들로써 그분의 이론에 대한 학문적 존경과 부러움은 상상 이상이었습니다. 이분이 훗날 부산 금정구 남산동으로 사무실을 옮겨서 학회를 세웠습니다. ○○ 선생님과의 만남은 자만에 빠져 있는 저 자신에게 '겸손하라, 더욱 정진하라'는 선현들과 인연이 되게 한 것이었나 봅니다.

　예나 지금이나 이름 있는 술사는 대부분 거품이 많았고, 무명 역술인의 실력은 엄청난 것으로써 이름값과 실력은 무관하다는 것을 절실히 깨달았습니다.

1994년 서울에서 사계단법 기본서와 부산 금정구 서동 정석환 선생님으로부터 인연법, 팔주법 등 필사본을 입수하였고 계속하여 또 다른 필체의 인연법 필사본(내용이 동일한 것으로써 한 사람의 강의를 여러 명이 노트한 것으로 추정)을 입수하게 됩니다.

저는 당시 이 인연법이 박도사의 인연법으로 오해했습니다. 아래에 소개하겠지만 10년이 지난 후 서울 신수훈 선생님의 진여비결임을 확인하게 됩니다.

부산 금정구 장전동에 있는 장전초등학교 정문 맞은편 2층에서 철학원을 운영하시던 어느 (老)역학 선배께서 저에게 적천수를 적극 권장하고, 저는 그분께 명리통감(우달인 저)을 권하는 등 상호 도움을 주고받으며 심기일전하던 중, 어느 날 상론 사주학(甲은 나무, 丙은 태양 등)의 모태 이론, 일진법, 사계단법, 신사주학 등 자료를 입수하면서 역학 연구의 전환을 하게 됩니다.

그 결과 사주 명리학의 점학적 접근에 큰 성과가 있었습니다. 사주 명리학 궁리의 전성기라고도 할 것 같습니다. 아마도 이러한 노력은 과거 ○○ 선생님과의 만남에서 무너진 자존심 때문이었던 것 같습니다.

덕분에 더 큰 학문을 할 수 있었던 것 같습니다. 그래서인지 저는 ○○ 선생님과의 인연은 역학 인생에서 제가 저 자신을 바라보게끔 한 길연이었다고 생각합니다.

1995년 생면부지의 칠정사여와 국내에서 흔히 볼 수 없는 그런 기문학이 아닌 즉간할 수 있는 기문학 등 10여 점이 입수됩니다. 지금 생각해 봐도 기이한 인연이었던 것 같습니다.

　1995년 중순~1996년 부산에서 이름난 역술인을 대부분 찾아다니며 그들의 실력을 확인해 봅니다. 아쉬운 것은 그 당시 관상의 대가로 알려져 있던 백포 선생님 사무실을 방문(당시 동래 전철역 앞 궁전예식장 맞은편 사무실)했지만 만나 뵙지 못했습니다.

　1996년 사주 명리학의 메커니즘을 다시 정리하는 시기이었습니다. 물상론 사주학의 정수가 담긴 자료 즉, 辛(냄비에 壬(물)과 乙(나물)을 넣어 가열해야 財(돈)가 되니 중탕집이다 등 이런 통변을 가능하게 하는 자료를 귀하게 입수하게 되었습니다.
　→ 이 물상론 사주학의 정수는 세상에 공개할 시기를 살피고 있습니다. 자연의 소리에서는 또다시 역학계를 놀라게 할 것입니다.
　사주 명리학이 인간 생활의 사사로운 영역에까지 영향이 미칠 수 있다는 사실에 대한 눈이 크게 떠지면서 더불어 사주 명리학의 동정론을 확립하는 동시에 하상역법과 추신론에 대한 깨달음이 있었으며, 그에 대한 연구를 집중하기 시작했습니다.

1997년 이 시기에는 하상역법(何象易法)에 이어 추신론(推神論)이 점차 완전한 모습으로 완성되고, 그와 월령도의 가령장과 함께 월령도를 다시 연구하기 시작했습니다. 그러다 보니 점차 사주 명조를 통한 직접적인 감정은 서서히 소홀히 하게 되었고, 대신 하상역법, 추신론, 사주심역 등을 통한 감정에 의존하게 되었습니다.

1997년 말경 이후 약 10년 간은 주로 부산진구 동보서적(지금은 없어짐), 영광도서에 가서 출간된 명리학 도서를 대부분 읽어 내려가면서 그간 정리했었던 사주 명리학의 프레임에 여러 다양한 저자들의 생각을 다시 검증해 보는 시간을 가졌습니다. 그 과정에서 그들의 생각과 저의 사주 명리학 이론을 상호 비교하면서 새롭게 취할 것은 취하고 버릴 것은 버리는 과감한 판단을 했습니다.

이 시기에 부산진구 부전동에 있는 월산 철학관 최상순 여사님의 적극적인 지원에 힘입어 역학인들을 상대로 사주학과 기문학을 강의하기 시작했었습니다.

1998년 삐~삐~ 소리와 함께 연결되는 PC 통신 01400 나우누리와 하이텔과 인연이 되어 그곳에서 많은 역학인들을

PC 통신으로 만나게 되었습니다.

1994년경에 입수한 인연법 진여비결을 박도사의 것으로 오인한 채 하이텔과 나우누리에 박도사의 인연법이라고 하면서 그 내용을 연재하였습니다. 진여비결을 박도사 인연법이라고 명칭한 장본인이 저입니다.

하이텔에서는 박도사가 누구이냐? 이름도 없는 사람이네 하면서 인연법 진여비결의 가치를 폄하하기를 서슴지 않았던 분위기였고, 더욱 재미있는 일은 하이텔에서 이 진여비결을 인정하지 않으려는 분위기이었으나 후문에 의하면 그런 사람들이 더 열심히 인연법 진여비결을 공부하더라는 것입니다.

이렇듯 진여비결을 박도사 인연법이라고 잘못 지칭했었던 제가 훗날 그것이 박도사와 관련 없는 신수훈 선생님의 진여비결이라고 해명을 했지만, 저의 말을 믿지 않는 웃기지도 않는 상황도 있었습니다.

PC통신을 통하여 학인들과 교류를 하면서 사람들을 알아갔었고, 1999년에는 경남 진해시에 사시는 사주 명리학의 대가이신 김분재 선생님과 인연하게 되면서 지금은 역학계에서 가장 신뢰하는 관계로 이어집니다.

2000년 이후에는 PC 통신에서 인터넷 문화로 접어들면서 역학인들을 만나는 횟수를 상당수 줄였습니다.

2005년경에 신수훈 선생님을 만나면서 과거에 제가 박도사 인연법이라고 잘못 말한 바 있는 진여비결의 정수를 직접 전수받게 되면서 인연법인 진여비결을 보다 완전한 형태로 정리하였습니다.

2007년부터 2009년까지 약 3년 간은 전국에서 나름 사주 좀 본다는 상당수의 역학인들이 부산으로 저를 찾아왔었고 저는 그들과의 만남에서 그들의 생각을 들어 보았습니다

때로는 좋은 의견을 주시는 분도 계셨습니다. 그리고 옳다고 여겨지는 부분은 분명히 참고했습니다. 반면 가당치 않은 소리를 하는 경우는 그냥 이야기를 들어 주기만 하는 등 역학 이론을 서서히 다듬어 갔었습니다.

그간 만나 본 역학인들 대부분은 그의 명성과 실력은 전혀 무관하더라는 것이 결론이었습니다. 오히려 이름 없는 술사 중 고수가 많았습니다.

이 당시 부산 사하구에서 도원정형외과를 운영하시는 박상호 원장님과 대구에서 건설업을 하시던 석성길 선생님(별세)과의 인연은 각별합니다.

박상호 원장님은 의사라는 신분을 가지고 계시면서 사주 명리학의 정수마저 습득하신 분으로서 현재 자연의 소리 운영진 회장님으로서 김분재 선생님과 더불어 실전에 능한 대가입니다.

　2000년대 들어서서는 과거에 그 많은 고수들은 하나둘 세상을 등지면서 어느새 제가 사계에 고참격이 되었습니다. 그러다 보니 저 스스로 언론에 별다른 접촉이 없었음에도 자연스럽게 각종 언론 매체로부터 오락 프로, 시사 프로에 출연, 인터뷰 등 많은 요청이 있었습니다. 그렇지만 그 출연이 역술을 업으로 하지 않은 저에게는 아무런 도움이 되지 않기에 일체의 접촉을 하지 않았습니다.
　굳이 애써 방송이나 언론에 노출되어 저 자신을 광고할 실익이 없었기 때문이었습니다. (이후 2015, 2016년 연말 처음 국운 예언으로 언론에 노출)
　2010년 故 바이소호 최호경 대표와 함께 전국역학한마당 행사를 기획했습니다.
　제1회 행사 때 부터 120명이 넘는 분들이 참여하시는 등 그간 5년 간 5회에 걸쳐 행사가 진행되었으며 매번 120~135명이 참석하는 그 당시로는 전국 최대의 역학인들 행사이었습니다.

저의 개인적인 사정 등으로 6회 부터 진행하지 못하고 있지만 조만간 다시 이어 갈 것입니다.

2012년 이후 모 대학교와 인연이 되어 그곳에서 사주 명리학을 몇년 간 강의한 적이 있습니다.

저는 적어도 이 학과를 졸업하는 경우 최소한 어느 정도의 통변을 할 것을 기대하면서 나름 스승으로서의 양심을 걸고 강의를 했습니다. 그리고 학교 강의 외 별도의 모임을 통해서도 아무런 대가 없이, 그리고 일체의 사익을 챙기지 않고 최선을 다했습니다.

그러나, 뜻하지 않은 일들이 터지기 시작합니다. 2014년 10~12월 사이 이상한 조짐이 일기 시작하더니 급기야 2015년 2월 위 학교에서의 그간의 노력과 정성은 온데간데 없고 얼토당토않은 그리고 저 자신도 처음 듣는 그러한 루머에 휩싸이게 되었습니다.

그 가운데서도 저를 믿고 따라 주는 전국의 많은 학우들의 격려가 있었지만 저는 '학교 인연은 이제 그만하라'는 하늘의 뜻이라는 생각이 들었고 차라리 모두 내려놓는 것이 훨씬 좋겠다는 판단에 그 결백을 증명하기 위한 방편으로 저의 모든 강의를 중단했습니다.

그 과정의 내용을 글로 쓰려면 아마도 A4 용지 20매 이상의 내용이 될 것입니다. 이왕지사 지나간 일들 저 혼자 안고 가면 더 이상 업이 순환되지 않을 것이라고 생각되어 그냥 안고 갑니다. 그렇지만 그 과정에서 저의 결백을 믿고 저를 지켜 주려던 많은 이들의 가슴에 씻을 수 없는 상처가 남았습니다.

그래서 2015년 2월 이 모든 것이 저와 인연한 탓이라는 마음과 그간 끝까지 저의 진정성을 믿어 준 것에 대한 답례로 그리고 도원결의하는 마음으로 그분들과 ○○○연구회라는 이름으로 역학 연구를 함께하게 되었습니다.

2016년 여름입니다.

앞서 언급한 그 ○○○연구회 구성원들의 다양성을 위하는 한편 더 많은 분들에게 기회를 드릴 방편을 궁리하면서 그 연구회의 상당수의 회원과 사주 명리학을 배우고 싶은 진정한 열의를 가지신 분들이 모인 '현장술사'라는 모임으로 다시 규합됩니다.

그간의 ○○○연구회의 구성원이 대학의 학부생들이 중심이었던 점과 달리 '현장술사'라는 모임의 구성원은 학력, 재력, 권력과는 무관하면서 오로지 역학을 사랑하는 사람들을 중심으로 인적 구성이 되어 갑니다.

그리고 '현장술사'는 여타의 일반 모임과는 달리 좀 더 전문적인 술사가 되는 길로 안내합니다. 이론이 말이나 글에 의한 것보다는 현장에서 이론이 어떻게 적용되는지가 더욱 중요함을 강조하면서 습득하는 과정들입니다.

그곳은 파벌과 사익이 없는 오로지 동양 역학만을 주제로 하여 연구하면서 공부하는 곳으로 되어 있습니다. 모두가 이곳에 있는 한 하늘의 인연이라는 생각뿐입니다. 과거의 상처가 약이 된 탓인지 이곳에 들어오기는 까다롭습니다. '현장술사' 모임은 저의 최측근 역학인들이 있는 진관역학회의 베이스가 되는 학습관입니다.

'진관역학회(鎭觀易學會)'는 1999년경부터 류지웅, 김분재 선생님 등이 주축이 되어 스터디가 시작되었습니다. 그 당시에는 '부산경남사주공부모임'이라는 이름으로 역학을 연구했지만, 2010년을 기점으로 하여 진관역학회라는 명칭으로 현재에 이르고 있습니다.

그간 진관역학회에 잠시 머물렀다가 오래 있지 못하고 나가는 이들도 있었습니다. 역신(易神)의 비인부전(非人不傳)의 의미인지는 모르겠으나 인연이 멀어진 이들은 항간에 알려진 역학 이론에서 벗어나지 못한 채 진관역학회의 역학 정수의 기본수의 문턱에서 그만 인연이 멀어져 갔습니다.

2016년 6월 말 마곡사에서,

10년 전 인연법 진여비결의 정수를 전해 주신 신수훈 선생님으로부터 '진여비결' 해설서를 한 번 써 보라는 권유를 받았습니다.

8월 한 달 내내 진여비결 해설서의 원고를 쓰는 데 매진한 결과 그 9월에 진여비결 총 46가지 모든 공식을 망라한 '인연법 진여비결 해설'을 이 세상에 첫선을 보였습니다.

그리고 전국에 계시는 많은 명리학자들로부터 뜨거운 사랑을 받게 되면서 초판 2쇄 인쇄를 하였습니다.

2017년 3월 중순에는 윤경선, 김초희, 김재근, 조소민 선생님이 저의 강의실 어록을 담은 『설진관 명리학 야학신결』이라는 명리학 통변서를 출간했습니다.

그 『설진관 명리학 야학신결』의 원고를 정리할 당시만 해도 사주 명리학자로서 갖추어야 할 최소한의 기본수의 이론이 정리된 사주 명리학의 기본서를 만든다는 생각만으로 이론 구성을 했었습니다. 명실상부한 자연의 소리의 명리학 기본서이었습니다.

그런데 이 『설진관 명리학 야학신결』이 세상에 공개되고 나서 명리학 도서 중에 여러 차례 주간 베스트셀러에 올라가는 등 실로 놀라지 않을 수 없었고, 이제는 많은 이들의 극찬이 끊이지 않고 있습니다.

그간의 마음고생이 모두 연기가 되어 맑은 하늘에 떠 있는 예쁜 무지개가 된 것 같았습니다.

덕분에 제가 많은 이들로부터 감사의 쪽지, 메일, 전화 그리고 인사 말씀을 들었습니다.

그중 기억에 남는 인사 말씀으로 어떤 이는 발간된 지 2달 만에 이미 3회독을 했다는 말씀도 들었고, 어떤 이는 10회독까지 했다는 말씀도 들었습니다. 또 그간 논리적이지 못하고 이현령비현령이었던 명리학 이론에 논리가 결합되어 통변의 논리성을 갖추게 되면서 통변술 명리학으로 명쾌하게 밝혀 놓았다는 칭찬도 들었으며, 그간 그 어떤 누구도 답을 주지 못하던 이론들이 『야학신결』에 모조리 정리되어 있어서 『야학신결』을 읽어 가는 내내 감동의 순간이 겹치면서 눈물까지 흘렸다는 말씀도 있었습니다.

처음 원고를 정리할 무렵에 나름 기준이 있었습니다. 그것은 '**사주 명리학자로서 알아야할 이론의 수준이 적어도 이 정도는 알아야 하지 않겠느냐. 사주 명리학의 기본서의 가이드 라인을 제시하자**'는 차원에서 시작했으나 막상 뚜껑을 열고 보니 그것이 사계에는 고급 명리 통변 교과서가 된 것입니다. 편저자들이 더 놀란 것입니다. 이것이 한국의 역술의 현주소이었던 것입니다.

시간이 허락한다면 장래에 '설진관 명리학 야학신결'보다 더 깊이 있는 이론서가 계속 발간되도록 하겠습니다.

2017년 10월
『야학신결』의 부록으로 들어가 있는 '설진관 추명가 100선'에 대한 해설서가 만들어지고 있습니다. 저의 역학 정수의 최측근인 자연의 소리 운영진인 진관역학회 박상호 회장님을 중심으로 원고가 정리되고 있습니다.

역(易)은 진정성 있는 사람의 눈에는 쉽게 보이며 지름길로 안내된다.

역(易)은 진정성 있는 사람의 눈에는 쉽게 보이며 지름길로 안내된다.
반면, 그렇지 않은 사람의 눈에는 쉽게 보이며 않으며, 가까운 거리도 돌아가게 된다.

설진관 小考

49 아는 만큼 보입니다.

　인연법 진여비결 해설은 초보용으로 나온 책이 아닙니다. 그러므로, 학습하기에 앞서, 일러두기 등 많은 조언들이 기록되어 있습니다. 꼭 읽어 주시기를 바랍니다.
　진여비결은 아는 만큼 적용되며 아는 만큼 적중됩니다.
　초보의 눈에는 맞는 것 같기도 하고 아닌 것 같기도 하고, 때로는 어떤 건 맞는 것 같기도 하고 어떤 건 틀리는 것 같기도 하는 등 어리둥절할 것입니다.
　공식이 많다고 말씀하시는 분도 계실 겁니다.
　아직 개념 정리가 되지 않아 그러실 수 있습니다.
　어떤 분은 사주에 년주를 대비하는 방법에 고개를 갸우뚱하실 겁니다. 저 역시도 초학 때는 그랬던 기억이 있습니다.

　그러나, **인연법 진여비결을 여러 번 반복해서 읽고 이해하시면 어느 순간 전체 공식이 한눈에 들어오면서 다양한 응용법이 절로 생겨날 것입니다.**
　그래서 **아는 만큼 보일 것이라고 말씀드리는 것이니, 두고두고 반복해서 보시기를 당부드립니다.**
　여러 명이 모여서 스터디 그룹을 만들어 학습하는 방법도 좋습니다. 꼭 한 번 해 보시기 바랍니다.

50 이론 학습과 실전 통변, 여러분은 어떻게 상담하시나요?

이 글은 제가 실제로 상담했던 내용을 근거하여, 과연 일반 역학인들이 내방객을 상대로 어떻게 상담하는지에 대한 유형을 분류해 보았습니다. 과연 여러분은 어느 유형에 해당하는지 스스로 점검을 해 보시면서 내방객에게 감동을 줄 수 있는 상담 통변법을 찾아보시기를 당부합니다.
자! 시작합니다.

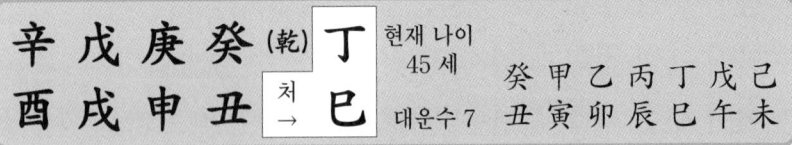

이 사주의 주인공이 내방하였다면, 여러분은 내방객들에게 과연 어떤 방식의 통변으로 상담에 임하고 있는가요?

甲

역술인) 戊土가 申月에 출생하고 月時에 식상이 투출하여 식상을 제거할 수 있는 인성을 찾아야 하니 인성 火는 좌하 고장지에 숨어 있으니 할 수 없이 土로써 용신을 잡아서 일간과 함께 金을 방어해야 하는 사주이다.

내방객) 예... (뭔 말인지...)

역술인) 火土運으로 흘러야 되는 사주이므로 46세까지는 좋은 운이었으나 이후로는 木運으로 흘러가니 용신 土가 파극당하니 조심해야 한다.

내방객) 예... (뭔지 몰라도 불안...)

辛	戊	庚	癸	(乾)	丁	현재 나이 45세	癸 甲 乙 丙 丁 戊 己
酉	戌	申	丑	처→	巳	대운수 7	丑 寅 卯 辰 巳 午 未

乙

역술인) 月支가 申月이라 식신이 투출하여 식신격으로 보아야 하나 시상에 辛金이 竝出하였고, 지지는 申酉戌로 金局으로 식상국을 형성하였다. 반면에 일간은 좌하에 비견과 년지에 겁재로 旺金을 감당하여야 할 운명이다.

내방객) 예... (뭔 말인지...)

역술인) 다행인 것은 초년에 火土運으로 흘러서 일간을 생조하므로 일간이 旺金을 능히 감당하고 火는 旺金을 억제하니 초년운에 戊土는 그런 대로 좋은 환경 속에서 좋은 학교로 진학했을 것이다.

내방객) 예... (말이 참 어렵다)

```
辛 戊 庚 癸 (乾)  丁    현재 나이      癸 甲 乙 丙 丁 戊 己
酉 戌 申 丑  처→ 巳    45세           丑 寅 卯 辰 巳 午 未
                      대운수 7
```

丙

역술인) 戊土가 處暑가 지나서 출생하였기에 서서히 金氣가 왕성하게 진행되며, 地支에 金局을 이루고 있고 천간에 金水가 투출하였기에 火가 필요한 사주가 틀림이 없다.

내방객) 예..(뭔 말인지...)

역술인) 다행인 것은 좌하 戌中의 火가 투출되지 않고 지장간에 숨어 있는 것이 행운이다. 만일 火가 투간되었다면 金氣의 힘을 받은 癸水에 의하면 火는 제어되므로 이 사주는 단명하였을 것이다.

내방객) 예..(뭔 말이여? 내가 단명?...)

丁

역술인) 申月에 출생한 戊土는 주변에 金氣가 많아 나무 한 그루 풀잎 하나 키우지 못하고 있으니 노력은 하지만 하는 일마다 그 뜻을 피우지 못하고 만다.

내방객) 예..(일단 나쁜 것 같아)

역술인) 그렇지만 대운이 지지 火로 흘러가면서 旺한 金氣를 제어한 후 드디어 木運으로 흘러가니 戊土는 그 木을 생조할 수 있으니 비로소 내 뜻을 피울 수가 있게 되는 것이니 벼슬길에 나아가는 것이다.

내방객) 예.. (내가 공무원 된 것 말하나?)

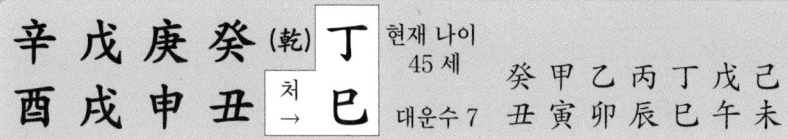

戊

역술인) 본시 이 사주의 인연은 공직에 뜻을 두겠지만 마음과 같이 이루지 못하고, 설령 일시 공직에 나아갔다고 하더라도 그 생활이 오래가지 못하고 끝나게 된다.

내방객) 예...

역술인) 만일, 일주가 무근하여 1977년 丁巳生과 인연이 되었다면 무관직인 공직의 꿈을 키울 수 있고 그 생활도 승승장구할 것이다.

내방객) 1977年生(丁巳生) 처를 만난 후 경찰 시험에 합격하였습니다.

역술인) 혹여 1976년 丙辰生과 인연이 되었더라면 무관의 길을 걷기가 힘들게 될 것이며, 오히려 힘든 세월을 보내야 되는 것이니 丙辰生을 가까이하지 말라.

내방객) 경찰 시험에 합격하기 전 학원에서 경찰관 시험을 준비할 당시에 1976年生 여성과 사귀었는데 그때는 매번 떨어졌습니다.

역술인) 1977年生 여성과 혼인하였다면 그녀와의 사이에는 아들을 둘 수 있는 인연인데 아들을 낳았나?

내방객) 아들 둘을 낳았습니다.

역술인) 금년에 승진 문제로 문의하러 왔나?

내방객) 예, 금년에 승진을 준비하고 있습니다. 잘될까요...

역술인) 승진을 하려면 갖추어야 할 조건들이 있는데 현재 ?를 준비하지 못하였구나.
만일 ?를 준비한다면 승산이 있다.

내방객) 예, 아직 ?를 준비하지 못했습니다.

역술인) 그렇지 않으면 내년이 되어야 한다.

내방객) 예... 노력해야겠네요..

(여기까지는 진여비결과 야학신결을 완전히 습득한 경우라면 누구나가 충분히 상담할 수 있는 내용입니다.)

여러분은 위 甲 乙 丙 丁 戊 중 과연 어떤 패턴으로 내방객의 맞이하는가요?

혹시 甲 乙 丙 丁 처럼 내방객을 상대로 명리학 강의를 하고 있지는 않는지...
대다수 명리학자들이 내방객들에게 오행을 설명하고 격국을 설명하는 경우가 대부분일 것입니다.

저는 여러분께 戊 의 통변 방식을 제시합니다. 이 방식은 실제 제가 임하고 있는 방식입니다.
통변이라는 것은 실생활에 적용하여 살아 있어야 하는 것입니다.
상황에 따라서는 더 깊은 내용의 감정으로 진입합니다.
말이나 글 그리고 이론에 치우친 것이라면 그 학문은 이미 죽은 것이나 진배없을 것입니다.
이제는 내방객을 상대로 살아 있는 사주 명리학 통변으로써 그들에게 마음의 길을 열어 주어야 합니다.

그것이 미래 지도자의 길인 것입니다.

설진관 명리학 야학신결(野學神訣)

1. 설진관 명리학 야학신결(野學神訣) 소개

'설진관 명리학 야학신결(野學神訣)'은 1990년대부터 부산의 명리학자들 사이에 고급 통변술 강의로 유명했던 설진관 선생님의 강의록이다.

그간에 여기저기 암암리에 거래되었던 설진관 선생님의 강의 육성 녹음 파일과 노트 등이 정리된 **명리학 통변교과서**이다.

윤 경 선

* 1955년 경남 마산 출생
* 在野 동양 역학 및 인문학 연구가
* 현보 철학역학원 운영(부산)
  010 - 5555 - 5028
* 현장술사 역학연구회 정회원

김 초 희

* 1966년 대구 출생
* 동양학 전공
* 출판사 창조명리 대표(대구)
  (www.창조명리.co.kr)
  053 - 767 - 8788
  010-3823-8788.
* 진관역학회 정회원

김 재 근

* 1973년 경북 영양 출생
* 동양학 전공
* 김재근 철학역학원 운영(부산)
  010 - 8796 - 8916
* 현장술사 역학연구회 운영위원

조 소 민

* 1975년 부산 출생.
* 교육심리학 박사과정 수료
* 대운철학연구원 운영(부산)
  010 - 8020 - 4544

정가:38,000원 / 주문: 전국 인터넷 서점 및 부산 영광도서
출판사 창조명리 053-767-8788 / 010-3823-8788

2. 설진관 명리학 야학신결(野學神訣) 목차 소개

제1편 명리학의 구조

1. 사주 명리학과 실용성	22
2. 역(易)이란 무엇인가?	22
3. 역의 활용	25
4. 사주의 내면구조(궁위)	25
5. 사주와 대운, 세운(사주학의 통변 구조)	29
6. 사주 명리학 통변을 위한 도구	32
⑴ 천간과 관련한 통변의 팁	32
⑵ 지장간의 종류와 모습	38
7. 육신의 기본 개념 및 통변의 확장	39
⑴ 육신의 기본 개념 정립 및 통변의 확장	39
⑵ 초보를 위한 간단 분류 해설	39
⑶ 육신의 Story를 통해 고수로 가 보자!	40
⑷ 실전을 위해서 반드시 암기해야 할 분류	42
⑸ 육신의 별칭	42

제2편 통변을 위한 기본 준비

제1장 간단 用神 定法(용신 정법)	43
제2장 身數 速看法(신수 속간법)	56
제3장 통변을 위한 기본 정리	57

제1절 특정 육신이 많은 경우 통변의 팁 ... 57
1. 특정한 육신이 많은 경우의 일반적인 통변 ... 57
(1)비겁이 많은 경우 ... 57
(2)식상이 많은 경우 ... 57
(3)재성이 많은 경우 ... 58
(4)관성이 많은 경우 ... 58
(5)인성이 많은 경우 ... 59
(6)질병 판단 ... 59
2. 특정한 육신이 많은 경우 고수들의 통변 ... 60
(1)비겁이 많은 경우 ... 60
(2)식상이 많은 경우 ... 61
(3)재성이 많은 경우 ... 62
(4)관성이 많은 경우 ... 62
(5)인성이 많은 경우 ... 63
제2절 지지간에 일어나는 현상을 통변하는 팁 ... 65
1. 沖(충), 刑(형), 怨嗔(원진), 破(파)의 관계 ... 65
(1)沖(충)이 과연 깨진다고 통변 될까? ... 65
(2)怨嗔(원진)을 어떻게 통변하지? ... 68
(3)破(파)가 이렇게 통변 될 줄이야 ... 72
(4)刑(형)의 통변은 이렇게 한다! ... 75
2. 실전성 있는 신살의 활용법 ... 79

(1) 白虎大殺(백호대살)의 통변　79
(2) 害(해)=相穿殺(상천살)의 사용법　80
(3) 急脚殺(급각살)의 활용　81
(4) 鬼門關殺(귀문관살)이라 무조건 정신병자가 아니다　81
(5) 陰陽差錯殺(음양차착살)의 통변　84
(6) 湯火殺(탕화살)은 이런 것　84
(7) 落井關殺(낙정관살)도 알아두자　85
(8) 魁罡殺(괴강살)도 알아두자　85
(9) 天羅地網(천라지망)의 통변　85
(10) 羊刃殺(양인살)의 본래 모습　86

제4장 空亡(공망)에 대한 고정 관념을 부셔라!　88

1. 공망의 이해와 실전 활용　88
2. 공망의 진실? 空+亡　88
3. 공망의 형성　91
4. 공망의 활용과 표출 기준　94

제5장 納音五行을 활용하는 법　100

1. 納音五行(납음오행)　100
2. 納音五行 표출　101
3. 納音十二運星으로 인간의 내면을 알아보는 법　103
4. 납음을 활용한 건강운 보는 법　108

5. 납음을 활용한 장수, 단명을 보는 법　　112
　　6. 納音五行(납음오행)을 활용한 신축, 이사 판단　　114

제3편 십이신살과 십이운성의 실전에서 활용법

제1장 십이신살 및 십이운성 구성　　117
　　1. 십이신살　　117
　　2. 십이운성(=포태법)　　118

제2장 고수들의 비밀병기 十二神殺(십이신살)　　123

제1절 십이신살 (비밀병기 1)　　123
　　1. 劫殺(겁살)　　123
　　2. 災殺(재살)[=囚獄殺(수옥살)]　　128
　　3. 天殺(천살)　　130
　　4. 地殺(지살)　　131
　　5. 年殺(년살)[=桃花殺(도화살)]　　133
　　6. 月殺(월살)　　136
　　7. 亡身殺(망신살)　　139
　　8. 將星殺(장성살)　　141
　　9. 攀鞍殺(반안살)　　143
　　10. 驛馬殺(역마살)　　145
　　11. 六害殺(육해살)　　148
　　12. 華蓋殺(화개살)　　150

제2절 십이신살 (비밀병기 2)　　153

■ 十二神殺(십이신살)의 별칭과 부기법　　153
　　1. 劫殺(겁살)　　155
　　2. 災殺(재살)　　159
　　3. 天殺(천살)　　165
　　4. 地殺(지살)　　169
　　5. 年殺(년살)　　174
　　6. 月殺(월살)　　177
　　7. 亡身殺(망신살)　　181
　　8. 將星殺(장성살)　　184
　　9. 攀鞍殺(반안살)　　187
　　10. 驛馬殺(역마살)　　189
　　11. 六害殺(육해살)　　193
　　12. 華蓋殺(화개살)　　196
　제3절 十二神殺(십이신살)의 요약 및 응용법　　198

제3장 고수들의 비밀병기 十二運星(십이운성)　　202
제1절 十二運星의 개념 바로 알기와 실전 活用法　　202
　　1. 長生(장생)의 통변　　204
　　2. 沐浴(목욕)의 통변　　209
　　3. 冠帶(관대)의 통변　　214
　　4. 建祿(건록)의 통변　　220
　　5. 帝旺(제왕)의 통변　　224

6. 衰(쇠)의 통변	229
7. 病(병)의 통변	233
8. 死(사)의 통변	236
9. 庫(고)=墓(묘)의 통변	240
10. 絶(절)의 통변	246
11. 胎(태)의 통변	250
12. 養(양)의 통변	254
제2절 십이운성의 실전 통변 활용법	258
1. [명조 내] 십이운성 활용법 - 1	258
2. [명조 내] 십이운성 활용법 - 2	260
3. [대운에서] 십이운성 활용법 - 3	265
4. [신수(세운) 풀이에서] 십이운성 활용법 - 4	271
5. 고수들의 향연 - 日辰圖法(일진도법)	273

제4편 인연법 진여비결(因緣法 眞如秘訣)

제1절 인연법 진여비결 (공식 46)	275
제2절 인연법 진여비결의 감정 실례 공개	278

제5편 (秘傳) 象論 사주학 개괄

1. 甲木	287
2. 乙木	289
3. 丙火	291
4. 丁火	293

5. 戊土	295
6. 己土	297
7. 庚金	299
8. 辛金	301
9. 壬水	303
10. 癸水	305

제6편 고수들의 비술 내정법(來情法)

제1장 내정법의 개요	309
제2장 내방객의 심금을 울리는 '사계단법' (일명. 낙화비법)	309
1. 사계단법의 원리와 활용법	330
2. 사계단의 응용	342
3. 사계단법 명반 구조도	344
제3장 앉아서도 아는 도사법 '좌지방'	345
1. 좌지방의 구조	348
2. 좌지방에 있어 사용되는 육신의 개념	349
3. 時支는 십이신살을 적용하여 판단한다	352
4. 시주 이외의 글자 응용(생극 관계를 살핀다)	354
5. 問占者가 여러 명 동시에 왔을 때 보는 방법	360
제4장 완전 풀이 八柱 來情法(팔주 내정법)	368
1. 財物을 나누어 가진다	368

2. 財物을 두고 싸운다   369
3. 상대 좋은 일만 한다   369
4. 모친의 로맨스   370
5. 사랑에 빠지다   371
6. 문서가 묶였다   371
7. 재물 문제로 시비가 있다   372
8. 친구와 문서를 잡다   373
9. 친구와 돈 문제로 다툰다   374
10. 협의 이혼하다   375
11. 두 남자를 만난다   377
12. 동기간 갈등 문제   378
13. 금전 문제 합의   379
14. 잘못 만난 인연   380
15. 직장 변동과 금전 손실 발생   381
16. 타인이 나의 문서를 노린다   382
17. 송사 관련   383
18. 아들, 딸의 출산 여부 문점   385

제7편 실전으로 통하는 통변 25선 분석

1. 이복형제를 두는 경우   386
2. 가출인이 있는 방향과 돌아오는 시기?   389
3. 잃어버린 물건이 있는 곳은?   392

4. 동성(同性)에 끌리는 경우	394
5. 빗나간 사랑, 이루어지기 힘든 사랑	396
6. 아버지 외 아버지를 두는 경우(모친의 재취, 재혼)	398
7. 어머니 외 어머니를 두는 경우(부친의 애정사)	399
8. 서출 인생(庶出人生)	401
9. 애인 두는 여성	403
10. 애인 두는 남성	405
11. 자식 낳은 후 남편과 불화하는 경우(得子別夫)	408
12. 처녀가 잉태하는 사주	415
13. 총각이 득자(得子)하는 경우(자식 있는 여자와 인연)	417
14. 유산, 낙태하는 사주	420
15. 交通事故 나는 해	422
16. 남녀에게 애인이 생기는 시기	425
17. 이사 가능성 운은?(장기 파견 근무에 적용)	427
18. 송사, 구설수 생기는 운은?	430
19. 복음운	432
20. 일간의 록(祿)이 재물을 의미하기도 한다	437
21. 형사 입건, 감금, 납치, 입원 되는 시기	440
22. 자궁 질환을 조심해야 한다	443
23. 혼인 시기	446

24. 매매운 451
25. 임신한 내방객의 아들, 딸 구분 456

제8편 운기론 사주가들을 위한 직업 추론법

제1장 일반적인 직업 판단 방법 458
제2장 적천수천미(임철초 보주) 용신 분류법에 의한 직업 판단법 459

  1. 신강(신왕)사주인 경우 직업 추론 459
   (1)비겁이 많아 신강한 경우 459
     ①관성이 있고 관성이 힘 있는 경우 460
     ②관성이 약한데 재성이 힘 있는 경우 460
     ③관성과 재성이 없고 식상이 있는 경우 460
   (2)인성이 많아 신강한 경우 461
     ①재성이 있고 재성이 힘 있는 경우 461
     ②재성이 약한데 식상이 있고 힘 있는 경우 462
     ③식상과 재성이 약한데 관성이 있는 경우 462

  2. 신약사주인 경우 직업 추론 464
   (1)식상이 왕성하여 신약인 경우 464
     ①인성이 있는 경우 464
     ②인성이 없는 경우 465
   (2)재성이 왕성하여 신약인 경우 466
     ①비겁이 있는 경우 466
     ②비겁이 없거나 너무 약한 경우 466

③인성이 중요한 역할을 하는 경우 관성을 사용한다	467
⑶관성이 왕성하여 신약한 경우	469
①인성을 사용	469
②비겁을 사용	470
③식상을 사용	471
3. 종격인 경우 직업 추론	473

제9편 刑沖會合 동정론의 모든 것

설진관 小考	478

제10편 刑沖會合 동정론의 실전에서 해법

제1장 天干과 地支의 진실	481
제2장 天干과 地支의 관계성	485
1. 天干과 地支의 개념 차이	487
2. 형충회합 개념과 용도	488
3. 지지의 특성:십이신살	489
4. 십이운성과 坐支(좌지)	490
제3장 動의 基本 原則	491
제4장 형충회합 통변연습	501

제11편 (特秘) 실제 감정 사례 전격 공개

1. 實戰 通辯 - 1 女命	506
2. 實戰 通辯 - 2 女命	507

3. 實戰 通辯 - 3 女命	508
4. 實戰 通辯 - 4 女命	509
제12편 설진관 선생님의 명리학 小考	**511**
『부록』 설진관 선생님의 추명가 100선	**517**
EPILOGUE	531

3. 설진관 명리학 야학신결(野學神訣) 주요 내용 소개
⑴ 破(파)의 통변은 이렇게 한다. (야학신결 72쪽)

再, Again이다.

① 破의 뜻: 다시(再), 재결합

② 破의 종류

　子酉, 丑辰, 寅亥, 巳申, 午卯, 戌未

③ 통변 팁

다시, 재결합의 뜻을 활용한다.

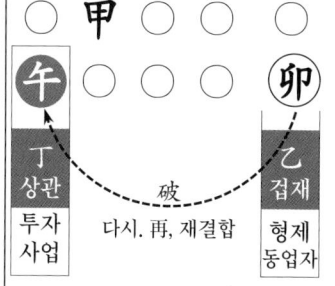

■ 비겁에 破가 붙으면

　㈎ 卯運이 오면 午卯破가 되어 卯에 破가 붙는다.

　㈏ 卯中乙木 겁재에 破가 붙어 형제, 동업자에 '다시, 재결합'의 뜻이 붙는다.

㈐ 헤어진 형제, 친구를 다시 만나는 것을 뜻한다.

㈑ 전에 만났던 동업자와 다시 만나는 것을 뜻한다.

■ 식상에 破가 붙으면

　㈎ 卯運이 오면 午卯破가 되어 午에 破가 붙는다.

　㈏ 午中丁火 상관에 破가 붙어 투자, 사업에 '다시, 재결합'의 뜻이 붙는다.

　㈐ 전에 했던 투자, 사업을 다시 한다는 것을 뜻한다.

(2) 刑(형)의 통변은 이렇게 한다! (야학신결 75쪽)

① 刑의 뜻

刑은 구덩이에 사람을 넣어 벌주는 것을 형상화한 한자로 '벌주다' 라는 뜻이 있어 벌주다, 벌받다, 아프다, 다친다, 나쁜 일이 발생한다.

② 刑의 종류

　三刑 : 寅巳申, 丑戌未

　刑 : 子卯

　自刑 : 辰辰, 午午, 酉酉, 亥亥

③ 통변 팁

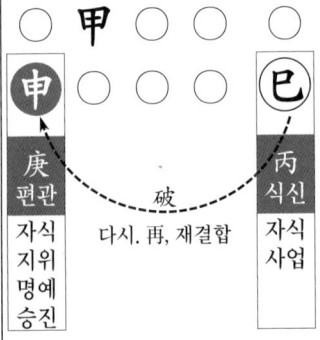

■ 식상에 刑이 붙으면

㈎ 巳運이 오면 巳申刑이 되어 申과 巳에 刑이 붙는다.

㈏ 巳中丙火 식신에 刑이 붙어 자식, 사업에 刑이 붙는다.

㈐ 내 자식, 내 사업이 벌을 받는 것이다.

■ 관성에 刑이 붙으면

㈎ 巳運이 오면 巳申刑이 되어 巳와 申에 刑이 붙는다.

㈏ 申中庚 편관에 刑이 붙어 자식, 지위, 명예, 승진에 刑이 붙는다.

㈐ 내 자식, 지위, 명예, 승진에 벌받는 것이다.

(3) 납음오행을 활용한 신축, 이사 판단 (야학신결 116쪽)

①月柱에서 택신을 찾아야 하고 택신이 다쳐서는 안 된다.

②택신을 찾는 법(만약 대주의 月柱가 甲子라고 하면)

   (개)月柱 甲子에서 택신을 찾아야 하는데

     (ㄱ)천간 : 月柱의 천간 甲과 合하는 것

     (ㄴ)지지 : 月支와 沖하는 글자의 한 칸 뒤의 地支

   (내)택신은 己巳가 된다.

③택신과 세운 관계의 경우는 5가지로 다음과 같다.

 세운이 택신을 剋하면 신축, 이사하면 안 된다. 상극 관계가 되어 나쁘다.

 택신이 세운을 剋하면 신축, 이사하면 안 된다. 상극 관계가 되어 나쁘다.

 세운이 택신을 生하면 신축, 이사해도 좋다. 상생 관계가 되어 좋다.

 택신이 세운을 生하면 신축, 이사해도 좋다. 상생 관계가 되어 좋다.

 택신과 세운이 같으면 신축, 이사하면 보통이다. 동일 오행이 되면 보통이다.

(4) 사계단법의 원리와 활용법 (야학신결 322쪽)

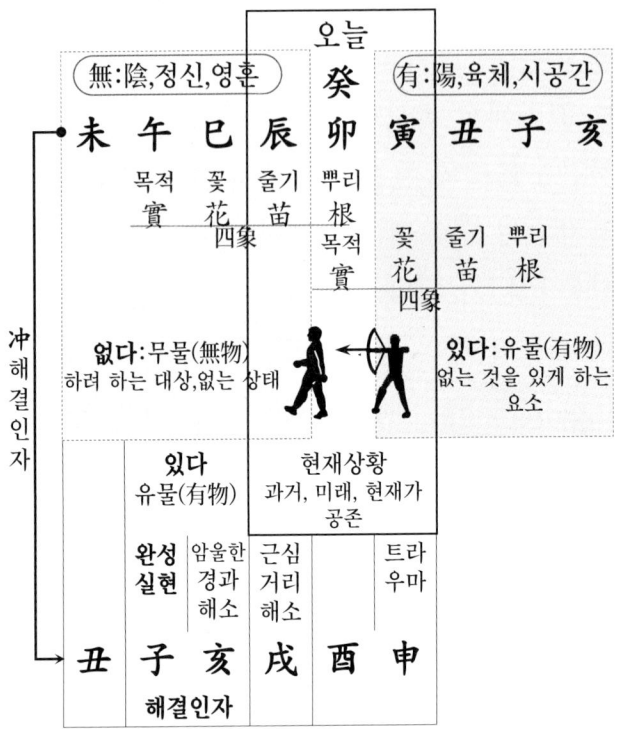

오늘은 과거(근묘화실:子丑寅卯)에서 완성된 것이고, 내일은 오늘에서 시작하여 근묘화실(卯辰巳午)로 만들어 가는 것이다.

그러면 씨를 뿌리면 싹이 나는데 辰에 싹이 있을까 없을까 하면 있다, 없다라고 단정하여 말할 수 없는 상태이다. 辰에서 卯를 보면 과거로 볼 수도 있고 현재로도 볼 수도 있는 상태가 된다.

(5) 앉아서도 아는 도사법 (야학신결 346쪽)

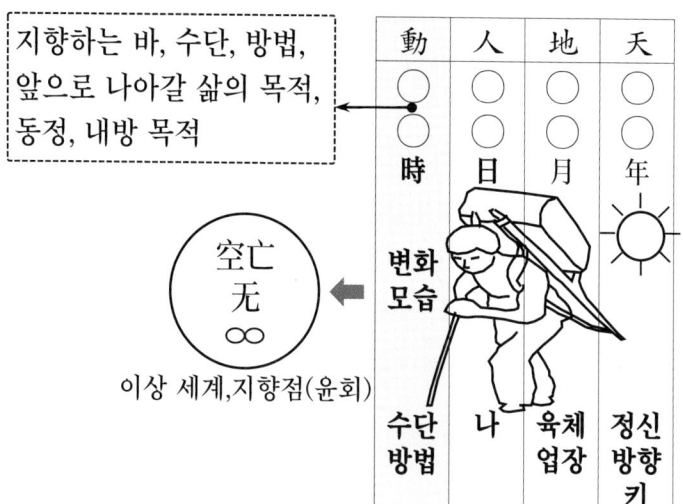

이상 세계, 지향점(윤회)

時干 庚金이 내방 목적이 되는데 戊土에서 庚金을 보므로 식신 문제로 찾아온 것이다.

식신 즉 時干의 힘에 따라 상황이 달라지는데 時干의 힘은 월지를 기준으로 하여 왕상휴수(旺相休囚)로 본다.

※ 월지는 지지이므로 곳방때(장소, 방향, 시간)를 나타낸다.

왕상휴수표는 다음과 같다

⑹재물 문제로 시비가 있다. (야학신결 372쪽)

```
    내방           명조
  年月日時      時日月年
  甲癸戊丁    ○乙壬壬
  子酉午巳    ○卯子辰
        刑
```

■乙卯 일주가 甲子年 癸酉月 戊午日 丁巳時에 찾아왔다.

① 子卯刑을 이룬다.
甲子와 子卯刑을 하고 있어 甲木 겁재 동기와 갈등이나 금전 문제가 있다고 보인다.

```
    내방           명조
  年月日時      時日月年
  甲癸戊丁    ○乙壬壬
  子酉午巳    ○卯子辰
       破
     일  刑
     행동
     언행
```

② 戊午와 乙卯가 午卯破를 이룬다.
乙이 戊를 보니 재물인데 午卯가 있어 재물과 관련된 문제로 시비수가 발생했다고 보면 된다.

③ 동기간에 다툼이 있는 가운데 재물로 인한 어떤 문제점이 발생했다.

* 년주가 먼저 들어온다.
* 명조와 내방 年月日時를 가지고 보면 찾아온 일이 보인다.

(7) 빗나간 사랑, 이루어지기 힘든 사랑 (야학신결 396쪽)

남명은 육신의 **財星이 원진에 해당**될 때이다.
여명은 육신의 **官星이 원진에 해당**될 때이다.

예-1) 여자 甲寅 일주로 酉月에 태어났다면 어떤 그림이 나올까?

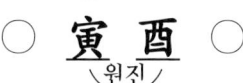

자식　배우자　부모　조상
　　　　　　　형제

■日支 寅과 月支 酉는 寅酉로 원진이 된다.
① 酉의 자리가 月支가 되므로 부모, 형제宮이 된다.
② 甲木 일주로 日支에 寅이 있다.
③ 月支 酉中 辛金이 정관으로 남자가 된다.

* 이 사람의 배우자宮에서 寅酉 원진을 하고 있다.
원진은 충에서 살짝 빗겨 나간 것이다.
沖의 사촌이다.
沖은 음양의 어우러짐을 말한다.
沖은 180°이고 원진은 빗겨 나가고 있다.

■통변은 어떻게 하느냐, 빗나간 사랑이다. 이루어지기 힘든 사랑이다.

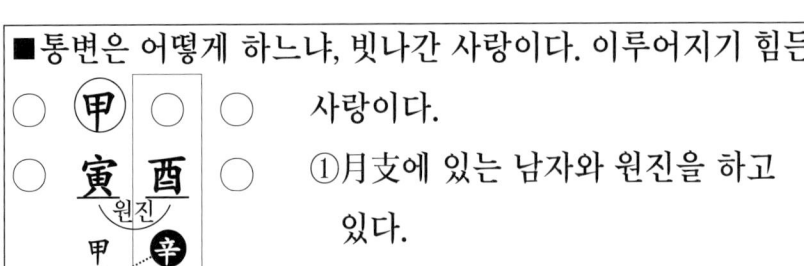

① 月支에 있는 남자와 원진을 하고 있다.
② 月支는 부모 형제 자리이다. 나의 부모 형제와 함께 있는 남자와 빗나간 사랑을 한다는 그림이다.
③ 사촌 오빠와 사랑에 빠졌다. 친오빠와 사랑에 빠졌다.

＊근친상간인 경우가 많다. 개연성이 많다는 것이다.

예-2) 남자 庚申 일주가 卯月에 태어난 경우

■卯와 申이 원진이다.
① 卯 중에 乙木이 들어 있고 일간이 乙木과 암합을 하고 있다.
② 부모 형제와 같이 있는 여성과 卯申 원진이 된다.
③ 乙木 여성과 이루어질 수 없는 사랑을 했다. 빗나간 사랑을 했다.

＊실제 사촌 여동생과 근친상간을 했던 명조이다.
＊근친상간과 동성연애는 신중하게 상담을 해야 한다.

(8)적천수로 본 직업 추론 '일반적인 직업 판단 방법'
(야학신결 458쪽)

①月支로 판단

㈎격…건록격, 양인격, 편관격, 정관격, 정재격, 종아격, 일행득기격

㈏오행

木	火	土	金	水
교육, 건축	문화, 예술	종교, 부동산	금융, 무관	물장사, 술집

②용신, 희신에 의한 판단

㈎십이지지 인자.

子 → 어둠과 관련, 밤과 관련된 직업.

未 → 소통, 중개, 토지.

申 → 중개하는 사업, 철도, 수송, 택배.

㈏五行 → 金:무관, 쇠소리 나는 것, 자동차, 고철.

③두 번째 대운 지지로 판단

④공망으로 판단

⑤많은 오행으로 판단하기도 한다.

⑼ 刑冲會合 동정론의 모든 것 (야학신결 475쪽)
■刑冲會合의 優先順位

國內에서 논의되고 있는 형충회합간 힘의 우선순위 종류를 정리하면 아래와 같다.

① 方合 〉三合(會)〉冲〉六合〉刑〉半合
② 方合 〉三合(會)〉冲=六合〉半合
③ 方合 〉三合(會)〉冲〉刑〉六合〉半合
④ 方合〉三合(會)〉半合(천간유인력 有)〉冲=六合〉半合(천간유인력 無)
⑤ 方合〉三合(會)〉半合(천간유인력 有)〉冲〉六合〉半合(천간유인력 無)
⑥ 方合〉三合(會)〉半合(천간유인력 有)〉冲〉刑〉六合〉半合(천간유인력 無)

* 三合이 方合에 앞선다는 説도 있다.
* 半合은 半方合, 半三合을 말한다.
* ②, ④, ⑤에서 刑은 별도로 판단한다.
* 三合을 깰 수 있는 것이 오로지 刑이라는 説도 있다.

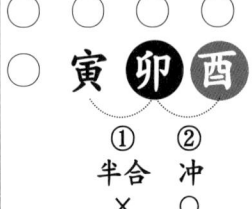

■命造 內에 寅, 卯, 酉가 있다면
① 寅卯(辰)으로 方合의 半合이다.
② 卯酉로 冲이다.
③ 刑冲會合의 힘의 優先順位에서
 ㈎ 冲이 半合보다 優先順位에서 앞서 있다.
 ㈏ 卯酉冲만 성립되고 寅卯 半合은 없다.

(9) 動의 기본 예시 (야학신결 495쪽)

子辰

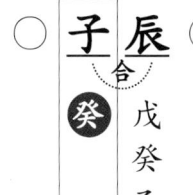

(1) 子辰은 半合이다.
(2) 刑, 冲, 合 경우에 動이 되어 透干 된다.
(3) 子는 合으로 動이 되어 地藏干 癸가 透干 된다.
(4) 辰은 開庫 되지 않아 透干 되지 않는다.
  * 四庫 辰, 戌, 丑, 未는 刑, 冲, 合에 動하지만 合에서는 開庫는 되지 않는다.

子辰에 戌運이 오는 경우

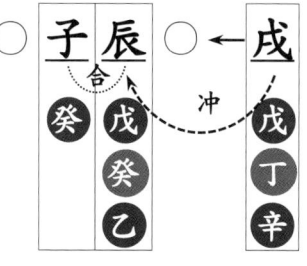

(1) 戌이 와서 辰戌冲하여 辰과 戌이 開庫 되므로
  * 辰의 地藏干 戊, 癸, 乙은 透干 된다.
* 戌의 地藏干 戊, 丁, 辛도 透干 된다.
(2) 따라서 子, 辰, 戌의 地藏干 모두가 透干 된다.

子酉辰

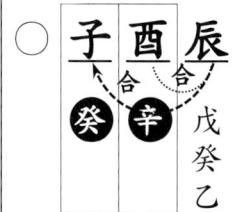

(1) 子辰 半合과 辰酉合을 한다.
(2) 刑, 冲, 合의 경우에 地藏干이 動이 된다.
  단, 四庫 辰, 戌, 丑, 未는 刑, 冲에만

⑩實戰 通辯 (야학신결 508쪽)

戊申生 남편과 인연하여 결혼하였으나, 자식을 낳은 후에 남편과 갈등을 이어 가던 중 결국 이혼했다.
이와 같이 통변하는 까닭은?

```
           胎  衰  生  生
남편     식신 상관 편인
戊  →  癸  辛  壬  己 ㈜
申     巳  未  申  酉
       지살 월살 망신 장성
       丙  己  庚  辛
       庚  乙  壬
           丁
```

남편 ⇢ 合 녹슨다
戊 → ㉿癸 ㊉辛 壬 己 ㈜
申   巳 未 申 酉
      지살 월살 망신 장성
      丙 己 庚 辛
      庚 乙 壬
          丁
대표도로차

(1) 戊申年 남편과 인연한 까닭
① 時干 食神 癸에 의해 일간 辛은 녹슬게 되므로 癸는 나쁘게 작용한다. 그래서 癸를 억제하는 것이 필요하다.
② 戊가 오면 癸를 戊癸合하여 癸를 억제하여 좋게 되므로 戊를 인연으로 한다.
③ 己酉를 기준하여 전후로 戊를 찾아보면 바로 위 戊申이 있어 인연을 맺었다.

(2) 자식을 낳은 후 남편과 갈등하다가 이혼했다.
① 사주에서 보면 巳中丙火 正官이 남편이다.
㈎ 巳의 12神殺은 年支 기준

■권말 후기

人間은 누구나 一生을 살아가면서 선천의 인연에 따라 만남과 이별을 반복하고, 그 과정에서 고통과 행복을 느끼면서 자아 성찰의 과정을 겪어 갑니다.

이렇듯 선천의 인연은 인간에게 행복과 불행이라는 양 갈래의 선택으로 다가오지만 몽매한 인간은 이를 분별할 수 없으니 업에 따른 윤회가 수없이 반복되어 왔습니다.

그러나 우리는 先天에서 주어진 인연이 四柱라는 틀 속에 숨어 있다는 것을 사주 인연법 즉, 진여비결(眞如秘訣)을 통해서 발견할 수 있습니다. 그리고 동시에 선연(善緣)과 악연(惡緣)을 분별할 수 있는 진여비결(眞如秘訣)의 지혜에 따라 피흉취길(避凶取吉)할 수 있으니 참으로 다행이 아닐 수 없습니다.

사주 명리학적 관점에서 진여비결의 그 원리가 세상에 공개되니 비로소 그 선천의 인연이 무엇인지 그리고 어떤 인연을 선택해야 보다 행복한 삶을 살 수 있는지에 대한 인생의 행복한 삶을 창조할 수 있는 등대지기가 될 것입니다.

진여비결(眞如秘訣)에 담겨 있는 개운의 지혜를 활용하여 보다 나은 인연의 선택으로 부부, 연애, 동업, 대인 관계 등 모든 영역에서의 행복한 삶을 선택하시길 바랍니다.

나름 최선을 다해서 진여비결(眞如秘訣)을 설명해 보았지만 필자의 능력 부족으로 매끄럽게 설명되지 못한 부분이 많아 마치 설익은 해설서를 세상에 내놓은 것만 같아 벌써 부끄럽기만 합니다.

가수 심수봉 님의 '무궁화' 노랫말이 들려옵니다. 미처 피우지 못한 무궁화는 머지않아 방방곡곡에 활짝 필 것입니다.

진여비결(眞如秘訣)과 인연이 되는 사계의 도반들께서는 부디 필자보다 더 많은 연구를 하시어 玄正 신수훈 선생님의 뜻이 훼손되지 않도록 弘益人間하시고 세상의 훌륭한 지도자가 되시기를 두 손 모아 발원합니다.

丙申年 立秋之節
부산 대신동에서
密陽人 설 진 관

■ 증보판 권말 후기

　독자 여러분으로부터 과분한 사랑을 받은 이유에서인지 더욱 좋은 내용으로 증보해야 한다는 생각에 여기저기 흩어진 자료들을 모으고, 초판에서 발견된 오류를 바로잡으면서 이제는 제법 짜임새는 갖춘 듯합니다.

　구판보다 220쪽이 더 늘어난 분량의 원고를 전부 탈고하고 나니 또다시 아쉬움이 남는 건 저의 자만인지 모르겠습니다.

　초판 '인연법 진여비결 해설'에서 단순히 책 두께만 높아진 것이 아닌 질적인 향상에 더욱 노력했습니다.

　예민한 성격 때문인지 커피로 밤을 새우고 돌아서면 또 커피 그리고 컵라면까지 너무 많이 먹어서 이제는 배가 불룩해지고 아프기까지 합니다.

　마무리되었으니 부산 송도 바닷가 조용한 커피숍 창가에 앉아 에스프레소 한 잔을 놓고 김정호의 '기다리는 마음'(가곡)을 읊조리고 싶습니다.

　송도의 가을 바다는 항상 포근하게 느껴 옵니다.

　행복합니다.

丁酉年 霜降之節
부산 대신동에서
密陽人 설 진 관

■참고문헌

- 진여명리강론/ 신수훈
- 명리강론/ 신수훈
- 사주첩경/ 이석영
- 자강진결/ 이석영
- 삼명통회/ 만민영
- 명리정종 정해/ 심재열
- 연해자평 정해/ 심재열
- 명리요강/ 박재완
- 명리대전 정해/ 이해형
- 적천수 천미/ 임철초
- 궁통보감/ 최봉수 등
- 궁통보감/ 김기승
- 계의신결/ 최국봉
- 계의신결원본 4종/ 작자미상
- 심명철학1.2.3/ 최봉수
- 심명철학 上,中,下/ 최봉수
- 심명철학강의록1.2.3/ 최봉수
- 만리천명/ 변만리
- 육신활용대전/ 변만리
- 자평진전/ 김철완 등
- 설진관강의록(上,下)/ 설진관
- 설진관의 사주비결강의/ 김분재
- 팔주법 필사본 2종/ 작자미상
- 사주추명술밀의/ 장요문 등
- 명리진수전서/ 이정래
- 격국용신론전서(上,中,下)/ 엄윤문
- 사주실록/ 류래웅
- 홍연촬요/ 류래웅
- 기문둔갑신수결/ 류래웅
- 기문둔갑비급법/ 제갈공명, 한중수
- 기문둔갑비경/ 오택진
- 명리학강론/ 박일우
- 방향을 바꾸면 운이 열린다/ 박일우
- 사계단법 관련자료 6종
- 천고비전 사주감정법비결집/ 신육천
- 사주자해 월령도 야학운명결
- 월령도/ 백동기
- 월령도/ 강태호
- 마야감정록 필사본/ 작자미상
- 통변대학/ 변만리
- 자평진전 번역본(1991~1993년 월간역학 연재)
- 설진관 명리학 야학신결/ 윤경선 김초희 김재근 조소민
- 인연법 필사본 5종 및 그 외 필사본 자료 등 30종

■편저자 프로필

설 진 관 (薛 鎭 觀)

- 在野 역학(易學) 연구가
- 1969년 경남 밀양 출생
- 동양학박사(국제뇌교육종합대학원 대학교), 법학석사(동아대학교)
- 저서로 형벌법, 형사특별법, 수사실무편람 (사법연구원),
  수사형사실무총서 (동민출판사) 등 다수의 형사법 관련 서적이 있다.
- 1980년 당사주의 연구를 시작으로 역학계 입문
- 1984년부터 명리학, 기문둔갑, 팔주법, 매화역수, 진여비결(인연법),
  사계단법, 하상역법, 사주심역, 추신론 등을 연구
- 1990년 중반 이래 현재 기문둔갑, 명리학 등 분야에서 후학 양성
- 사상역리연구회 주재
- 진관역학회 주재 (부산 서구 서대신동 '자연의 소리' 학당)
- 전국역학한마당 기획 총 5차
- 박상호, 김분재 선생님 등과 인터넷 다음카페 '자연의 소리' 운영
  다음카페 주소 http://cafe.daum.net/naturalsaju)

사주 명리학과 인연법 秘訣
진여비결해설

정가 38,000원

초판 1쇄 발행	: 2016. 9. 27.	초판 2쇄 발행	: 2016. 11. 7.
증보 1쇄 발행	: 2017. 11. 17.	증보 2쇄 발행	: 2020. 6. 15.
증보 3쇄 발행	2022. 2. 21.	증보 4쇄 발행	2024. 1. 25.

편 저 자 : 설진관	발 행 인 : 김초희
표지 디자인 : 김분재	편집 디자인 : 윤경선
교 정 : 문태식, 김예슬	총 괄 : 김재근

펴 낸 곳 : 창조명리
주 소 : 대구 남구 명덕로 64길 20, 금융프라임빌 801호
출판신고번호 : 제 2016-000010호
전 화 : 053- 767-8788 / 010-3823-8788
팩 스 : 053-471-8788
홈 페 이 지 : www.cjmyeonglee.co.kr
　　　　　　　changjomyeonglee.itrocks.kr
이 메 일 : tiger9100@hanmail.net
ISBN 979-11-958831-2-7　(93180)
사주명리학[四柱命理學]

● 이 책의 무단 전제 또는 복제 행위는 저작권법 제 98조에 의거 5년 이하의 징역 또는 5,000만 원 이하의 벌금에 처하거나 이를 병과할 수 있습니다.
● 잘못된 책은 바꿔 드립니다.

사주 명리학 고수들의
숨겨온 인연법 秘訣

사주 명리학과 인연법 진여비결(眞如秘訣) 해설

◆선천에서 타고난 나의 인연은 누구인가?

◆진여비결은 타고난 인연을 추리하는 비결로, 우리나라 최고의 명리학자 현정 신수훈 선생님께서 한 평생 연구한 명리학의 백미이고, 이를 완전히 구사하는 이가 드문 고수의 비결이다.

◆부산의 설진관 선생님이 진여비결 46개 공식 전체를 전수 받아 이 한 권의 책에 핵심 이론을 자세히 풀어냈다.

◆**사주명리학과 인연법 진여비결 해설**은
　세인들을 행복의 길로
　안내하는 나침반이다.